"Sustente-me com passas, conforte-me
com maçãs, porque desfaleço de amor."

CÂNTICO DOS CÂNTICOS

Ruth Reichl

CONFORTE-ME COM MAÇÃS

Amor, Aventura e os Prazeres da Mesa

TRADUÇÃO

Ana Deiró

OBJETIVA

Título original
Comfort me with apples

Todos os direitos desta edição reservados à
EDITORA OBJETIVA LTDA., rua Cosme Velho, 103
Tel: (21) 2556 7824 – Fax: (21) 2556 3322
www.objetiva.com.br

Foto de capa
Jacopo Cima

Revisão
Renato Bittencourt
Elaine Bayma de Moraes Barbosa

Projeto gráfico
Fatima Agra

Editoração
FA Editoração

R351c

Reichl, Ruth
Conforte-me com maçãs : Amor, aventura e os prazeres da mesa / Ruth Reichl.
Tradução de Ana Deiró. – Rio de Janeiro : Objetiva, 2003

351 p. ISBN 85-7302-551-4

Tradução de : *Comfort me with apples : more adventures at the table*
1. Culinária. 2. Literatura americana - Memórias. I. Título

CDD 641.5
814

Este é para Nick

Sumário

1

O outro lado da ponte

O requisito essencial para se escrever bem a respeito de gastronomia é ter bom apetite.

A. J. LIEBLING

É fácil para ele dizer isso: era um homem de fortuna pessoal. Já eu, pessoalmente, achava que o requisito essencial para se escrever sobre gastronomia era ter um cartão de crédito.

E este era o problema. Eu me imaginava entrando cheia de imponência em restaurantes fabulosos para comer caviar e beber champanhe. Os *maîtres* iriam se encolher assustados diante da grande Crítica de Restaurantes. Os *chefs* ficariam parados atrás da porta da cozinha tremendo. "O que ela está dizendo?", sussurrariam para meu garçom. "Ela gostou?" Eu não revelaria, nem por palavra nem por gesto, minha opinião sobre a refeição. E quando tivesse acabado, poria sobre a mesa meu cartão e exclamaria "Ponha no cartão, por favor!", então reuniria meu séquito e seguiria regiamente em direção à porta.

Infelizmente, da primeira vez em que tentei fazer isso tive algumas dificuldades.

Em 1978, o restaurante francês mais chique de San Francisco pertencia a um *chef* que cozinhava para os Kennedys. O manobrista olhou com espanto para meu Volvo maltratado e sacudiu a cabeça. Ele não podia, insistiu, aceitar um carro que em vez de chave usava uma chave de parafuso. O *maître d'hôtel* ficou igualmente radiante com minha chegada: olhou para mim de alto a baixo, examinou minhas roupas de segunda mão compradas em brechós e me conduziu direto para a pior mesa, aquela que tremia cada vez que o garçom passava pela porta da cozinha. O *sommelier* pareceu ficar preocupado quando pedi o Lascombes 1961. Ele lamentava me informar, mas havia acabado de vender a última garrafa. Tinha certeza de que um agradável Beaujolais me deixaria muito satisfeita. E quando o chefe do salão anunciou que o prato especial daquela noite era uma *terrine de foie gras* recém-preparada, fez questão de me dizer o preço.

A maior humilhação, contudo, ainda estava por vir.

— Seu cartão de crédito, madame — disse o *maître d'hôtel* em tom frígido —, foi recusado. — Ele ficou parado me olhando do alto, mais satisfeito consigo mesmo que penalizado; evidentemente estivera esperando por isso desde o princípio.

— Mas não é possível! — insisti. — Só recebi o cartão ontem.

— O computador diz, madame — prosseguiu o *maître d'hôtel* —, que a senhora ultrapassou seu limite. — Ele se inclinou chegando mais perto e sibilou. — A senhora sabe qual é seu limite?

Infelizmente, eu sabia. Depois de anos de vida de pobreza honrada, eu estava pronta para sacrificar meus princípios e embarcar de volta na vida de classe média. A classe média, contudo, tinha suas dúvidas a meu respeito. Embora eu agora fosse uma crítica gastronômica de boa fé, os bancos não estavam nem um pouco impressionados. Onde, queriam saber, estavam as minhas dívidas? Como eu havia conseguido viver 30 anos sem dever nada a ninguém? Não houvera nenhum empréstimo para pagar o curso universitário, nenhum carro comprado à prestação, nenhum financiamento de casa própria, nenhuma linha de crédito rotativo? Como seria possível me confiar um cartão de crédito?

Em desespero, eu tinha posto meu melhor vestido e marcado uma entrevista com o gerente do banco. Depois de me fazer esperar um tempo considerável, ele gentilmente me permitiu que lhe mostrasse o cabeçalho e o expediente da revista *New West*. Eu tinha esperanças de que minha associação com a publicação irmã, na Costa Oeste, da revista *New York* impressionasse o homem e que ele a reconhecesse como a publicação regional mais importante do norte da Califórnia. Mas o gerente apenas exibiu uma expressão de tédio. Enquanto, sem nenhuma pressa, o gerente punha os óculos de leitura, desejei ter arrumado melhor meu cabelo sempre rebelde e desgrenhado. Ajeitei aqui e passei a mão ali em vão, tentei enfiar os cachos mais assanhados atrás das orelhas. Eles rapidamente saltaram de volta para onde estavam. O homem fungou.

Ele passou os olhos rapidamente pela lista de editores colaboradores. Reconheceu meu nome. Resmungou baixinho.

— Não quer dizer nada — declarou ele finalmente. — O que estamos procurando é alguma coisa que possa garantir que a senhora vai pagar suas contas. Pode me mostrar um contracheque?

— Eu sou *freelance* — gaguejei. — Não tenho contracheque. Eles me pagam por artigo publicado.

Ele visivelmente recuou, para se distanciar de mim. Sua expressão parecia penalizada.

— Não é pagamento regular nem salário fixo — suspirou ele, por fim, olhando para meus dedos sem aliança. — Aqui está escrito — disse, examinando com ceticismo os documentos em sua mão —, que a senhora é casada? Com um senhor Douglas Hollis? — O tom da sua voz insinuava que ele se perguntava o que alguém com a minha aparência poderia estar fazendo com alguém que tinha um nome como aquele.

— Sim — respondi. — Sou casada.

— E em que o senhor Hollis trabalha? — perguntou ele. — A renda dele não parece estar incluída aqui. — Eu considerei a possibilidade de fazer-lhe meu discurso feminista, mas um olhar para o rosto azedo me convenceu a esquecer a idéia.

— Ele é um artista — respondi. — Faz esculturas tipo instalação criada no local. Na verdade, não ganhou muito dinheiro nos últimos dois anos, mas isso está em vias de mudar...

— Compreendo — disse ele com firmeza, e fez uma anotação no papel. A despeito de seu nome, o senhor Hollis evidentemente não merecia mais confiança do que eu.

Depois de meses de súplica, o banco finalmente se deixou persuadir a me dar um cartão Visa. Se eu demonstrasse ser conscienciosa e constante em meus pagamentos, insinuou o gerente, passado algum tempo eu poderia obter um maior limite de crédito. Teríamos que esperar e ver. Nesse meio tempo, ele estava disposto a arriscar 250 dólares como limite máximo.

Não era suficiente. Eu não fiquei surpreendida. Soubera desde o início que aquele emprego me traria problemas. Vinha escrevendo artigos curtos para revistas há cerca de dois anos, mas ninguém sabia que eu os levava a sério. Eram considerados, como meu trabalho no restaurante, como apenas uma ocupação secundária para sustentar meu trabalho de verdade como escritora de livros. Acertar a questão do dinheiro acabou sendo fácil; fiz um cheque para pagar o chique restaurante francês e pedi um adiantamento a meu editor. O resto seria mais complicado.

No dia em que eu me tornei crítica de gastronomia, minha principal emoção era o medo. Enquanto dirigia o carro, voltando da revista para casa, fiquei ensaiando como dar a notícia às pessoas de quem mais gostava. Achei tão terrível a perspectiva de fazer isso, que me esqueci de sentir medo da ponte e cheguei ao outro lado da baía sem me dar conta de que eu havia atravessado a ponte inteira sem meu pânico habitual. Saí da auto-estrada e, enquanto meu carro velhíssimo sacolejava pelas planícies de Berkeley, passando pelos pequenos chalés antigos, com a pintura desbotando suavemente, tentei encontrar a maneira perfeita de apresentar o fato.

"Acabei de conseguir o melhor emprego do mundo!" Ao me ouvir dizer as palavras, tive certeza de que não serviriam. Seriam ótimas em San Francisco ou em Nova York, mas aqui estávamos na República Popular de Berkeley. Aqui era o coração da contracultura. Todas as pessoas que eu conhecia, sem exceção, iriam desaprovar.

Entrei no vestíbulo da casa de estilo vitoriano e pintura descascada onde eu morava com meu marido e mais cinco outras pessoas, e esperei pela reação deles.

Nick, nosso patriarca residente, estava sentado na sala de visitas surrada e atravancada. Ele acariciou a barba farta que lhe dava um ar de profeta e disse:

— Vamos ver se eu entendi isso direito. — Nick deixou-se cair pesadamente numa das poltronas puídas que tínhamos encontrado no mercado das pulgas e começou a enfiar o estofamento de volta no braço. — Você vai passar sua vida dizendo a gente rica e mimada onde ir para comer demais aqueles pratos obscenos?

— É mais ou menos isso — murmurei, demasiado constrangida para me defender.

Ele sacudiu a cabeça com desapontamento. Adepto devoto de milho miúdo e do caldo da receita balanceada de minerais do doutor Bronner, Nick dera o melhor de seu espírito Berkeley para transformar nossa casa em um modelo de consumo politicamente correto. Tínhamos, ao longo de vários períodos, sido ovolactovegetarianos e vegetarianos radicais ou *vegans*, e éramos, sempre, em todas as ocasiões, pessoas vigilantes com relação aos excessos da agroindústria. Durante muito tempo plantamos nossos alimentos, e até, durante um breve período, dependemos do conteúdo de latas de lixo para nossos ingredientes crus. Corajosamente, Nick havia tentado deixar passar minhas incursões no mundo da comida requintada, mas o que estava acontecendo agora era ir longe demais. Pela primeira vez nos muitos anos desde que eu o conhecera, ele ficou sem palavras.

Jules, o membro mais simpático de nossa casa, tentou ser otimista. Serviu-se de um copo de vinho do garrafão de um galão que ficava sobre a mesa e comentou:

— Vamos ter convites para comer de graça! — Ele se virou para Nick e disse: — Imagine só como vão diminuir nossas compras de comida.

Nick sacudiu a cabeça.

— Não a minha — declarou. — Nem se me pagassem poria os pés numa dessas instituições decadentes e burguesas. Você já contou isso a Doug?

— Ainda não — admiti, saindo em direção à garagem, onde meu marido estava trabalhando com a serra-fita. Seus cabelos castanhos e lisos estavam salpicados de serragem e ele sorriu quando me viu, como se o simples fato de me ver tivesse tornado seu dia melhor. Desligou a serra, apoiou-se nela, tirou um Camel do maço que sempre trazia no bolso da camisa e o acendeu.

— Os editores da revista me convidaram para ser a crítica de gastronomia — disse de supetão.

— Mas claro que convidaram — comentou ele, me tomando nos braços. Doug era meu maior fã e a pessoa que mais me apoiava. Enterrei a cabeça no peito da camisa azul desbotada que ele usava para trabalhar e inalei seu cheiro, uma mistura de roupa lavada, madeira cortada e tabaco. — Por que eles haveriam de não convidar? Você é uma cozinheira maravilhosa e uma escritora maravilhosa. Mas você não é obrigada a aceitar.

Recuei um pouco, para poder olhar para ele. Doug tem um daqueles rostos bonitos, tipicamente americanos, que se tornam ainda melhores à medida que envelhecem e, em nossos dez anos juntos, as maçãs de seu rosto tinham ficado mais magras, tornando-se angulosas. A tez rosada de sua juventude havia desaparecido, deixando-o com um rosto de feições cinzeladas, expressão inteligente e gentil. Então ele disse, falando sério:

— Por que você não pára de trabalhar? Estou ganhando bem, agora. Você poderia largar o restaurante, parar de trabalhar para a revista e ficar em casa e escrever.

— Isso seria ótimo — tentei me esquivar. — Mas você não compreende. Eu *quero,* realmente, fazer isto.

— Por quê? — perguntou. — Está desperdiçando seu talento.

— Não vou ter que fazer isso para sempre — respondi. — Mas acho que seria uma boa experiência.

— Você vai ficar presa aqui! — exclamou Doug, com tamanha veemência, que compreendi que ele tinha algo mais em mente. — Olhe, tenho recebido encomendas de trabalho de todo o país e pensei que você poderia trazer a máquina de escrever e vir comigo. Viajaríamos juntos.

— Eu nunca fui muito boa na hora de desempenhar o papel da esposa do grande artista, você se lembra? — recordei. — Depois que o terceiro patrono das artes me dá um tapinha no queixo e pergunta em tom condescendente "E o que você faz, querida?", eu sempre fico furiosa. Mesmo que eu não tivesse este novo emprego, provavelmente não iria querer ir com você assim, com muita freqüência.

— Então não venha — respondeu ele, com sua voz suave e sensata. — Fique aqui, se quiser. Mas você deveria estar escrevendo seu livro, fazendo alguma coisa importante.

— Mas você não compreende — retruquei, surpreendendo-me com meu próprio ardor —, escrever sobre restaurantes não tem que ser diferente de escrever um livro. Pode ser importante. A questão é exatamente fazê-lo muitíssimo bem. Eu tenho uma idéia de que poderia escrever críticas que fossem como pequenos contos: de suspense, romance, até de ficção científica.

Doug não pareceu convencido. Naquela época, todos nós considerávamos que a arte e o comércio estivessem em campos opostos e Doug achava que, deliberadamente, eu estava escolhendo o campo errado.

— Pelo menos pense um pouco antes de aceitar — disse Doug, ligando a serra de fita.

Eu saí da oficina, entrei no carro e fui ver o que meus colegas no The Swallow, o restaurante de propriedade coletiva onde eu cozinhava, iriam pensar sobre aquele novo desdobramento. A reação foi quase violenta.

— Você vai abrir mão de um trabalho bom e honesto para se tornar uma parasita — foi o comentário de um de meus companheiros de trabalho. — Vou sentir vergonha de ter conhecido você. — Ele me deu as costas e declarou: — Para falar francamente, já estou envergonhado.

Eu havia contado que meus pais, pelo menos, me dessem algum apoio. Mas, quando telefonei para Nova York para contar a novidade, esperando demonstrações de alegria pelo fato de que eu estava prestes a começar a ganhar mais do que o salário mínimo, eles se mostraram pouco entusiasmados.

— Crítica de gastronomia? — disse meu pai, repetindo as palavras como se eu tivesse dito "agente funerária" ou "lixeira". Eu o imaginei de pé ao lado da mesa atravancada no vestíbulo do apartamento deles em Greenwich Village, dobrando o corpo alto até conseguir se ver no espelho que ficava na parede acima dela, ajeitando a longa mecha de cabelo sobre a calva no alto da cabeça. Seu sotaque alemão ficava mais forte quando ele se aborrecia e, naquele momento, quando disse: — Você vai passar a vida escrevendo sobre comida? Quando é que você vai fazer alguma coisa que valha a pena com sua vida? — todos os "quês" se transformaram em "vês".

— E quando vai ter filhos? — exclamou minha mãe. Ela provavelmente estava sentada na cama, com jornais e livros espalhados por toda parte ao seu redor, enquanto passava as unhas pintadas de vermelho, com o esmalte descascado, nos cabelos grisalhos cortados curtos. — Agora que Doug finalmente está ganhando algum dinheiro, vocês poderiam se mudar dessa ridícula comunidade, ter uma casa e pensar em ter uma família.

Em qualquer outra ocasião em minha vida, eu teria cedido a esta pressão. Para ser honesta, fiquei um bocado surpreendida por não ter cedido. Eu sempre tinha sido o modelo perfeito da boa garota. Estava com 30 anos e tinha passado minha vida inteira agradando às outras pessoas. Embora morasse numa comunidade, eu era casada com um homem que meus pais adoravam, ligava para minha mãe todos os dias e passava a maior parte de meu tempo na cozinha preparando as refeições e limpando a casa. No The Swallow, trabalhava duro e nunca chegava atrasada. Nunca antes eu havia enfrentado uma desaprovação tão universal.

Mas, finalmente, eu havia encontrado minha verdadeira vocação e não estava disposta a abrir mão dela.

— Você nasceu para ser crítica de gastronomia — disse a editora que me ofereceu o trabalho, e eu achava que ela estava certa. A cozinha era minha grande paixão; desde pequena eu havia me dedicado a fazer comida e dar de comer aos outros. Já tinha sido cozinheira, garçonete, gerente de cozinha; tinha até escrito um livro de receitas. Agora eu compreendia que durante todo esse tempo estivera me preparando para ser crítica de gastronomia.

Mas Liebling estava enganado. Ter apetite não basta. E ter conhecimentos não é suficiente. Você pode ser uma crítica decente se tiver bons conhecimentos sobre cozinha, mas para ser realmente uma boa crítica você precisa ter conhecimentos sobre a vida. Foram necessários os anos que se seguiram para me ensinar isso.

Vocês verão.

2

A máquina do sucesso

Outono em Berkeley. O sol fraco do entardecer estava penetrando no minúsculo quarto de sótão que eu dividia com Doug. A cômoda era embutida na água-furtada, e o guarda-roupa era um armário encaixado debaixo da aba do telhado. O quarto era branco, com paredes inclinadas e um teto pontudo que fazia com que se parecesse tanto com um camarote de navio que, quando você se dava conta, estava se preparando para o balanço do mar. A única maneira para que duas pessoas pudessem ocupar o quarto ao mesmo tempo era que uma delas estivesse sentada na única peça de mobília, uma cama feita artesanalmente coberta com um edredom de retalhos com um padrão de cores fundamentais.

Naquele momento, era Doug quem estava sentado. A mala estava aberta sobre a cama à sua frente. Ele estava dobrando roupas e ouvindo-me desabafar furiosa enquanto andava de um lado para outro no retalho de chão e me vestia para sair para jantar.

— Eles não confiam em mim? — reclamei. — Há quase um ano venho fazendo esse trabalho. Dizem que sou a melhor crítica de gastronomia que já tiveram. Por que a revista resolveu que tinha que contratar um editor de gastronomia?

Meu marido fechou o zíper de meu vestido de veludo de grife comprado de segunda mão e fez sons apropriadamente tranqüilizadores.

— Eu não quero um novo chefe — prossegui enfurecida. — Especialmente um sujeito barrigudo, de meia-idade e de Los Angeles. Posso imaginar muito bem como ele vai ser!

— Talvez ele não seja assim tão mau — observou Doug, dobrando outra camisa e pondo na mala. — Talvez você até goste dele.

— Para você é fácil dizer isso — respondi com irritação —, agora que anda fazendo tanto sucesso. Aquele museu em Omaha vai hospedar você em algum hotel luxuoso, convidá-lo para comer e beber do bom e do melhor durante uma semana inteira, enquanto todo mundo fica lhe dizendo que grande artista você é. Vai construir uma maravilhosa instalação, com uma estrutura de som que captura o vento, cria uma belíssima música e deixa a cidade inteira fascinada. Enquanto isso eu tenho que ir para o restaurante mais melancólico da cidade e jantar com um gordo pedante de Los Angeles. Isso é justo? E eu lhe contei que o crítico de vinhos da revista também vem junto. Você tem alguma idéia de como críticos especializados em vinhos são chatos?

Doug ficou olhando enquanto eu entrava no banheiro, que era ainda mais minúsculo do que o quarto, e subia no vaso para poder me ver de corpo inteiro no espelho. O único espelho grande da casa ficava no quarto de Nick, mas sua porta estava fechada; as ragas de Ravi Shankar soavam através dela e só Deus sabia o que ele estaria fazendo lá dentro. No ano que havia passado desde que a sua namorada, Martha, fora embora, uma série de mulheres havia desfilado pela casa.

— Você está ótima — declarou Doug. — Gostaria que estivesse vindo comigo. Gostaria de ter tempo para ir com você. — E se absteve de acrescentar que eu havia escolhido aquela vida, que constantemente ele se oferecia para me sustentar a qualquer momento em que eu quisesse deixar de trabalhar. Ele não era uma pessoa do tipo "eu bem que avisei que isso ia ser assim". Naquele momento, Doug fechou a mala com um estalo e acrescentou: — Se eu não sair agora, neste instante, vou perder o avião.

Descemos pela escada estreita dos fundos e fiquei parada na porta observando-o sair de marcha à ré com sua caminhonete pela entrada para carro, que estava tão entulhada com a coleção de veículos abandonados de

Nick que Doug por pouco não bateu na velha Harley-Davidson que enferrujava parada ao lado da casa. Acompanhei as lanternas de seu carro até fazerem a curva e sumirem, antes de entrar em meu Volvo corcunda, modelo 1960, e começar a manobrar pela pista de obstáculos. Quando bati na motocicleta, não parei; uma mossa a mais não faria nenhuma diferença em qualquer dos dois veículos.

Eu estava num humor medonho. Disse a mim mesma que era porque os editores que iria conhecer dali a pouco seriam uns chatos irritantes, mas bem lá no fundo, eu sabia que isso não era o que realmente estava me incomodando.

As viagens contínuas de Doug eram o problema. Aquilo constituía uma mudança significativa em nosso casamento. Tínhamos nos conhecido na faculdade, quando Doug viera bater à minha porta procurando por uma outra mulher. Eu o havia convidado a entrar, preparei um jantar para ele, e depois passamos a noite inteira conversando. Ficamos maravilhados com a sorte que tivemos de encontrar um ao outro; ele veio morar comigo no dia seguinte. Até recentemente, raramente passávamos mais que algumas horas separados de cada vez. Depois de 11 anos, concluíamos as frases um do outro. Nossos amigos nos chamavam de Duth e Rug.

Doug queria fazer arte, eu queria escrever, e nos mudamos para Berkeley de modo a podermos viver com pouco dinheiro e não nos tornarmos parte do que chamávamos de a máquina do sucesso. Nós nos mantínhamos à distância de tudo que era matéria-prima de uma vida comum, as roupas e carros e móveis em que as outras pessoas gastavam seu dinheiro. Escolhemos morar em uma comunidade, numa casa na Channing Way, porque o aluguel custava 45 dólares por mês e podíamos nos sustentar com empregos de meio expediente. Eu cozinhava em um restaurante, Doug fazia trabalhos de carpintaria. Comprávamos nossas roupas em brechós, pegávamos nossos livros na biblioteca, e a idéia de sair à noite para ir a um cinema era uma grande concessão e um belo programa.

Fazíamos apenas duas extravagâncias: Doug gastava dinheiro em material de arte e, uma vez por ano, saíamos para ir a um bom restaurante para um jantar realmente magnífico.

Era sempre no mesmo restaurante: o Chez Panisse. Esta tradição remontava às nossas primeiras semanas em Berkeley, quando meus pais tinham vindo para inspecionar nossa comunidade. Eles não acharam a menor graça quando se viram dormindo num quarto com uma cortina no lugar da porta, mas foi a comida que finalmente os fez ir embora. Conseguiram agüentar três noites de arroz integral, tofu e lentilhas, com um acompanhamento de teoria antiagroindústria, depois insistiram em sair para comer. Havia, minha mãe tinha ouvido dizer, um novo restaurante local que ela estava curiosa para experimentar.

— A idéia me parece tão atraente — comentou ela. — A cada dia, eles só servem um único prato do dia.

— E se você não gostar do prato do dia? — perguntei. Aquela não era uma oportunidade que eu estivesse disposta a desperdiçar.

— Também fiquei me perguntando a respeito disso — respondeu minha mãe. — Mas não há nenhum motivo para se preocupar. Se você não gostar do prato do dia, pode pedir um bife de filé mignon!

Quando nós chegamos ao Chez Panisse, mamãe olhou em volta para a sala rústica e atraente e disse, com a voz carregada de desapontamento:

— Isto me parece mais com uma casa do que com um restaurante. — Ela passou em revista a madeira sem revestimento e os utensílios de cobre lustroso. Lançou um olhar furioso para o grande arranjo de flores silvestres no meio da sala de jantar, desafiando-o a se transformar em tulipas ou rosas, ou no mínimo em alguma respeitável planta de estufa. Depois examinou o cardápio.

— Cogumelos selvagens servidos sobre torrada — leu em voz alta. — *Blanquette de veau*. Uma salada de coração de alface. Torta de limão. — Ela estava calculando o custo. — Vou comer o bife — anunciou, quando acabou.

Nosso garçom, um rapaz magro com ar de intelectual, pareceu ficar na dúvida enquanto anotava nossos pedidos. E não deu outra: mal a porta da cozinha havia se fechado às suas costas quando tornou a se abrir para permitir que a dona viesse marchando em nossa direção.

Alice Waters era o mais recente grande sucesso de Berkeley. Era uma mulher tipo *mignon*, bonita, que conquistara a cidade, deixando por onde passava uma esteira de homens desapontados. Ela possuía cabelos castanhos e uma boca generosa, que se curvava para cima nos cantos. Seus olhos cor de avelã eram emoldurados por uma franja e, quando eu a via nos mercados, estava sempre usando roupas excêntricas que me davam vontade de estender a mão e acariciá-las delicadamente.

Eu a respeitava e me sentia meio intimidada por ela — e também sentia um pouquinho de inveja de sua reputação. Alice parecia tão formidável que fiquei pasma ao ouvir o som de sua voz pequenina e sussurrante.

— Eu estava receosa de que as pessoas fossem se preocupar com o fato de comer vitela — declarou. Nós tivemos que nos inclinar para ela para ouvi-la. — Mas, vejam bem, estes não são animais criados comercialmente. — Alice começou a explicar à minha mãe a maneira humanitária como os animais eram criados. Quando se deu conta de que não estava funcionando, ela tentou uma outra abordagem.

— Vocês já estiveram na França? — perguntou.

— Já — respondeu minha mãe. Eu me encolhi, sabendo exatamente o que estava a caminho. Mamãe nunca conseguia resistir a uma oportunidade de dizer: — Fiz meu doutorado na Sorbonne.

Alice sorriu radiante.

— Maravilhoso! — exclamou. — Então sabe como a comida lá é muito mais saborosa! — Ela sorriu para minha mãe e disse em tom sedutor: — Nossos legumes e verduras têm o mesmo sabor que têm os da França. Todas as cenourinhas e cebolinhas na *blanquette* foram plantadas por pessoas que conheço. Elas não usam quaisquer pesticidas. Eu adaptei esta receita de Richard Olney. Conhece o livro dele?

Mamãe não conhecia.

Alice se animou com o assunto, falando sobre as pessoas que cultivavam as uvas com que se fazia o vinho que entrava no molho.

— Nós só usamos bons vinhos para cozinhar — garantiu ela à minha mãe. — Eu não cozinharia com um vinho que não pudesse beber.

Minha mãe se manteve firme. Alice se manteve inflexível.

— O filé simplesmente não é tão bom quanto a *blanquette* — declarou ela. Havia um tom férreo por trás daquela voz suave e sussurrante. — Não quero que a senhora fique decepcionada com sua refeição.

— Não ficarei — disse mamãe, cuja voz também tinha um tom metálico. Tinha certeza de que o bife seria melhor negócio em termos de preço. Estava determinada a comê-lo. No final, Alice abandonou o duelo, deu de ombros, admitindo a derrota, e se retirou para a cozinha. Aquilo, como mais tarde eu descobriria, era completamente atípico em seu comportamento.

Mamãe não se arrependeu de sua decisão, mesmo quando meu pai lhe ofereceu uma garfada de vitela macia como seda, em um molho feito com creme grosso e de sabor delicado.

— Prove só um pouquinho, querida — disse ele. — Tem o sabor de minha infância. — Perdido em algum devaneio nostálgico alemão, ele recitou baixinho um verso de Goethe.

— Meu bife também está delicioso! — exclamou mamãe. Não estava: eu compreendia por que Alice não quisera servir aquela carne medíocre, que devia ter saído direto do congelador. Minha mãe não se importava: filé mignon custava mais caro do que vitela cozida e ela estava comendo algo que para ela estava no preço justo. Alguns meses depois, quando o Chez Panisse mereceu um artigo em uma revista de circulação nacional, o triunfo de mamãe foi completo. — Eu descobri esse lugar! — gabava-se com suas amigas e, à medida que o restaurante tornou-se mais famoso, mamãe acrescentou uma porção de detalhes falsos ao protesto de Alice com relação ao bife até transformá-lo numa conversa séria.

Mas, embora tivesse agradado à minha mãe, o sucesso nacional do Chez Panisse não impressionou as pessoas de Berkeley. Leitõezinhos de leite assados em forno de lenha, guisados de lula em vinho tinto e o melhor pão jamais servido na América podiam surpreender outras pessoas, mas não eram o que mais gostávamos no Chez Panisse. O restaurante defendia o uso de produtos não-industrializados, de pequenas fazendas, e a agricultura sustentável, e nós íamos lá porque era um lugar onde se podia comer uma comida fabulosa sem se sentir culpado. Todos os alimentos que eles serviam eram cultivados por pessoas que realmente gostavam de trabalhar e de cuidar da terra e eram servidos por pessoas que gostavam umas das outras. Até os copeiros que lavavam pratos eram bem pagos. Em Berkeley, essas coisas eram importantes.

Com o passar dos anos, Alice transformou-se em um ícone de Berkeley. Tornou-se tão famosa que, quando meu editor me pediu para entrevistá-la, logo depois de me tornar crítica, precisei de dias para reunir coragem para telefonar para ela. Estava certa de que recusaria meu pedido de entrevista. Em vez disso, Alice me convidou para ir à sua casa.

Fiquei surpresa ao descobrir que ela morava numa pequena casa vitoriana nas terras baixas de Berkeley, tão perto de Channing Way que se podia ir a pé. A casa parecia tão modesta, tão despretensiosa, tão comum.

E Alice parecia muito simpática.

— Ah — disse ela quando bati à porta —, é você. — Deu um sorriso sedutor e imediatamente compreendi qual era seu encanto. — Você trabalhava no The Swallow. Eu conheço você. — Seus braços estavam cheios de galhos cobertos de minúsculas flores azuis. — Não são lindas? Você conhece borragem? A gente come as flores. Tome, prove uma. — Ela enfiou um botão na minha boca. Eu mastiguei, enquanto a seguia pelo salão escuro até a cozinha, pensando em como o sabor da flor era muito azul.

A cozinha de Alice era impecável, mas estava longe de ser chique. O fogão era uma antiguidade e a geladeira parecia uma relíquia da Era Glacial: nem sequer tinha congelador.

— Vi a geladeira numa loja de cacarecos — comentou orgulhosa, dando uma palmadinha na porta. — Custou 250 dólares. — Alice não possuía um único utensílio moderno.

— Você sempre soube que queria ser dona de um restaurante? — perguntei, olhando ao meu redor.

— Ah, não — respondeu ela. — Eu era professora montessoriana. Mas detestava lecionar porque não tinha nenhuma paciência. Me apanhei em flagrante mordendo as crianças.

— Não acredito — comentei.

— Não, é verdade — respondeu ela —, mordi mesmo. Tinha um garotinho que estava mordendo todo mundo e eu não conseguia descobrir o que deveria fazer, e foi só uma reação impulsiva, eu o mordi. — Ela ainda parecia chocada com seu ato, mesmo depois de todos aqueles anos. — Machuquei o menino — admitiu ela. — E depois pensei: eu tenho que sair daqui.

— E então abriu um restaurante? Assim, sem mais nem menos?

— Bem, adoro cozinhar para as pessoas. Preciso ter esse tipo de comunhão. Quando estava trabalhando no *Express Times*, as pessoas apareciam toda noite e eu dava de comer a todo mundo.

— Parece com a minha casa — observei.

Enquanto conversávamos, ela lavou folhas de alface, socou alho e falou no telefone com a mãe. Não parava de aparecer mais gente — antes que a tarde tivesse acabado, um jantar para quatro havia se transformado em um jantar para uma dúzia de pessoas.

— O que eu sempre quis em um restaurante — disse ela —, era uma coisa assim. Apenas um lugar para onde meus amigos pudessem vir e ficar batendo papo durante horas.

Quando Alice disse isso, sua amiga Pat descansou o rolo de massa e comentou:

— E veja só com que você acabou. Um restaurante que nenhum dos seus amigos tem dinheiro para freqüentar. — Havia um perceptível tom de censura em suas palavras.

— Eu sei — concordou Alice melancolicamente. — Mas o problema é que, depois que se faz sucesso em alguma coisa, aquilo simplesmente começa meio que a seguir você por toda parte, persegue você como uma assombração.

Por que eu estava me lembrando daquilo enquanto dirigia atravessando a Bay Bridge? O céu estava refletido na água escura e olhei para baixo e vi um avião delicadamente seguir seu caminho em meio às estrelas. Então entendi qual era a ligação: o Sucesso estava nos seguindo por toda parte, estava nos perseguindo. Durante o ano anterior, Doug estivera viajando pelo país inteiro enquanto eu ficava em casa e escrevia críticas sobre restaurantes. Nosso relacionamento parecia o mesmo, mas eu tinha uma irritante sensação de mudança. Doug estava indo para o leste enquanto eu ia para o oeste, indo para um restaurante que nenhum de meus amigos teria dinheiro para freqüentar. Eu estava suspensa entre Berkeley e San Francisco e o sucesso estava sentado ao meu lado no banco do passageiro, enquanto eu era catapultada para o outro lado da ponte.

O Trader Vic revelou ser exatamente o que eu esperava. Olhei para as pessoas bem vestidas, movimentando-se com arrogância na sala de espera, tentando conseguir mesas, e pensei na palavra que Nick havia empregado: "obscenos." Ele tinha razão. Mas houve uma surpresa: o crítico de vinhos era tímido, sério e tinha mais ou menos a minha idade. Com suas roupas amarrotadas e sapatos de lona sujos, Phil Reich teria se encaixado com perfeição em nossa casa de Berkeley. O *maître d'hôtel* também parecia pensar o mesmo. Nos examinou por um breve instante e anunciou que haveria espera. Uma longa espera.

— Ele, evidentemente, está na esperança de que a gente vá embora — disse Phil, apresentando-se. — Espere só até ele ver quem está nos convidando para jantar. Vai mudar de conversa num instante.

— Então você já conheceu este editor de gastronomia? — perguntei.

— Estive com ele algumas vezes — respondeu Phil.

— Que tal é ele? — perguntei.

Phil me mediu de alto a baixo com um olhar, como se tentando decidir até que ponto podia responder com honestidade. Ele observou meus cabelos castanhos crespos e o velho vestido de veludo.

— Não creio que seja seu tipo de pessoa — respondeu finalmente. Ele espiou por cima de meu ombro e acrescentou. — Veja você mesma.

Um homem grande, corpulento, de cabelos pretos espessos, estava vindo em nossa direção, vestindo terno, gravata e com uma expressão de extrema satisfação consigo mesmo. Que idade teria ele? Eu não sabia dizer, mas parecia bastante maduro — devia ter uns 40 anos, no mínimo — e era tão alto, tão grande, que a multidão parecia se abrir diante dele. À medida que se aproximava, ouvi o *maître d'hôtel* falar efusivamente.

— Ah, senhor Andrews, que prazer tê-lo aqui de volta. — Eu me contraí cheia de ressentimento; pelo simples fato de passar pela porta de entrada, ele já havia assumido o controle, e eu estava temerosa de que com um olhar ele pudesse ler meus pensamentos.

— Está vendo? — sussurrou Phil, enquanto o *maître d'hôtel* nos conduzia para nossa mesa deixando para trás o aglomerado de gente à espera de mesas; quem estava em companhia de Colman Andrews não esperava. O editor de gastronomia imediatamente mandou vir uma carta de vinhos. Ela se materializou e os dois homens começaram a falar em língua desconhecida.

— Mayacamas Chard? — perguntou o editor de gastronomia, levantando as sobrancelhas, enquanto examinava a lista.

— Não passou pela maloláctica — respondeu Phil.

— Eu sou francamente francófilo — respondeu o editor. — De preferência *bone*.

— Caymus? — perguntou Phil.

— Maloláctico? — respondeu o editor.

— É claro — disse Phil, assentindo.

Eu ouvi, perplexa, enquanto as palavras jorravam de suas línguas. Tive um momento de triunfo quando afinal traduzi *bone* por Beaune,* mas àquela altura os homens já tinham passado para uma discussão sobre barris. Enquanto eles trocavam informações sobre barris de carvalho jovem e os de madeira de sequóia canadense envelhecida, o *sommelier* mantinha-se parado, tristemente, a alguma distância. Nossos copos ainda estavam vazios. Quando os homens avançaram subitamente para uma discussão sobre em que ano Hanzell havia deixado de usar papel laminado prateado em volta do gargalo da garrafa, percebi que eu tinha que fazer alguma coisa.

— Estou com fome — anunciei.

---

* Beaune, tradicional região de vinhedos na Borgonha, cujo leilão anual de vinhos, em novembro, é considerado um indicador de preços para a safra. [N. da T.]

O editor de gastronomia era muitíssimo bem-educado.

— Perdoe-me — disse ele, chamando o garçom. — Vamos começar com o Krug 1966 — disse ele. — É meu champanhe favorito.

— Meu também — comentei, sem conseguir me conter. E então, por que não, mergulhei de cabeça e acrescentei. — Foi um ano tão maravilhoso para os champanhes. — Phil me lançou um olhar estranho, e me perguntei se eu teria entendido mal. Krug não era um champanhe? Havia anos de boas safras ou eram todos iguais? Comecei a sentir minhas faces corarem.

Aparentemente, eu não havia falado nenhum absurdo porque o editor comentou:

— É uma pena que eles não tenham beluga triplo zero.* É perfeito para acompanhar o Krug.

De repente, eu me ouvi dizer:

— Se não puder ser triplo zero, prefiro não comer caviar. — Phil pareceu ficar um bocado abalado com este comentário, mas o editor sorriu tão calorosamente que pouco depois eu estava fazendo pouco de trufas negras. Na verdade, nunca havia comido trufas negras, mas certa vez tinha lido um artigo escrito por M. F. K. Fisher que afirmava que elas eram exageradamente superestimadas. Esta opinião roubada me valeu tamanho olhar de respeito que emiti uma outra: era simplesmente uma tragédia que o governo proibisse que queijo de verdade entrasse no país. Gastei minha eloqüência falando sobre os queijos maravilhosos feitos com leite não-pasteurizado que o FDA** considerava impróprios.

---

* O beluga é o maior e o mais raro dos três tipos de esturjão, chegando a pesar 770 quilos; dez por cento do peso do beluga é constituído por suas preciosas ovas. O beluga precisa amadurecer no mínimo 25 anos para produzir as primeiras ovas. Suas ovas também são as maiores e recebem uma graduação de um a três zeros. O triplo zero é o padrão internacional de caviar beluga de excepcional qualidade. A cor do caviar beluga varia de cinza-claro-perolado a cinza-aço-escuro. Os outros dois tipos são o osetra, do esturjão de tamanho médio e cujas ovas têm um sabor de nozes e cor variando de marrom-escuro a amarelo-dourado, e o sevruga, que é o menor e o mais abundante esturjão, cujas ovas são pequenas e de cor cinza. [N. da T.]

** Food and Drug Administration – órgão federal americano que regulamenta os produtos alimentícios e remédios dos E.U.A. [N. do E.]

— Mas mesmo na França — disse o editor — a qualidade do queijo está começando a declinar. Estou indo para Paris no mês que vem e minhas expectativas são bastante baixas.

— Mas você tem que sair de Paris — retruquei, sentindo-me grata por finalmente estar em terreno conhecido. — Tem que ir para o campo. — E contei a ele sobre o pequeno fabricante de queijo que eu havia conhecido quando passara um verão trabalhando na Île d'Oléron.

— Então você já comeu Oléron? — perguntou ele. — Pensei que não estivessem mais fazendo esse queijo. — Fiquei espantada, me perguntando como era possível que ele tivesse conhecimento de um fato tão obscuro, mas não deixei que percebesse. Firme no papel de mulher ultra-experiente e entediada com a vida, falei-lhe sobre minha amiga Marie, a última sobrevivente no mundo dos criadores do queijo Oléron. Ele ficou muito impressionado, e por um momento quase gostei dele.

O editor de gastronomia fez o pedido por todos nós. Pediu muita coisa. Primeiro veio uma entrada e um prato de peixe. Depois veio um carneiro dos fornos indonésios. ("Meu pai sempre pedia carneiro quando vinha ao Trader", comentou ele numa voz que sugeria a existência de mansões ancestrais e gerações de criados da família. Por baixo da mesa, Phil cutucou meu pé. Acima da mesa, ele levantou as sobrancelhas. Eu dei uma risadinha.)

O jantar durou horas. Depois que ultrapassamos a fase competitiva, em algum ponto entre a salada e o prato de queijos, tudo tornou-se mais fácil; e, quando começamos a beber a terceira garrafa de vinho, realmente começou a ficar divertido.

Depois do jantar, ficamos bebericando conhaque em grandes taças que o *sommelier* havia aquecido sobre as velas. Segurando com as duas mãos o copo agradavelmente bojudo, observei o editor de gastronomia afastar dos olhos uma mecha de cabelo rebelde e me dei conta de que, afinal, ele não era tão velho quanto parecia. Comecei a me perguntar se a atitude pomposa inicial também não teria sido apenas encenação. Talvez ele pensasse que era assim que editores de gastronomia deveriam se comportar.

— Quando foi a última vez que você esteve na França? — perguntou ele de repente.

— Já faz anos — respondi tristemente. — Há muito tempo não tenho dinheiro para fazer uma viagem.

— Você deveria fazer um esforço — observou ele. — É uma crítica de gastronomia, não deve querer parecer provinciana. Já passou algum tempo em Los Angeles?

— Quase nenhum — respondi como uma verdadeira cidadã de Berkeley. — Não suporto aquele lugar.

— Mas deve superar isso — disse ele. — Não é Paris, é claro, mas você deveria saber o que está acontecendo na outra parte do estado. Los Angeles está começando a ser uma cidade de bons restaurantes.

— Está se oferecendo para me pagar uma viagem? — perguntei, levantando os olhos e encarando-o.

— Por que não? — respondeu ele. — Afinal, eu *sou* seu editor.

Quando eu desci para o café na manhã seguinte, o cheiro azedo de vinho derramado elevou-se e me acertou o nariz como um punho. A mesa da cozinha estava coberta de cascas de amendoim e guardanapos amarfanhados; pratos sujos formavam uma pilha alta na pia. Grãos de café usados, que pareciam assustadoramente com formigas, espalhavam-se sobre o balcão. Eu estava limpando aquela imundície, ainda xingando furiosamente os pratos, quando Nick entrou todo alegre e saltitante e perguntou:

— Então, como foi o jantar?

— Bom — rosnei para ele, resmungando palavrões baixinho. Nick espiou dentro da frigideira que eu estava pronta a usar para fazer ovos mexidos e disse:

— Você não está pensando em usar manteiga para fazer isso, não é?

— Estou — respondi.

— Mas não leu o artigo que deixei separado para você ontem?

Na verdade, eu tinha lido. Nick constantemente me deixava artigos de publicações sobre alimentação integral detalhando todos os motivos pelos quais eu não deveria comer este ou aquele de meus ingredientes ou pratos favoritos. A manteiga era seu alvo mais recente: no momento, ele estava fazendo a maior campanha a favor da soja.

— Eu me recuso a comer tofu com a minha torrada! — comecei a protestar, quando o telefone tocou. Eu atendi e gritei: — Alô?

— Como foi o jantar? — Era a voz calma de Doug.

Tentei visualizá-lo enquanto falava, ver a curva bem-feita de seu corpo, seu rosto de feições bonitas e enérgicas. Eu o imaginei com a campina às suas costas, a caixa de ferramentas junto aos pés, inclinado para o telefone. Pensei sobre meu comportamento na noite anterior, todos aqueles blefes sobre comida e uma onda de constrangimento se apoderou de mim.

— Foi bom — respondi. — Que tal está Omaha?

— Fantástica! — respondeu ele. — Eles adoram o meu trabalho. As pessoas aqui são realmente maravilhosas.

Ele parecia tão satisfeito consigo mesmo, tão feliz por estar lá, que me ocorreu um pensamento repentino de que talvez uma daquelas pessoas maravilhosas pudesse ser uma mulher. Mas, em vez de fazer a pergunta, pedi que me tranqüilizasse.

— Estou me sentindo realmente muito sozinha sem você — declarei. — Espero que volte logo para casa.

Doug deixou passar a deixa.

— Esta viagem não vai ser curta — respondeu. — Provavelmente vou ter que ficar por aqui mais tempo do que eu esperava. Comecei a testar uma estrutura que é uma tenda etérea. Os fios são esticados a partir de um poste central de modo que capturam a música da brisa. Mas tem que ser montada no lugar certo e encontrar esse lugar vai demorar um pouco.

— Eu realmente estou com saudades — disse esperançosa. Quem sabe eu não poderia ir até lá passar uns dias? Quem sabe ele não me pediria para ir?

— É muito bom estar num espaço completamente diferente — respondeu ele, deixando passar mais outra deixa. — Omaha é de uma beleza surpreendente. Tenho tido uma porção de idéias novas de todos os tipos.

— Doug! — Eu de repente me senti como uma criança pequena patética, pulando de um lado para o outro em busca de atenção. Mas, em vez de simplesmente dizer que eu queria ir para Omaha, disse: — Acho que precisamos conversar sobre se todas essas viagens são uma boa idéia.

— Provavelmente não são — respondeu ele em tom razoável — mas, já que você está fazendo esse trabalho aí e eu estou fazendo este aqui, não vejo como podemos ter outra escolha.

Eu persisti.

— Mas estamos com 31 anos e está na hora de começarmos a pensar em ter uma família. — Por que ele não conseguia entender o que eu estava dizendo?

— Nós realmente precisamos conversar a respeito disso — disse ele —, mas acho que devemos esperar até estarmos juntos.

Eu sabia que estava sendo impossível, mas não consegui me controlar.

— Mas você *quer* ter filhos, não quer? — prossegui, já conhecendo a resposta. Ter uma família sempre tinha feito parte de nossos planos. Tudo o que eu na verdade queria que Doug dissesse era que ele estava com saudades de mim. Mas finalmente tinha conseguido que ele me desse atenção.

— Eu sempre presumi que teríamos — disse ele com relutância. — E não sou contra a idéia. Mas agora não tenho certeza. Estou realmente entusiasmado com a maneira como meu trabalho tem evoluído e não quero fazer nada que possa prejudicar isso.

Eu perdi o fôlego de susto, sentindo-me como uma mulher que tivesse aberto com vapor uma carta endereçada a outra pessoa e descoberto um segredo que preferiria não saber. Ao suplicar silenciosamente que Doug me dissesse que estava tudo bem, que tudo estava como antes, descobri que não estava.

— Então você acha que pode não querer ter filhos nunca?

— Ah, não — exclamou ele. E então, num tom ascendente: — Não, não, não!

— O que aconteceu? — perguntei assustada.

— Todas as cordas acabaram de se partir. O vento está forte demais. Eu realmente vou ter que desligar. — Atrás dele, ouvi uma voz aflita gritando: — Doug! Venha depressa. — A voz era feminina.

— É melhor você ir — disse-lhe, mas estava magoada, meus sentimentos feridos. Eu me sentia envergonhada e, pela primeira vez em 11 anos, muito sozinha. Para recuperar minha dignidade, tomei uma decisão repentina. — Vou viajar para Los Angeles — disse. — Este novo editor de gastronomia acha que eu preciso conhecer os restaurantes de lá.

— Esta é uma ótima idéia — disse Doug, a cabeça preocupada com o vento.

— Doug? — chamei. — Eu te amo. — Mas era tarde demais; ele já havia desligado.

Bolinhos de siri

Desliguei o telefone e fiz o que sempre faço quando estou aborrecida e angustiada: fui cozinhar.

Mas dessa vez eu estava fazendo mais que preparar uma refeição. Eu estava cozinhando em taquigrafia, enviando uma mensagem para mim mesma. Vejam só esta lista de ingredientes! Carne de siri, um verdadeiro luxo, definitivamente não constava da lista de alimentos aprovados de Channing Way. Exatamente por este motivo senti uma imensa satisfação cada vez que um bolinho chiava ao bater na manteiga na frigideira.

Vou dizer apenas o seguinte: todo mundo adorou esses bolinhos de siri. Até Nick superou sua aversão à manteiga pelo tempo necessário para dizer:

— É realmente uma pena que Doug não esteja aqui para provar esses bolinhos. Ele teria adorado.

INGREDIENTES

450 gramas de carne de siri sem casca em pedaços

¼ de xícara de manteiga sem sal

½ cebola pequena, picadinha

1 colher de chá de sal grosso

2 ovos grandes
1 ½ colher de chá de molho inglês Worcestershire
1 colher de chá de páprica
½ colher de chá de pimenta-do-reino moída na hora
2 colheres de sopa de molho tártaro
2 fatias de pão de forma branco firme, picadas em pedacinhos
6 colheres de sopa de migalhas de pão fresco

Espalhe a carne de siri para catar e retirar quaisquer pedacinhos de casca e cartilagem, tendo o cuidado de não desmanchar os pedaços.

Cozinhe a cebola e metade da colher de chá de sal em uma colher de sopa de manteiga numa frigideira pequena, em fogo moderado, até a cebola amolecer. Deixe a mistura esfriar.

Bata os ovos, o molho inglês Worcestershire, o restante do sal, a páprica, a pimenta, o molho tártaro e a mistura de cebola. Delicadamente, vá acrescentando e mexendo a carne de siri e o pão cortado em pedacinhos (a massa dessa mistura ficará bem molhada). Delicadamente, separe a massa e forme seis bolinhos redondos, cada um com cerca de nove centímetros de diâmetro e dois centímetros de altura. Forre uma bandeja com papel-manteiga com o tamanho certo para enfileirar os bolos e salpique com a metade das migalhas de pão. Ponha os bolinhos enfileirados sobre o papel e espalhe o restante das migalhas de pão sobre os bolinhos, batendo de leve para aderir. Cubra os bolinhos com outra folha de papel-manteiga e deixe na geladeira durante uma hora.

Derreta o resto das três colheres de sopa de manteiga numa frigideira grande, de fundo não-aderente, em fogo moderadamente alto, até a espuma baixar. Cozinhe os bolinhos na manteiga até ficarem com uma cor castanho-dourada, cerca de três minutos de cada lado.

Rende seis bolos individuais de carne de siri.

3

Paris

O calhambeque maltratado que aluguei no aeroporto estava em melhores condições do que o meu Volvo. A buzina funcionava, as lanternas pisca-pisca funcionavam automaticamente, e o rádio sintonizava AM e FM. Escolhi uma estação de *blues* e fui cantando com Willie Dixon enquanto entrava na auto-estrada de Santa Mônica. A revista havia me hospedado no hotel Beverly Wilshire, e adorei a privacidade elegante e opulenta de meu quarto. Los Angeles, pensei enquanto dirigia para ir me encontrar com o editor de gastronomia para jantar, talvez não fosse assim tão má.

O sentimento durou até eu chegar ao Ma Maison e ver os Jaguares, Rolls-Royces e Mercedes estacionados na frente. Como eu poderia ter coragem de entregar o calhambeque alugado ao manobrista? Não entreguei. Passei direto pela frente do restaurante e estacionei na rua. Enquanto lutava para trancar a porta do carro, senti nitidamente que o ar úmido da noite estava encrespando meu cabelo. Quando afinal cheguei ao restaurante, senti-me dolorosamente consciente de que a bainha de meu vestido estava presa com fita-crepe e que meus sapatos estavam muito precisados de uma boa engraxada.

Mas o pátio coberto do restaurante, com a grama sintética Astro Turf e mobília de jardim, restauraram minha confiança; o Ma Maison era estranhamente cafona. As grandes barracas de praia vermelhas e brancas com a palavra RICARD estampada por todo lado tinham a intenção de criar um efeito chocante, transgressor, mas eram apenas patéticas. Quando o dono do restaurante me olhou de cima a baixo com aquela expressão avaliadora típica de franceses mais velhos que acham que mulheres servem somente para uma coisa, eu endireitei as costas e arrebitei o queixo.

Patrick Terrail me conduziu pelo pátio até o interior de luz baixa do restaurante. Ele me acompanhou até uma mesa, mas estava tão escuro que tudo que consegui ver foi a silhueta do editor de gastronomia sentado diante de um homem imenso de gordo, uma pequena montanha, plantado na outra cabeceira. À medida que nos aproximávamos, achei que ele parecia vagamente familiar, mas não consegui me lembrar de seu nome.

— Colman — disse Patrick, com uma voz áspera e sensual como a de Rod Stewart —, sua convidada está aqui. — O editor de gastronomia levantou-se de um salto e me apresentou à montanha: era Orson Welles! O ator me examinou com olhos inteligentes que pareciam aprisionados na gordura de seu rosto. Apertei a mão do grande homem e então Colman e eu seguimos Patrick para fora da escuridão até o crepúsculo do pátio. Colman, me dei conta, me recordava o elegante jovem Welles de *Cidadão Kane*, o jovem rebelde que havia sido expulso de todas as universidades tradicionais da elite americana. Ele segurou minha cadeira enquanto eu me sentava; algumas horas antes, teria achado esse gesto uma afetação de uma inutilidade insuportável.

Nós começamos com Krug 66 e um pote de caviar.

— Triplo zero? — perguntei.

— É claro — respondeu ele. — Vamos simplesmente comer com a colher.

O caviar era cinza e reluzia. Quando botei um pouco na língua, não era salgado, da maneira como outros tipos de caviar são, e sim sedutoramente frutado com um sabor que se prolongava e expandia ao infinito. Engoli e o sabor ressoou descendo por minha garganta. Então tomei um gole de champanhe e, em vez de apagar o sabor ao descer, o champanhe o trouxe de volta renovado, agora mais picante e mais intenso. Fechei os olhos.

Eu estava em algum outro lugar quando uma voz logo acima de minha cabeça disse:

— Colman! — Tive um sobressalto e abri os olhos. Um homem com um chapéu branco alto estava de pé junto à mesa. Ele tinha o rosto redondo e um nariz arrebitado que ficava esfregando, como um garotinho. — Colman — repetiu ele, com um forte sotaque austríaco —, quer que eu faça um *menu* para vocês? Tenho alguns pratos que gostaria que experimentassem.

Então é assim que os verdadeiros críticos de gastronomia vivem, pensei. Artistas de cinema. Caviar. *Menus* especiais.

— Vamos deixar que Wolfgang nos surpreenda? — perguntou Colman, inclinando a cabeça para o lado.

O *chef* virou-se e me lançou um olhar de súplica, como se minha opinião fosse a única coisa no mundo que importasse.

— Ando fazendo uma coisa com ostras que acho que vai gostar — sugeriu em tom persuasivo.

Sem saber o que Colman queria, muito ligeiramente balancei a cabeça.

— Ótimo! — declarou o *chef*. — Vou cozinhar agora.

Enquanto ele se afastava, Colman disse:

— Wolfgang Puck é o mais talentoso jovem *chef* de Los Angeles. Creio que ele vai se tornar uma figura importante. Espero que você goste da comida dele.

Vieram ostras embrulhadas em alface, salpicadas com caviar e banhadas em *beurre blanc*. Depois houve uma *terrine de foie gras* com torrada ainda quente. Os sabores dançavam e as substâncias suaves deslizavam pela minha garganta. Bebemos Corton-Charlemagne e conversamos sobre Nova York e Paris e Roma. Tudo tinha uma qualidade irreal, como se nosso diálogo tivesse sido roubado de um daqueles filmes de 1930, em que casacos de pele de marta saem voando pelas janelas e só existem finais felizes. Ele era Cary Grant. Eu era Katherine Hepburn.

Com o pato ("Exatamente como no Tour d'Argent") bebemos um Petit-Village 1975 (Colman não gostava de vinhos muito envelhecidos). E depois comemos uma fatia de Roquefort e uma meia-lua de Brie. Enquanto comíamos os queijos, tão maduros, tão ricos de sabor, Patrick passou pela mesa e disse baixinho:

— Eu contrabandeei esses queijos, passei pela alfândega com eles escondidos em minha roupa de baixo. — Acreditei nele.

Colman não gostava de doces, de modo que comi a sua *dacquoise* e depois comi a minha. Bebemos conhaque. Ele fumou um charuto. De repente, haviam-se passado cinco horas e todos os astros e estrelas de cinema estavam indo para casa. Quando finalmente éramos as duas únicas pessoas no restaurante, Patrick Terrail e Wolfgang Puck estavam sentados conosco. Bebemos mais conhaque e conversamos sobre comida. Eu me sentia bonita e atraente. Sentia-me a um milhão de quilômetros de Berkeley. Então Colman acenou com a mão e disse:

— Ponha na minha conta. — Eu nunca antes havia conhecido alguém que tivesse conta em um restaurante requintado.

Colman me ajudou a levantar da cadeira, passou o braço em volta de meu ombro e me perguntou onde estava meu carro.

— Perfeito — disse ele quando respondi que tinha estacionado na rua —, vamos deixar para voltar e pegar seu carro amanhã de manhã. — Ele abriu a porta para mim.

— Vamos — concordei, saindo. O manobrista abriu a porta do carro. Eu entrei.

Acordei chorando, atordoada com minha temeridade, desejando que pudesse reviver a noite anterior e dar-lhe um final diferente. Ao longo daquela noite eu havia me transformado numa outra pessoa, me tornado uma estranha para mim mesma. O que havia acontecido comigo? Eu era a pessoa menos promíscua que conhecia. Nunca nem sequer havia considerado a possibilidade de ter um caso. Na faculdade, minha virgindade fora motivo permanente de piadas, rapazes cujos nomes eu nem sequer sabia chegavam perto de mim e perguntavam "Ainda continua virgem?" como se a simples noção desse fato fosse ridícula. Mesmo agora o número de homens com quem eu tinha dormido não era maior do que os dedos de uma de minhas mãos.

Fiquei deitada ali, ao lado daquele homem que eu mal conhecia, consumida pela repugnância por mim mesma. Durante algum tempo, fiquei me censurando severamente e depois experimentei atribuir a culpa a Doug: se ele não viajasse tanto, nada daquilo teria acontecido. Isso fez com que eu me sentisse melhor, mas não por muito tempo.

À medida que a luz do dia penetrava no quarto, ainda chorosa tentei transformar a situação num drama de novela de televisão. O que aconteceria quando Doug descobrisse o que eu tinha feito? Os dois homens duelaram na penumbra do quarto, saltando sobre cadeiras e fazendo discursos nobres, antes de eu afinal perceber o caráter totalmente ridículo e absurdo de tudo aquilo. Doug ficaria magoado, mas não seria o fim do mundo, nem mesmo o fim do casamento. Ele sabia que eu o amava. Além disso, não era impossível que Doug estivesse, naquele exato minuto, nos braços de alguém em Omaha. Houvera aquela voz de mulher...

Mas eu não podia me enganar e me fazer acreditar que o que Doug estivesse fazendo tivesse alguma relação com o motivo pelo qual eu havia acordado na cama com um estranho. E era isso que eu precisava compreender.

Colman era agradável e atraente. Era uma companhia maravilhosa. Mas eu havia conhecido outros homens atraentes e nunca antes me sentira tentada a dormir com eles. O que era exatamente que eu achava tão irresistível nesse homem? Repassei a noite em minha cabeça — o caviar, as ostras, o *foie gras*, os charutos. Tinha sido como um sonho maravilhoso, todas as minhas fantasias transformadas em realidade. Colman era como um personagem de algum livro que eu tivesse lido, como um homem de uma outra época, um *bon vivant* que, sem nenhum pudor, dedicava-se à comida, à gastronomia. Ele sabia mais a respeito do assunto que qualquer pessoa que eu jamais tivesse conhecido e de repente me ocorreu que, se eu tivesse querido inventar o homem perfeito para aquele momento de minha vida, dificilmente teria conseguido criar alguém melhor.

O fato de saber disso fez com que eu me sentisse menos temerosa. Ainda queria me levantar, me vestir e correr de volta para a segurança de

Berkeley. Mas resisti ao impulso e quando Colman acordou, quando ele se virou e disse "Eu sei exatamente onde vou levar você para almoçar", eu sorri e disse:

— Mal posso esperar.

— Você ainda está em Los Angeles? — perguntava minha mãe todos os dias. — Esta viagem está se tornando um bocado longa.

— Há uma porção de restaurantes por aqui — respondi. — Além disso, Doug ainda está em Omaha.

— Que idade tem esse seu novo editor de gastronomia? — perguntou ela em tom desconfiado.

— É velho, mamãe — respondi, acrescentando três anos —, muito mais velho do que eu. — Mas sentia-me grata pelo fato de que o radar de Doug não fosse tão bom quanto o de minha mãe. Ele telefonava com regularidade, mas a cada vez era apenas para dizer que tinha que ficar um pouco mais. O vento estava com ele, e em Omaha as pessoas realmente, mas realmente gostavam muito dele.

Colman tinha uma mesa reservada em todos os restaurantes de Los Angeles, e não havia nada que ele não soubesse sobre comida.

— Você nunca provou queijo *mozzarella* feito com leite de búfala? — perguntou-me certa tarde, levando-me em direção à porta. — Sei exatamente onde devemos ir. — Fomos de carro até um bairro industrial de Santa Mônica e entramos em um bar de aspecto velho e maltratado.

— Isto é um restaurante italiano? — perguntei, examinando o modesto estabelecimento com um olhar de dúvida.

— Espere — respondeu ele. Um homem esguio e bonito apareceu e começou a circular radiante ao nosso redor.

— Ah, Colman — disse ele com um daqueles sotaques italianos absurdamente românticos —, você chegou no momento perfeito. Acabei de voltar do aeroporto. Veja só o que fui apanhar! — Ele mostrou grandes fatias de parmesão que esfarelavam e reluzentes garrafas de azeite de oliva.

— Este é Piero Selvaggio — disse Colman. — Ele não consegue encontrar os excelentes produtos italianos aqui, de modo que tem importado as coisas de que precisa.

— Esperem só até provar isso! — exultou Piero. — Que refeição vocês vão comer!

Os dois homens se retiraram para um canto por um momento, decidindo qual seria o *menu*. Palavras como *focaccia*, *Amarone*, *vero olio* choveram sobre mim, e eu me acomodei confortavelmente enquanto as ouvia, cheia de alegre expectativa.

— Feche os olhos — disse Colman. Ele aproximou um copo de meus lábios e eu tomei um gole. O vinho era doce e amargo ao mesmo tempo, com um paladar imenso. Tinha um sabor de cerejas e amêndoas misturadas sobre fogo com fumaça.

— Mmmm — suspirei.

— Agora prove isto. — Ele colocou uma bolinha do queijo de sabor doce, amanteigado e extremamente macio. Eu engoli e me veio uma sensação que era como a luz do sol e campos verdejantes.

Então Piero se aproximou apressado com seis garrafas de azeite extravirgem e um bom pão e exigiu que experimentássemos todos, um por um, e que escolhêssemos de qual deles gostávamos mais. Um era verde e picante, um outro mais encorpado e ligeiramente doce. As diferenças eram espantosas.

Tínhamos vindo para almoçar; também ficamos para jantar.

Quando eu disse a minha mãe que estava planejando uma viagem para a França, ela imediatamente ficou desconfiada.

— Aquele seu editor de gastronomia vai estar lá? — perguntou.

— Ele não tem nada a ver com a viagem — respondi com toda a dignidade que consegui reunir. — Nem sabe que estou indo.

— Mas ele vai estar lá — retrucou ela.

— Vai — respondi numa voz muito miúda. — Vai estar.

— Minha gatinha — disse ela —, você está querendo arrumar problemas.

Eu certamente não precisava que ela me dissesse isso. Mas, dez minutos depois que Doug havia me ligado para dizer que sua tenda de vento estava tendo um progresso mais lento do que havia previsto e que ele iria ter que ficar em Omaha no mínimo por mais duas semanas, minha amiga Béatrice telefonou de Paris. Seu apartamento no sexto *arrondissement* estava vazio, e seria meu se quisesse. Interpretei aquilo como um sinal vindo do céu. Em poucos minutos havia encontrado um vôo *charter* de estudantes para Londres e inventado uma matéria que estava incumbida de fazer por lá.

Tomei o trem expresso de Londres para Paris, viajando sentada a noite inteira com a garotada suja e desleixada carregando mochilas e grandes esperanças. Tudo aquilo me parecia confortadoramente familiar — a luz baça, a partida furtiva de Dover, os agentes aduaneiros em Calais batendo os pés no chão para se aquecer do frio da madrugada. E então estava dentro de um trem avançando em alta velocidade através dos campos cinzentos e todo mundo ao meu redor falava francês. Por um momento me recordei da terrível saudade de casa que havia sentido em meus primeiros anos de colégio interno na França, e uma enorme onda de solidão me engoliu. O que eu pensava que estava fazendo? A voz de minha mãe ressoou em meu ouvido, subitamente, muito alta.

— As pessoas não se comportam assim — disse ela em tom de censura. Antes que eu pudesse impedi-la, ela prosseguiu: — Vai ser bem feito para você se aquele editor de gastronomia nem sequer quiser vê-la. E então o que vai fazer, Senhorita Rabo-de-saia Assanhada, sozinha em Paris?

Eu não tinha resposta. De modo que ajustei melhor o surrado casacão de lã grossa mesclada cinza-prata, do Value Village, ao redor de meus ombros e fiquei olhando fixo pela janela, desejando estar em Berkeley, onde fazia sol e eu não ficava sozinha.

O dia estava frio e encoberto pela névoa e, quando desembarquei na Gare du Nord, o trem lançou para o ar nuvens de vapor que me envolveram em uma neblina artificial. Olhei para cima e o trem preto curvou as costas como um gato malévolo e sibilou furiosamente para mim. Foi um som tão pouco amistoso que subitamente me dei conta de que eu só tinha um endereço e a palavra de Béatrice de que ela tivesse escrito um bilhete para a *concierge*. Uma visão repentina se materializou: a *concierge* me olhando de alto a baixo e me mandando embora com um áspero "*Je n'en sais rien. On ne m'avait rien dit. Au revoir, mademoiselle*". Olhei para meus sapatos e desejei, mais uma vez, que tivesse me lembrado de engraxá-los.

O metrô estava cheio de pessoas de expressão determinada, a caminho do trabalho. Observá-las lerem seus jornais e saltarem apressadamente rumo a seus locais de trabalho fez com que eu me sentisse estrangeira, sem direção, e sozinha. Quando afinal cheguei à minha estação, estava me sentido tão longe de casa e saudosa que mal consegui me arrastar para fora do trem. Tentei me dar uma chamada à ordem e me libertar daquele estado de espírito: sabia que era ridículo. E então subi a escada e saí para o ar livre e comecei a procurar pela rua Auguste Comte, um pouco surpreendida com a elegância do bairro.

Béatrice morava em um prédio claro que era uma formosura do estilo Beaux-Arts, com curvas barrocas e graciosas sacadas de ferro batido. Ajeitei o cabelo, desejando que não parecesse tanto um ninho de ratos, e mordi os lábios para dar-lhes alguma cor antes de empurrar e abrir a enorme porta de madeira da portaria.

— *Vouz désirez?* — a *concierge* perguntou. A voz era fria como gelo. Ela era exatamente o que eu havia esperado: uma mulher pequenina e intrometida, de cabelos pretos, curtos, bem-arrumados, vestida com roupas de cor apagada. Meu francês desapareceu por completo de minha mente, e gaguejei em inglês:

— Sou a amiga de Béatrice du Croix. Vou ficar hospedada no apartamento dela?

A mulher passou a mão nos óculos, enfiou-os e apertou os olhos me examinando.

— *Je ne parle pas anglais* — retrucou ela rudemente e se virou para entrar.

— *Je m'excuse* — respondi rapidamente, uma verdadeira enchente de francês retornando para me salvar. — *Le voyage était si fatigant. Je suis l'amie de Béatrice du Croix. Nous nous connaissions à l'école. Ele m'avait gracieusement offert son appartement.*

— *Elle parle!* — exclamou a *concierge* em tom sarcástico. Ela não me encorajou a continuar.

— *On ne vous a rien dit sur moi?* — prossegui, meio desesperadamente. Já estava me vendo na rua.

— *Oui, mademoiselle* — admitiu ela finalmente. Foi até uma escrivaninha, apanhou uma grande chave de ferro e me entregou. Ela fungou. — *Troisième étage. Vouz avez deux semaines. Au revoir.* — E fechou a porta, deixando-me na escuridão do vestíbulo.

— Bem-vinda à França — resmunguei enquanto apertava o botão da luz. Ela acendeu piscando com relutância e comecei a subir. Mas, depois que entrei e fechei a porta, nada de tudo aquilo importava mais. Era um apartamento maravilhoso, cheio de luz, mesmo naquele dia feio e cinzento. Fui até a janela e admirei a vista dos Jardins do Luxembourg do alto. E então guardei minhas roupas no lindo armário de madeira entalhada do século XVIII, me enfiei na enorme cama com lençóis de linho bordados, e mergulhei num sono profundo.

Acordei morta de fome e fui explorar a minúscula cozinha parisiense. A geladeira era uma pequenina caixa debaixo do balcão de mármore, mas, quando a abri, encontrei água mineral, algumas maçãs velhas que pareciam ter sido derrubadas pelo vento, um tablete de manteiga, um bom pedaço em meia lua de Chaource e três garrafas de Pouilly-Fumé. Em duas tigelas lascadas havia ovos e nozes, ainda com casca. Uma metade de bisnaga dormida repousava sobre o balcão rodeada por tigelas de temperos, azeite de oliva, vinagre e um par de garrafas de vinho comum. Aquilo, sem sombra de dúvida, era bastante.

Cortei o pão em fatias tão finas quanto pude e tostei para fazer torradas. Botei o queijo em um prato, e o rodeei com maçãs cortadas em fatias, e fiz uma omelete. Então me servi de um copo de vinho e sentei-me para comer minha boa omelete francesa e meu queijo com torradinhas, pensando que eu estava sendo uma convidada de mim mesma e me sentindo muito parecida com M. F. K. Fisher.

Empilhei a louça suja na pia e fui preparar um banho na enorme banheira de pés em forma de garra. Encontrei alguns sais de banho em um grande vidro e quando os salpiquei na água a banheira começou a se encher de espuma. Fui me servir de mais um copo de vinho e entrei na banheira. Durante muito tempo fiquei deitada ali, na água quente e no vapor limpo, sentindo meu corpo relaxar com o calor. Eu passaria a tarde no Louvre.

Enrolada em toalhas, voltei para o quarto e reparei no telefone. Era uma peça antiga, branco esmaltado, perfeito para um telefonema para seu amante. Fiquei olhando para o telefone enquanto refletia sobre o que eu diria a Colman. Tornei a deitar sobre os lençóis rendados e os travesseiros macios. Em algum lugar nos Jardins, alguém estava tocando flauta e eu me deixei levar pelo fio da música. Havia tempo de sobra; embalada por Mozart e pelas plumas de ganso da cama, tornei a adormecer.

Estava escuro quando acordei, e fiquei desorientada por um instante. Que horas eram? Sem parar para refletir sobre o que estava fazendo, peguei o telefone e liguei para o hotel de Colman.

Enquanto esperava que a recepção me passasse para o seu quarto, entrei em pânico e desliguei. Meu coração batia disparado em meu peito. E se ele não estivesse sozinho? E se ele não quisesse me ver? Eu me sentia vulnerável, tola e assustada, e, quando afinal reuni coragem para ligar novamente, minhas mãos estavam tremendo.

Então sua voz grave soou em meu ouvido e percorreu meu corpo como um choque.

— Onde você está? — perguntou.

— Em Paris — respondi.

— O que está fazendo aqui? — questionou. Parecia irritado.

— Visitando amigos — respondi.

— Doug está com você?

— Não, estou sozinha.

— Bem — disse ele, refletindo —, precisamos dar um jeito de nos encontrar. Mas eu estava de saída para ir me encontrar com uma pessoa para jantar. Por que não me dá seu telefone e eu ligo para você dentro de um ou dois dias?

Eu dei o número do meu telefone e ele desligou. Desejei poder voltar atrás e não ter feito a chamada. Os dias se estendiam vazios diante de mim. Dez dias era muito tempo. Por que eu tinha vindo? Talvez pudesse conseguir um vôo para voltar para casa antes.

Enterrei-me nos travesseiros, pronta para encontrar uma fuga tornando a dormir. Quando fosse amanhã, eu faria um programa, me manteria ocupada. Iria ao Beaubourg, passaria um dia no Louvre, iria passear pelo mercado da rue du Cherche-Midi. Se Colman telefonasse, eu teria uma porção de coisas para contar...

Mas e se ele telefonasse amanhã? Eu nunca tinha feito uma refeição requintada sozinha. Nem sequer estava com fome. Mas Colman não perderia seu tempo em Paris fazendo omeletes. O que ele faria? Colman provavelmente iria ao Taillevent ou ao Tour d'Argent e faria uma refeição com dez pratos coroada por um bom conhaque e um belo charuto. Bem, se ele podia fazer isso, eu também podia: não ia dizer a ele que tinha feito jejum em minha primeira noite em Paris.

O Taillevent e o Tour d'Argent não tinham mesas disponíveis, mas Guy Savoy disse que, com prazer, prepararia uma mesa para uma pessoa. Dentro de quanto tempo eu poderia estar lá?

No metrô, fiquei ouvindo a conversa de meus vizinhos, tentando gravar o sotaque francês em meu ouvido. Não queria parecer uma turista no restaurante. Quando cheguei, disse meu nome com o maior cuidado possível, na esperança de que eles não soubessem que eu era americana. O *maître d'hôtel* me sentou a uma pequena mesa perto do bar e perguntou se eu gostaria de tomar um aperitivo.

— *Une coupe de champagne* — me ouvi responder, para minha surpresa. Ele foi buscá-la e voltou com um pratinho de nozes salgadas passadas na manteiga, minúsculos *gougères* com queijo *gruyère* derretido e o *menu*.

Também pedi a carta de vinhos e o *maître* pareceu satisfeito comigo. Ele voltou e, muito seriamente, discutimos as possibilidades para a noite. Levamos 15 minutos para chegar a uma decisão, mas quando a tomamos ele me assegurou que eu ficaria muito contente com minha refeição.

Embora não tivesse sido convidada, minha mãe apareceu acompanhando o primeiro prato.

— É assim que você vai passar os próximos dez dias? — questionou. — Comendo refeições absurdamente caras, sozinha? Tentando impressionar garçons? De onde vai tirar o dinheiro?

— Por favor, silêncio — respondi. — Estou ocupada. Quero me lembrar de cada detalhe desta sopa. — Eu a descrevi para mim mesma: o creme, as trufas, o sabor ligeiramente semelhante a nozes que só podia ser xerez.

— Ele não vai telefonar — declarou ela, com crueldade, pensei. Pedi meia garrafa de Chassagne-Montrachet para acompanhar a *terrine de poisson* e tentei descrever a postura do garçom enquanto servia o vinho.

— Quando eu cheguei — disse ao fantasma de minha mãe —, ele pensou para consigo mesmo: ah, uma mulher, ela vai pedir uma salada e um peixe grelhado, e lamentou ter aceitado a reserva. Mas eu me revelei uma pessoa que gosta de comer e agora ele está feliz.

— Você não vai pedir mais vinho, vai? — perguntou ela com alguma preocupação.

— Espere só — respondi, pedindo meia garrafa de Palmer 1970. Mamãe deu uma olhada no preço e ficou escandalizada, mas o chefe de salão olhou para mim com uma expressão de verdadeiro interesse e se inclinou para me perguntar se o vinho estava de meu agrado. Tomei um gole e refleti sobre o fato de que não existe nada, realmente nada que se compare a um grande vinho. Mamãe simplesmente desapareceu, bem devagar, como o gato de Cheshire, enquanto eu começava a descrever o sabor especial do carneiro criado nos pântanos de água salobra de Landes para mim mesma. E para Colman. Eu não estava me sentindo solitária.

Na hora da sobremesa, pedi uma *dacquoise*, pensando em Los Angeles, e depois, só porque parecia no espírito esportivo, pedi um conhaque com o meu café.

O restaurante agora estava praticamente vazio, mas o chefe de salão me servindo insistiu para que eu tomasse mais uma taça de conhaque enquanto punha sobre a mesa os pratinhos de *petits fours*, *macaroons* e chocolates. Contudo, eu estava satisfeita e sonolenta, não queria mais nada senão me enfiar na cama.

— Nosso motorista levará a senhora em casa — disse o chefe de salão, enquanto eu pagava a (gigantesca) conta. Acrescentei mais 100 francos à gorjeta: mesmo assim, ainda era mais barato que um táxi.

Mal me recordo de ter subido as escadas, e também não me lembro de ter tirado a roupa nem de me enfiar na cama. Mas, quando a irritante campainha do telefone começou a tocar, era nela que eu estava. Tateei para pegar o fone e derrubei o aparelho no chão ao tirá-lo do gancho.

— *Bonjour!* — disse a voz de Colman. — *Tu dormais?*

— Sim — respondi —, eu *estava* dormindo.

— Pois bem, você está desperdiçando seu tempo em Paris. Levante-se. Levante-se já. Venha se encontrar comigo para tomar café.

— Que horas são? — perguntei.

— Hora de sair da cama — respondeu ele. — São nove horas. Encontre-se comigo dentro de meia hora no café no princípio do bulevar Saint Michel, logo antes da ponte. O nome do café é Le Départ. Estarei lá às nove e meia.

Eu pensei que você estivesse ocupado.

Não vou conseguir chegar lá em meia hora.

Você não pode simplesmente estalar os dedos.

Contemplei a possibilidade de dizer todas essas coisas, mas o que realmente disse foi:

— O.K.

Assim que desliguei, comecei a me preocupar. Por que ele havia me ligado agora? Sabia que Colman iria me dizer que eu não deveria ter vindo, que não queria me ver. Seria bem típico dele fazê-lo pessoalmente e não pelo telefone. E se livrar de uma vez do problema.

Bem, eu não ia facilitar as coisas para ele. Me arrumei com toda calma, troquei de roupa três vezes, querendo fazê-lo se arrepender do que estava em vias de perder. Vesti minha saia de veludo verde e blusa de seda púrpura, e depois troquei por um par de calças pretas simples e depois voltei para o veludo. Será que assim estava melhor? Eu não sabia, mas àquela altura estava tão atrasada que enfiei o casaco e tratei de sair.

Colman estava sentado sozinho numa mesa, batendo com o jornal no tampo da mesa com irritação. Ele parou no meio de mais uma batida na hora em que me viu e simplesmente levantou o olhar para mim, sem dizer nada. Eu havia planejado apertar sua mão, mas, em vez disso, apenas sentei diante dele e o encarei e admirei.

Ele estava com ótima aparência em Paris. Seus cabelos eram muito negros e, vestido em suas roupas elegantes, de boa qualidade, não parecia nem um francês nem um turista, e sim um próspero cosmopolita que se sentia em casa no mundo.

— Café? — perguntou. Eu assenti. — *Un crème* — disse ele para o garçom. Seu sotaque não era ruim, mas deixava evidente que não era francês. Pela primeira vez em minha vida me senti feliz por minha mãe ter me mandado para aquela escola francesa. Só para me mostrar, pedi ao garçom:

— *Je voudrais aussi une tartine* — porque, para um americano, as palavras eram difíceis de pronunciar corretamente.

— Por que todo mundo está pedindo pão com manteiga esta manhã? — perguntou o garçom em francês. — Não vendi um único *croissant.*

— Ah — respondi — , é o tempo. Alguns dias são apenas para pão com manteiga.

Colman pareceu impressionado com essa conversa.

O café estava amargo no ponto exato. O pão, uma *ficelle* fina, estalou quando mordi a casca. O miolo estava branco e macio, e a manteiga gelada e doce em contraste.

— Foi por isso que eu vim — disse para Colman, e naquele momento estava sendo sincera. — É como ter a França na boca. Se eu ficar longe daqui por tempo demais, esqueço o gosto.

Colman se inclinou sobre a mesa e segurou minhas duas mãos nas suas.

— Estou tão contente por você estar aqui — disse. — Quanto tempo vai ficar?

— Dez dias — respondi.

— Bem, então temos que fazer com que eles valham a pena.

Sem dúvida, eu tinha dito exatamente a coisa certa.

A minha Paris era de pensões desconfortáveis nos arredores da cidade, refeições baratas que começavam com uma sopa aguada e acabavam com um flã aguado. Era estar sempre com frio. Era passar horas me esforçando para enxergar em meio à escuridão mal iluminada do Louvre.

A Paris de Colman não era a minha.

Ele gostava de começar o dia fazendo uma caminhada pelo mercado de flores e ouvindo o cantar dos pássaros. Todas as manhãs, me acordava com flores frescas. Então me levava ao Ladurée para tomar café com *croissants* e ficávamos sentados ali, sob os antiqüíssimos quadros de ninfas e anjos, batendo papo com as garçonetes de vestido preto e avental branco. Depois de três dias tínhamos nos tornado clientes habituais da casa e elas nem perguntavam o que queríamos, apenas punham na mesa os bules de café e leite quente e as cestas de *croissants*.

Ele me mostrou ruas que eu nunca havia visto antes e pequenos museus escondidos. Levou-me ao cemitério e nós dançamos ao redor do túmulo de Proust, e depois fomos ao Le Petit Zinc e comemos travessas de ostras *claires* e *spéciales* acompanhadas por um Sancerre gelado e seco. Caminhamos pelas margens do Sena no ar frio e úmido de novembro e, quando senti frio nos pés, Colman insistiu em me levar à loja mais próxima e me comprar um par de botas.

— Mas eu jamais gastei 200 dólares num par de botas — protestei, olhando para as botas de couro marrom macio que ele havia escolhido.

— E não vai gastar agora — disse ele.

— Isso é tão extravagante — protestei.

— Mas você gostou delas? — quis saber. E é claro que eu tinha gostado.

Colman nunca levava em consideração o preço. De coisa nenhuma. Ele comprava bilhetes de primeira classe para o metrô e poltronas de primeira fila na platéia para a ópera. À noite, caminhando pelo Saint-Michel, entrávamos e saíamos dos clubes de *jazz* e ele me apresentou aos prazeres de uma La Vieille Prune. Adorei o gosto, parecia um conhaque suave.

— Naquele primeiro dia — perguntei certa noite, depois do terceiro cálice de Prune —, você ia me dizer para ir embora. Não ia?

Colman baixou o olhar para mim.

— Eu ia? — perguntou ele. — Não me lembro. — Não era de seu temperamento ser indelicado e tive um pensamento passageiro de que poderia ter havido uma outra mulher. Se houvesse, eu não queria tomar conhecimento do assunto. — Além disso — prosseguiu ele, recuperando-se —, aquilo foi numa outra época. Foi antes que nós tivéssemos Paris.

"Você acha que essas coisas acontecem", escrevi certa noite em meu diário, enquanto Colman estava deitado no quarto ao lado, dormindo. Ele, sem nenhuma surpresa, tinha não apenas um quarto, mas uma suíte. "E é claro que elas acontecem — de vez em quando —, mas nunca com você. Ou você pensa que, quando acontecerem, será burra demais para perceber. Mas aqui está, realmente está acontecendo e nem mesmo eu sou burra a ponto de não aproveitar cada segundo. Nós dois volta e meia nos beliscamos. Será que é verdade, será que isto está realmente acontecendo?"

Eu nos observei olhando de fora, como se fôssemos estranhos, nos beijando e rindo no metrô, sem conseguir tirar as mãos um de cima do outro por um segundo. Eu nos invejei, ao mesmo tempo em que vivia o momento. Nós éramos as pessoas para quem todo mundo sorria. Aquilo não ia durar. Aquela era a coisa menos sensata que eu jamais havia feito na minha vida.

— Esta noite, ponha seu melhor vestido — disse Colman.

— Onde é que nós vamos?

— Você vai ver.

Ele me levou pelo caminho mais longo, para que eu ficasse perdida, e depois me fez fechar os olhos durante os últimos quarteirões. Quando os abri, estávamos parados diante do Tour d'Argent.

— É aqui que vamos jantar.

— Meu primeiro restaurante de três estrelas — comentei. E, por um momento, pensei como seria ir a um restaurante três estrelas com Doug. Eu era uma crítica de gastronomia, mas ainda era tão inexperiente que lugares elegantes me deixavam nervosa. Se estivesse ali com Doug, nós dois estaríamos constrangidos e seríamos postos na pior mesa da casa e passaríamos a noite inteira nos preocupando com quanto iríamos gastar.

Com Colman não senti nenhuma vergonha. Ele deu seu nome na porta e o dono apressou-se para vir cumprimentá-lo e nos conduzir a uma mesa junto da janela.

— Meu sobrinho me disse para cuidar muito bem de você — disse ele enquanto puxava a cadeira. — Aquele *chef* que ele tem no Ma Maison é realmente tão bom quanto ele diz?

Colman balançou a cabeça.

— Melhor ainda — respondeu.

— Bem — disse *monsieur* Terrail — , então vamos ver se não podemos impressioná-lo ainda mais do que ele. — Abriu uma garrafa de Krug 1966 e serviu uma taça para cada um. Depois desaparececeu. Colman levantou sua taça e, de repente, eu vi, através das borbulhas, a catedral de Notre Dame banhada em luz prateada logo ali adiante, do outro lado do Sena.

O jantar foi uma dança. Colman e *monsieur* Terrail se moviam em compasso perfeito acompanhando a música, e eu segui flutuando entre eles, enquanto se inclinavam e se moviam no balanço da melodia. Que iríamos beber com o *foie gras* fresco? Colman achava que talvez um Meursault, de safra mais antiga. Ah, sim, *monsieur* Terrail estava absolutamente de acordo: era de fato uma coisa muito especial, admirável, em sua opinião, ter um cliente tão simpático. O vinho seria uma combinação muito agradável, Colman também não concordava com a *brouillade aux truffes*?

O *foie gras* era veludo derretido em minha boca e, quando tomei um pequeno gole do vinho, o sabor tornou-se mais intenso, mais rico e mais redondo do que já estava. Colman olhou para mim e senti um tremor de excitação até nas pontas de meus dedos. Naquele instante compreendi, pela primeira vez na vida, por que aqueles restaurantes da virada do século XX tinham quartos reservados com divãs de veludo. Eu teria gostado de um divã.

Os ovos mexidos com trufas estavam ainda melhores que o *foie gras*. Minutos antes eu não teria acreditado que isso fosse possível. Cada garfada era como morder um pedaço do sol. Era como almíscar e luz, juntos e ao mesmo tempo, e de repente não me contive:

— Este é como sempre imaginei que seria o sabor do sexo.

Colman jogou a cabeça para trás e deu uma sonora gargalhada.

— Estar com você — disse ele — é exatamente como estar comigo mesmo. Só que melhor. — E ele puxou minha mão, por cima da mesa, e a beijou.

Monsieur Terrail agora estava de volta, acendendo uma vela. Ele cantou baixinho enquanto decantava o vinho e tive certeza de que deveria ser muito, muito bom.

— Qual é o vinho? — sussurrei.

— Ah — disse Colman. — Um Petit-Village do ano em que eu nasci. — Ele pareceu um pouco cheio de si e observou: — Sabe, 1945 foi um ano muito bom.

— E 1948? — perguntei.

— Não foi tão bom — respondeu ele. E em seguida acrescentou depressa. — Mas foi um ano muito bom para mulheres.

Pensei, brevemente, em como estivera o mundo no ano em que o vinho fora engarrafado. Paris estava sendo liberada, havia gente dançando pelas ruas. Imaginei que podia sentir o sabor de tudo aquilo. Depois veio um *sorbet* e *framboises chantilly* e um conhaque antiqüíssimo.

— Este jantar provavelmente vai custar mais do que eu ganho por ano — comentei com Colman.

— Provavelmente — respondeu ele. — Sabe, estava pensando que amanhã poderíamos tomar o trem e ir até o Boyer para almoçar. Só tem duas estrelas, mas é provável que ganhe a terceira este ano. Quero que você prove *la fameuse truffe en croûte*.

Nós estávamos muito bêbados quando caminhamos de volta para o hotel, e encostei a cabeça em seu peito enquanto andávamos, ouvindo sua voz grave, maravilhosa, ressoar através do casaco. Eu queria que a noite nunca acabasse.

No dia seguinte, fomos a Boyer, onde bebemos champanhe Roederer antigo, de 1911.

— Espero estar igualmente vibrante quando chegar aos 67 anos — comentou Colman.

Havia uma espécie de magia em um champanhe tão antigo, um vinho engarrafado antes de existirem automóveis e aviões, e antes das duas grandes guerras. Um vinho engarrafado antes que mulheres tivessem direito ao voto. Observando o líquido chegar borbulhando à minha taça, pensei em todos os anos que estivera esperando dentro da garrafa escura, em que mundo diferente ele estava emergindo. Eu estava bebendo história. Gostei do sabor.

A trufa inteira também foi incrível; parecia um pedaço de carvão embrulhado em massa folheada. A crosta era flocosa, mas depois que a ultrapassei cheguei à trufa, que tinha o mesmo sabor que os aromas de uma floresta no outono, quando as folhas estão mudando de cor e alguém, bem longe, está queimando-as.

Colman me observou enquanto eu comia; senti minhas faces corarem.

— Sempre imaginei que as trufas fossem superestimadas — comentei. — Eu não tinha idéia. Obrigada.

Ele segurou minha mão e a acariciou.

— Amanhã — disse-me —, tenho uma outra surpresa. — Havia uma expressão estranha em seu rosto, sonhadora e saudosa. — Vou apresentar você a uma pessoa muito especial.

Eu não podia imaginar quem seria.

Havia um *marcassin*, a pele de um javali selvagem ainda jovem, estendida sobre a porta do restaurante do qual estávamos nos aproximando.

— Não se vê mais muito isso — comentou Colman. — Mas este é um bistrô à moda antiga, um verdadeiro bistrô.

— Chez Isadore — li, olhando para o letreiro acima da pele eriçada e sarapintada do javali. — É Isadore quem eu vim aqui conhecer?

— Não — respondeu ele. Colman me conduziu ao interior, onde estava aquecido e o ar carregado de vapor cheirava a manteiga, cebolas, vinho e carne. O salão estava cheio de pessoas corpulentas, firmemente acomodadas em suas mesas. Um homem com um avental branco comprido, com travessas equilibradas nos braços, rodopiava pelo salão, conversando enquanto levava as travessas às mesas.

— *Monsieur* Colman! — exclamou radiante, quando nos avistou. Ele inclinou a cabeça para o lado e olhou curioso para mim. — E esta é...?

Colman sacudiu a cabeça, quase que imperceptivelmente, e então acrescentou depressa:

— Esta é minha grande amiga Ruth, da Califórnia.

Com uma expressão perplexa, Isadore apertou minha mão educadamente.

— *Monsieur* está esperando os senhores — disse, conduzindo-nos a uma grande mesa debaixo do espelho no canto.

Um homem baixo, idoso, bastante corpulento, com uma careca reluzente estava sentado ali, lendo um jornal. Alegremente, fez sinal para nós quando nos viu — ele tinha belas mãos — e se levantou, com visível dificuldade, quando nos aproximamos. Ele era exatamente como eu sempre havia imaginado A. J. Liebling, algo que achei desconcertante.

O homem abraçou Colman na medida do possível, visto que tinha metade de seu tamanho. Deu-lhe um daqueles olhares de carinhosa adoração que geralmente as pessoas dão a seus filhos, e me perguntei se poderia ser o pai de Colman. Pensei que ele tivesse me dito que seus pais estavam mortos.

— Então é por isso que tenho visto você tão pouco. — O homem me examinou de alto a baixo, muito francamente, e fiquei um pouco constrangida com o escrutínio. — *Je m'appele Claude* — apresentou-se, apertando minha mão. Então se virou para Colman e disse, em tom de censura, achei: — Pepita sentiu sua falta.

— Como está ela?

Ele deu um suspiro.

— Frágil, receio. Mas venham, por onde anda minha cabeça? Vamos sentar. Tomei a liberdade de fazer o pedido. Você se importa?

Mesmo almoçar com ele era como eu sempre havia imaginado que seria fazer uma refeição com A. J. Liebling. Mal havíamos acabado de sentar quando Isadore chegou trazendo bandejas de ostras — *spéciales* e *claires* — equilibradas nos dois braços. Colocou sobre a mesa — quatro bandejas! — e nos serviu copos de Sancerre.

— Nunca seja parcimonioso ao pedir ostras — disse Claude. — Estraga todo o prazer. — Ele pegou uma ostra, espremeu uma boa quantidade de limão em cima e levou-a à boca. — Ah — exclamou depois de mastigar e engolir. — Estão excelentes! Temos que pedir mais. — Fez sinal para que Isadore trouxesse outra travessa.

Enquanto comia, fez perguntas. De onde eu era, por que estava em Paris, o que tinha achado do Boyer? Perguntou sobre minha família, meu trabalho, minhas esperanças. Antes que metade das ostras tivessem sido consumidas, ele havia reunido um verdadeiro dossiê de informações a meu respeito.

— O senhor é repórter? — perguntei, surpreendida com a intensidade da entrevista.

— *Bravo, ma fille!* — respondeu ele. — Eu fui, durante mais de 50 anos, antes de me aposentar. Foi assim que conheci a família de Colman.

Fui mandado para a Califórnia quando ele era um garotinho. Pepita e eu nunca pudemos ter filhos, de modo que sempre considerei Colman um pouco como meu filho. Agora vamos comer umas sardinhas grelhadas. Isadore diz que hoje elas estão excelentes, e ele nunca me fez uma sugestão que não me agradasse. — Virou-se para Colman. — Diga-me, acha que devemos pedir outro vinho?

— Eu estava pensando em um Borgonha para acompanhar as sardinhas — disse Colman, que sempre passava ligeiro pelos brancos em sua pressa de chegar aos tintos.

— Exatamente minha opinião — declarou Claude. — Soube treinar bem você.

Então seguiu-se um prato de perdizes assadas acompanhadas por uma enorme pilha de batatas fritas bem sequinhas e crocantes. O sabor da carne era forte, simples e sedutor, bem terra, com aquela nota de tom agudo, quase elétrico, que só se encontra em aves que nunca foram engaioladas.

— O segredo — observou Claude — está em deixar os pássaros pendurados o tempo necessário. Quando eu era menino, todos os bistrôs em Paris sabiam pendurar suas carnes de caça, para amadurecer, mas Isadore é um dos últimos sobreviventes dessa raça. Em outros restaurantes a carne de perdiz não é melhor que uma galinha. Na verdade, é pior; é uma carne de galinha seca.

Colman estava falando muito pouco, apenas observando a conversa entre aquele maravilhoso velho francês rabugento e eu. E achei, pela expressão em seu rosto, que estava me saindo bastante bem. Mesmo assim, quando Isadore chegou com uma garrafa de Bordeaux e começou a decantá-la, senti um pânico momentâneo. Havia mais?

— O *marcassin*, é claro — comentou Claude. — Você tem que provar. O *marcassin* está desaparecendo na França: dentro de mais dez anos, terá desaparecido. — Comi uma garfada e palavras como *morne, farouche* e *goût de terroir* espontaneamente saltaram de meus lábios. Eu estava ligeiramente bêbada, e Colman e Claude estavam me provocando. Quando o javali acabou, ainda havia vinho na garrafa.

— É uma pena desperdiçar isto, não acha? — perguntou Claude, chamando Isadore à mesa. O salão estava começando a ficar vazio de clientes e cheio do aroma de charutos. Era tão parecido a voltar 60 anos no tempo, àquela fantasia de Paris dos anos 20, que me vi quase à beira das lágrimas. Desejei estar vestindo uma saia preta comprida na altura dos calcanhares, em vez de calças, e uma blusa de renda branca.

— Você tem um bom queijo escondido, um queijo que vá fazer justiça a este Pauillac? — perguntou Claude.

Isadore refletiu.

— *Bien sûr* — respondeu ele. — Acho que talvez o Gouda maturado vá combinar muito bem. Está guardado na adega há dois anos, e tem uma redondeza que vai agradar ao vinho. — Ele saiu apressado para buscá-lo e Colman pediu licença.

— Bem, *ma fille* — disse Claude depois que ficamos sozinhos. — Como foi que você veio parar em Paris?

— Ah — respondi com impertinência —, eu vim atrás de Colman.

— Ele não convidou você? — perguntou Claude alegremente. Por que estaria ele tão feliz com isso? Será que gostava da idéia de mulheres se oferecendo a seu filho adotivo?

— Não — respondi —, ele não me convidou. Mas eu esperava que passasse algum tempo comigo, se viesse. Contudo, não havia exatamente imaginado que fosse ser assim, que isto fosse acontecer.

— Assim como? — perguntou ele.

— Amor — sussurrei, tomando mais um golinho de vinho. — Não esperava que eu fosse me apaixonar.

Claude pareceu ficar assustado.

— *L'amour*? — perguntou ele. — *Vraiment*? — Ele me olhou intensamente, bem nos olhos, como se minha resposta de fato fosse importante. Não conseguia entender por que ele se interessava tanto, porém, mais uma vez, tive uma desconfiança incômoda de que houvesse uma outra mulher na vida de Colman. — Mas você não é casada?

— Sou — respondi.

— E vai destruir sua vida por causa de Colman?

Eu sacudi a cabeça.

— Não, não vou. Mesmo que eu quisesse deixar meu marido, e não quero, não creio que nós fôssemos dar certo se ficássemos juntos, como casal. Isto é apenas... — procurei a palavra certa. — *Magique* — foi a que me ocorreu. Parecia perfeita. — Um momento de pura magia — repeti. — Sou grata por ter acontecido. Mas sei que não iria durar.

Ele assentiu.

— Eu descobri — disse ele — que no casamento a amizade às vezes é mais importante do que a paixão.

— É verdade — concordei. — E meu marido é um grande amigo meu.

Claude pareceu ficar aliviado. Eu o agradava muito como pessoa, isso era evidente para mim. Ele gostava do fato de que eu falasse francês. Gostava de meu apetite. Mas não achava que eu fosse uma pessoa adequada para ser a esposa de Colman.

Colman voltou, e Claude balançou a cabeça com uma expressão tranqüilizadora para ele. Colman pareceu ficar aliviado, e eu senti que alguma coisa importante havia acabado de acontecer, mas que não sabia o que era. Então, Colman segurou minha mão e o momento passou e nós comemos *framboises* com *chantilly* e conhaque e os dois homens encheram o ar com a fumaça de seus charutos. Estava escuro quando afinal saímos do restaurante, e pusemos Claude num táxi e fizemos a pé todo o percurso de volta até o hotel de Colman, cantando.

Eu deveria tomar o trem noturno de volta para Londres, mas Colman me convenceu a tomar o novo barco rápido com colchão de ar para atravessar o canal da Mancha e passar mais um dia em Paris. Quando hesitei, ele simplesmente saiu e comprou o bilhete. E assim passamos mais um dia juntos. E então realmente havia chegado a hora de partir; eu quase não conseguia mais imaginar uma vida sem ele.

— Fique — pediu ele, pondo uma braçada de rosas no travesseiro ao meu lado. — Você poderia tomar um avião amanhã e assim nós ainda poderíamos ter mais um dia em Paris.

Eu sacudi a cabeça.

— Tenho que ir. Isso vai ter que acabar em algum momento.

— O.K. — disse ele. — Vou levar você até o trem. Temos tempo para tomar café.

— *Vous partez?* — perguntou nossa maravilhosa garçonete no Ladurée. — *C'est triste.* Estou tão habituada a ver vocês dois amantes apaixonados. — E ela trouxe para cada um de nós um *croissant* recheado com avelãs e não nos deixou pagar a conta. Mordi o *croissant*, tentando memorizar o gosto.

— De hoje a uma semana eu estarei sentada na cozinha da casa de Berkeley — comentei, pensativa —, comendo uma tigela de milho miúdo. E você, o que você vai estar fazendo daqui a uma semana?

Colman estendeu o braço e segurou minha mão.

— Acho que chegou a hora — disse ele, respirando fundo. — Não sei muito bem como lhe dizer isso. Mas...

— O quê? — perguntei. Ele pareceu tão aflito que tentei tornar as coisas mais fáceis. — Não se preocupe — declarei. — Vamos poder continuar a nos encontrar. Só que não vai ser assim.

Ele respirou fundo de novo, como se fosse dizer alguma coisa, e então se calou. Apertou minha mão e disse com tristeza:

— Não, nunca mais vai ser assim.

Dacquoise

Houve uma época, no final dos anos 70, em que parecia que todos os restaurantes em Paris, Los Angeles e Nova York serviam a dacquoise. *Para mim ainda é mais do que uma sobremesa: é uma promessa de que alguma coisa maravilhosa está para acontecer.*

INGREDIENTES PARA O MERENGUE DE AMÊNDOAS

1 ¼ de xícara de amêndoas inteiras peladas

¾ de xícara mais 2 colheres de sopa de açúcar granulado

1 colher de sopa de amido de milho

6 claras de ovos grandes

¼ de colher de chá de creme tártaro

1 pitada de sal

INGREDIENTES PARA O CREME AMANTEIGADO DE CAFÉ

1 xícara de açúcar granulado

6 gemas de ovos grandes

½ xícara de creme fresco grosso

2 colheres de sopa de pó de café expresso

¼ de colher de chá de sal

1 xícara de manteiga sem sal, amaciada

Guarnição: ¼ de xícara de amêndoas fatiadas e tostadas e açúcar de confeiteiro para polvilhar

COMO FAZER O MERENGUE DE AMÊNDOAS

Preaqueça o forno a 135ºC. Forre dois tabuleiros com papel-pergaminho e em cada um desenhe um círculo de 25 centímetros, usando o fundo destacável de uma forma de torta como molde. Vire o papel (o círculo ficará visível).

Bata as amêndoas no multiprocessador com duas colheres de sopa do açúcar granulado até estarem trituradas em um pó fino. Acrescente o amido de milho e bata até misturar bem. Bata as claras de ovos com o creme tártaro e uma pitada de sal numa batedeira elétrica em alta velocidade até formarem pequenos picos. Gradualmente acrescente e bata os restantes ¾ de xícara de açúcar em baixa velocidade, depois bata em alta velocidade até formar picos altos e rijos. Acrescente e misture o pó de amêndoas com açúcar mexendo delicadamente, mas misturando bem.

Divida a mistura do merengue sobre os dois círculos de papel-pergaminho, espalhando para preencher os círculos igualmente. Asse os merengues, um na terceira grade superior e um na inferior do forno, invertendo as posições das formas quando chegar à metade do tempo de cozimento, até ficarem firmes e adquirirem uma cor dourada clara, cerca de uma hora. Retire o papel-pergaminho com os merengues das formas e deixe sobre tábuas de madeira para esfriar.

COMO FAZER O CREME AMANTEIGADO

Bata as gemas de ovo com meia xícara de açúcar numa batedeira elétrica em alta velocidade até obter um creme grosso e claro, cerca de quatro minutos. Enquanto as gemas estiverem na batedeira, misture o creme grosso com a restante meia xícara de açúcar numa pequena frigideira batendo com um batedor de mão, deixe ferver, sempre mexendo até o açúcar estar dissolvido. Gradualmente misture batendo com o batedor de mão metade do creme quente na mistura de gemas para aquecer os ovos; então misture batendo com o batedor de mão a mistura de gema na metade restante de creme quente, acrescentando o pó de café expresso instantâneo e o sal.

Cozinhe o creme em fogo moderado, sempre mexendo, até o termômetro de leitura imediata marcar 75° C. Transfira a mistura para a tigela limpa da batedeira elétrica e bata até esfriar completamente. Acrescente a manteiga, uma colher de sopa de cada vez, sempre batendo, depois cubra e ponha na geladeira durante no mínimo 30 minutos.

COMO MONTAR A DACQUOISE

Cuidadosamente retire os merengues do papel-pergaminho e cubra um deles (com o lado liso virado para baixo) igualmente com o creme amanteigado. Cubra o creme com o merengue restante (com o lado liso virado para cima) e enfeite as beiras com as amêndoas tostadas. Deixe a dacquoise *coberta, mas sem ser pressionada, na geladeira até ficar bem firme, no mínimo por duas horas; antes de servir, polvilhe todo o círculo de cima com o açúcar de confeiteiro.*

Serve de oito a dez porções.

Observações de cozinheira

Os merengues podem ser feitos um dia antes e mantidos em recipiente hermeticamente fechado em temperatura ambiente.

Para obter uma dacquoise *mais alta, faça três círculos de merengues com 15 centímetros em vez de 25 centímetros (o tempo de cozimento será ligeiramente menor). Intercale os merengues com o creme amanteigado e guarneça da mesma forma.*

Descobri que a maneira mais fácil de cortar a dacquoise *é com uma faca serrilhada de pão, serrando em vez de fazer pressão.*

4

Para fazer você ficar de quatro

De volta em casa.

Eu me levantava de manhã, encarava os sete imensos sacos de lixo para reciclagem debaixo da pia e me descobria dominada pelo desespero. Estava sempre com frio. Berkeley não é quente no inverno, mas em Channing Way não ligávamos o aquecimento a menos que na sala realmente se pudesse ver a respiração virar vapor. Isto não era um gesto visando economizar dinheiro, era uma postura política, nossa contribuição para o meio ambiente, mas me dava mais um motivo para sentir saudades de Paris.

Eu soubera que a viagem era perigosa, compreendera muito bem que seria buscar motivos para sofrimento. Mas eu havia subestimado os riscos. Não havia me ocorrido que a fantasia de meu caso amoroso tornaria minha vida real tão insatisfatória. Eu sonhava com trufas enquanto preparava o jantar para os convidados que apareciam toda noite, fazendo uma única galinha render o suficiente para dar de comer a 12 pessoas. Assando o saudável pão de trigo integral que aprovávamos, lembrava-me do estalar crocante, delicioso, de uma mordida em uma bisnaga fresca do Poliâne's. Prendendo a respiração enquanto com o ancinho virava o adubo composto, pensava em bagas de frutas silvestres e verduras da montanha no mercado de aromas fragrantes da rue du Cherche-Midi.

A parte mais difícil de ter um caso amoroso é esconder suas emoções. Viver numa comunidade tornava isso ainda mais difícil; eu tinha que fingir e representar para seis pessoas, convencer seis pessoas de que eu estava feliz por estar em casa.

Na verdade, mais. Nossa casa estava sempre cheia. As pessoas ficavam sentadas na cozinha tendo discussões politicamente corretas sobre o xá do Irã. Havia mais gente sentada na frígida sala de visitas bebendo vinho e assistindo reprises de *Mary Hartman, Mary Hartman* em nossa televisão de imagem borrada. Sempre havia alguém lá fora na oficina com Nick ou no porão, onde ficava a câmara escura, com Jules.

Eles vinham porque estavam solitários e queriam companhia, ou porque estavam viajando e precisavam de uma cama. Vinham porque estavam com fome e sempre havia lugar para mais um na mesa de Channing Way. Eu sempre havia adorado esta energia, vicejava com o movimento e a animação, mas depois de Paris meus sentimentos mudaram.

— Estou cansada de viver nesta bagunça! — explodi com Doug certa manhã, enquanto recolhíamos o lixo e limpávamos a sujeira deixada por mais uma noitada que durara até altas horas. Mergulhei as mãos na água com sabão na pia e entreguei-lhe um copo de vinho. Ele tinha voltado de Omaha, empolgado com o sucesso, na mesma ocasião em que eu tinha voltado de Paris. A tenda de vento havia sido efêmera, e tão linda que uma rica colecionadora de Filadélfia tinha ouvido falar a respeito dela e insistira em encomendar uma para sua mansão em Main Line. Doug estava novamente de partida.

— Se você cobrar bastante dinheiro desta mulher, nós poderíamos nos mudar — sugeri. — Teríamos condições financeiras de ter um filho.

— Eu simplesmente ainda não estou pronto — declarou Doug, esfregando o copo com tanta força que o vidro começou a zunir. — Talvez dentro de uns dois anos. Mas agora, neste instante, preciso me concentrar em minha carreira. Não tenho tempo para pensar em ter filhos.

— Você quer dizer que não quer dedicar tempo a pensar sobre nosso relacionamento — rebati, entregando-lhe outro copo.

— *Você* também não quer se concentrar em sua carreira agora? — perguntou ele, levantando o copo para a luz.

— Não considero isso como sendo uma opção que exclua a outra — respondi, me dando conta de que finalmente estávamos tendo aquela conversa tantas vezes adiada. — Ser crítica de gastronomia e ser mãe não são coisas que se excluam mutuamente. Nós dois teríamos que fazer alguns ajustes, mas a maioria das pessoas consegue. Vivemos juntos há 11 anos. Temos que pensar em ter filhos.

Doug sacudiu a cabeça.

— Este não é o momento certo para mim — disse ele. — Neste momento minha arte vem em primeiro lugar.

— Mas você vai se sentir de maneira diferente mais adiante? — perguntei. — Dentro de um ou dois anos? — Na verdade aquilo não era uma pergunta, porque, a despeito do que Doug dissera quando estava em Omaha, eu acreditava que sabia qual seria a resposta.

Doug me surpreendeu. Ele pôs o copo em cima do balcão e enfiou a mão na água com sabão para poder segurar a minha.

— Tenho pensado muito a respeito disso — disse, acariciando a palma de minha mão, escorregadia de sabão —, e quero ser honesto com você. Eu não tenho certeza.

A cozinha ficou mais fria.

— Você quer dizer que existe uma possibilidade de você não querer ter filhos nunca? — perguntei.

— Pois é — disse ele. — Existe esta possibilidade.

Era a primeira vez que ele dizia francamente aquelas palavras e eu fiquei emudecida pelo choque. Finalmente consegui dizer:

— Eu gostaria que você tivesse me dito isso antes. — E saí pela porta dos fundos para ir para meu pequeno estúdio na varanda.

— Eu não sabia — disse ele, começando a me seguir. Quando chegou à escada, Doug mudou de idéia e fez meia-volta.

Entrei em meu escritório sentindo-me tonta, atordoada. Eu nunca havia considerado seriamente a possibilidade de que Doug e eu pudéssemos ter planos diferentes para o futuro. O que mais haveria a respeito dele que eu não sabia? Num momento de desafio, liguei o aquecedor elétrico que havia trazido às escondidas para meu estúdio: pelo menos estaria aquecida.

Minha salinha de trabalho, com o piso afundando, faltando tacos e janelas rachadas, parecia exatamente com uma casinha de criança construída numa árvore. Estava cheia de danificadas peças de mobília compradas no mercado das pulgas que eu havia acumulado ao longo dos anos; a escrivaninha era uma mesa de biblioteca sem pernas, sustentada por blocos de madeira de 1,20m por 60 centímetros e a cadeira era uma peça giratória dos anos 40 sem a maior parte de suas molas. Pilhas de tapetes puídos de cores variegadas cobriam os buracos no piso, os peitoris das janelas estavam cheios de brinquedos, e havia desenhos presos com tachas nas paredes. Havia plantas por toda parte, estendendo-se em direção à luz. Era o único cômodo da casa que era completamente meu.

Olhei ao redor para as cores vivas e pensei no estúdio espartano de Doug. Nossas diferenças tinham parecido tão superficiais, nunca havia me ocorrido que pudessem ser de fato profundas. Talvez ele não fosse a pessoa que eu pensava que conhecia. Se ele realmente não queria ter filhos, talvez, na verdade, eu nunca o tivesse conhecido.

E agora? Com um senso de oportunidade fantástico, Colman escolheu aquele exato momento para telefonar.

— Estou com saudades de você — disse ele. — Venha para Los Angeles para passar o dia.

Era uma resposta. Dessa vez era uma fuga.

Outros homens traziam flores. Não Colman. Quando meu avião aterrissou em Burbank ele estava esperando junto ao portão com as mãos escondidas atrás das costas. Ele me beijou e disse:

— Feche os olhos e abra a boca. — Eu farejei o ar; o cheiro era uma mistura de violetas com bagos silvestres, com apenas um ligeiro toque cítrico. Minha boca se fechou em torno de algo muito pequeno e bastante macio, do tamanho de uma uva pequenina, mas com uma superfície um pouquinho áspera.

— Você gostou? — perguntou ele ansioso.

Senti o sabor de primavera.

— São *fraises des bois,* da França! — Ele enfiou mais uma em minha boca.

— Temos seis horas — comentei, saboreando o gosto, de volta à fantasia do romance. — Tenho que estar no avião das quatro e quarenta e cinco para Oakland. Se perder o vôo não terei como explicar o que estou fazendo em Los Angeles.

— Seis horas — respondeu Colman — são quase uma eternidade.

De vez em quando ele tomava um avião para o norte e íamos de carro, em meu Volvo surrado, para o vale de Napa. Numa ocasião, fomos até Mendocino, tentando recapturar o romance de Paris. Mas o tempo e a distância também estavam exercendo seus efeitos desgastantes sobre aquele relacionamento, e eu percebia que, aos poucos, Colman estava se afastando. Uns dois meses depois que nós voltamos de Paris, ele veio para o norte para me levar a um jantar em Sacramento. E, quando fui buscá-lo no aeroporto, tive a nítida sensação de que Colman gostaria de estar indo sozinho.

Embora Colman estivesse nervoso, não poderia estragar meu humor. Eu dissera a Doug que ia para Sacramento com alguns colegas e foi um alívio bem grande não precisar ficar me escondendo que meu estado de espírito estava eufórico. Se eu chegasse tarde em casa, não teria importância. Tentei implicar e brincar com Colman, mas ele parecia tão distante que, quando afinal chegamos a Sacramento, acabei perguntando:

— Aconteceu alguma coisa esta semana?

— Não, por quê? — respondeu ele, me dando instruções para entrar em um bairro residencial, cheio de casas baixas de estilo rústico de fazenda. — Entre bem aqui.

— Não estou vendo restaurantes por aqui.

— Eu não disse que iríamos a um restaurante — retrucou com aspereza. Alguma coisa *havia* acontecido. — Ali está a casa. — Era muito parecida com todas as outras na rua, exceto por uma coisa: o Alfa Romeo estacionado na entrada para carros. Nas placas do carro lia-se OINOS.

— Latim? — perguntei.

— Grego — respondeu ele, em um tom que deixava implícito que qualquer idiota teria conhecimento desse fato. — Significa vinho. O carro é de Darrell Corti, que conhece mais a respeito de comida e de vinho que qualquer outra pessoa na América.

— Mesmo você? — provoquei. Colman nem sorriu.

— Nós o chamamos de enciclopédia ambulante — respondeu ele secamente, tocando a campainha.

Sem esperar que alguém viesse atender, Colman abriu a porta e entrou na sala. Seguindo atrás dele, tive uma vaga impressão de mobília excessivamente estofada, tapetes e pinturas. Parece com a casa de um dos amigos de minha mãe, pensei. E então chegamos à cozinha, e esta não se parecia com nada que eu jamais tivesse visto. Era grande, espantosamente bem equipada. Um homem pequenino, usando um suéter de *cashmere* com gola em V e camisa de colarinho e gravata estava encostado numa enorme geladeira, falando no telefone e gesticulando animadamente enquanto conversava em italiano. Alguma coisa de cheiro delicioso cozinhava em fogo baixo no fogão industrial e sobre uma mesa havia uma pequena montanha de caviar em um pote dentro de uma grande tigela cheia de gelo. A voz do homem tornou-se mais alta. Num gesto passional, ele passou a mão sobre os cabelos negros ondulados. Então desligou o telefone.

— Qual era o motivo de tudo aquilo? — perguntou Colman.

— Uma receita — respondeu o homem, servindo vodca em pequeninos copos gelados e nos oferecendo. O telefone tocou. Ele o ignorou. Apontou para o caviar. — Eu sou Darrell — apresentou-se. — Prove aquilo. Fui eu que fiz.

— Você fez caviar? — perguntei.

— Exatamente — respondeu ele. — Por que não? Há uma possibilidade muito interessante de que possamos ressuscitar a indústria do caviar aqui na Califórnia.

— Eu não sabia que se podia fazer caviar — comentei, e imediatamente desejei ter ficado calada. Colman me lançou um olhar furioso e depois, como para disfarçar, pôs um pouco de caviar numa colher de madrepérola, degustou com grande atenção e sacudiu a cabeça.

— Eu sei — disse Darrell pesaroso, abrindo um pote de beluga russo para que pudéssemos comparar os dois. — Ainda temos um bom caminho pela frente.

O telefone continuava a tocar. Darrell finalmente cedeu, atendeu e gritou:

— *Basta, Biba, ch'e amici!* — antes de bater o telefone mais uma vez.

Observei essa atuação enquanto degustava os dois caviares, obrigando-me a perceber a diferença entre eles. Era principalmente uma questão de textura; o caviar feito em casa tinha o mesmo sabor ligeiramente salgado e frutado do beluga, mas era um pouco pastoso, sem consistência.

— Ficará melhor da próxima vez — resmungou Darrell. — Não comam demais. — Ele acenou para que fôssemos para a sala de jantar, onde uma mesa com uma toalha de linho estava posta com uma louça de boa porcelana e talheres de prata de lei. Taças de vinho de cristal enfileiravam-se no meio.

Nós nos sentamos e Darrell encheu a menor das taças com um líquido âmbar. Então foi até a cozinha e voltou trazendo tigelas de sopa; enquanto ele punha uma diante de mim, o vapor subiu, banhando meu rosto numa fragrância quente. Baixei a cabeça sobre o prato, gostando daquela sensação, e vi cubos claros de *foie gras* flutuando languidamente no caldo. Pesquei um. No momento em que minha boca se fechou sobre o cubinho, ocorreu uma pequena explosão: o *foie gras* havia se dissolvido, deixando apenas seu centro derretido. A riqueza do sabor desceu, inundando minha garganta, e pensei em como era espantosa aquela sensação de ver sólido e sentir líquido. Colman também pareceu surpreendido e Darrell nos observou, com um pequeno sorriso brincando em seu rosto. Ele pegou o copo e provou o vinho.

— Experimente — convidou. — É xerez de 1950.

O vinho era complexo, tão rico, com sabor de nozes e concentrado que cada minúsculo gole enviava pequenas ondulações de sentimento que desciam como arrepios em minhas costas.

— Puxa vida! — exclamei.

Colman pareceu ficar contrariado. Darrell apenas recolheu os pratos e foi para a cozinha e me perguntei se ele também me achava uma idiota. Quando voltou, ele trazia um régio pato laqueado com resplendor.

— *Canard à l'orange!* — anunciou.

Meu coração se contraiu; eu havia esperado mais daquela pessoa, tão grande conhecedora de comida. Todos os restaurantes que eu visitava para escrever minhas críticas serviam alguma variação de pato de carne fibrosa e escura, banhada em geléia derretida, e detestava aquilo. Desapontada, comi uma garfada. E depois outra.

Minha boca se encheu de uma impressão poderosamente agridoce. Separando os sabores, identifiquei a opulência macia da carne envolta pela acidez picante das laranjas. Não havia nada de doce ou enjoativo naquele prato. Darrell observou meu rosto.

— O segredo são as laranjas Seville — disse ele, servindo vinho em nossos copos. — São cultivadas aqui mesmo em Sacramento. Eu queria ver como estes Chiantis combinariam com o pato.

— Este pato é... magnífico! — exclamei sem conseguir me conter. Colman me lançou um olhar preocupado e soube que o deixara constrangido mais uma vez. Tentando me recuperar, eu disse: — Este Antinori 1952 é tão macio e madeirizado.

Colman me lançou um olhar furioso. Evidentemente, "macio" não era o termo adequado.

— É surpreendente — comentou ele — que um vinho tão antigo tenha tanto tanino.

Depois disso, eu resolvi ficar calada. Colman observou que o 1962 tinha muito mais corpo, era mais longo. E então Darrell degustou o 1969, que era muito robusto, com mais caráter. Tomando um grande gole, declarou que era o vinho perfeito para acompanhar o pato.

Ele se levantou para ir buscar o prato seguinte e voltou trazendo uma travessa maiólica com uma grande pilha de aspargos. Darrell passou a travessa e, enquanto me servia de uma porção dos brotos em verde vivo, em forma de lança, me dei conta de que não havia talheres na mesa.

— Os melhores utensílios para se comer aspargos são os dedos — disse Darrell —, mas primeiro mergulhe-os nisso.

Ele me passou um pratinho cheio de alguma coisa que parecia melaço. Eu não sabia o que era, mas não disse nada enquanto mergulhava um broto no líquido marrom, de tom de ameixa. Era grosso a ponto de ser pegajoso e quando eu o botei na boca descobri que o aspargo havia adquirido um sabor agridoce, resinoso.

— Mmmmm — suspirei, antes de ter o bom senso de parar. Dei uma espiadela em Colman, que estava com uma expressão curiosa e interrogativa no rosto. Ele também não sabe o que é, pensei feliz da vida.

— Vocês nunca provaram *aceto balsamico*? — perguntou Darrell. Eu me mantive em silêncio, mas Colman sacudiu a cabeça. Darrell se recostou na cadeira. — Só é produzido em uma cidade da Itália — disse ele —, Modena. O processo é semelhante ao do xerez: à medida que o vinagre envelhece, é passado de um barril para outro. Cada barril é feito de uma variedade diferente de madeira, e cada uma contribui com um sabor diferente. Para que se tenha um magnífico balsâmico, o processo leva uma vida inteira, com o vinagre tornando-se mais concentrado à medida que envelhece passando por sucessivos barris de carvalho vermelho, castanheiro, amoreira e junípero. Toda verdadeira família de Modena tem barris em seus porões e dizem que, quando os americanos chegaram, no final da guerra, cada família fugiu com seu barril de vinagre balsâmico envelhecido. Simplesmente não podiam conceber a vida sem ele.

— Não é de espantar — comentei, mergulhando mais um aspargo no vinagre. — Onde eu poderia comprar um pouco?

— Ah, isto não se compra — respondeu Darrell. — Não é um produto vendido comercialmente. Este foi um presente de um amigo; foi a avó dele quem fez.

— Nesse caso — comentei, pegando mais um aspargo —, vou ter que comer mais um pouco.

Na sobremesa, Darrell serviu um suflê de cor pálida, enfeitado com pétalas de violeta cristalizadas. Depois nos ofereceu minúsculos copos de um vinho muito doce.

— Eiswein — disse ele —, feito com uvas Scheurebe.

— Adoro isto — comentei, sem parar para pensar. — Tem um gosto parecido com toronja. — Por que eu não conseguia guardar minhas opiniões apenas para mim mesma?

Mas Darrell apenas assentiu solenemente e disse:

— Isto é exatamente o que eu sempre pensei! — Olhando para Colman, ele acrescentou: — Com esta você deveria ficar. Que entusiasmo!

Colman olhou para mim com uma expressão meditativa. Eu não conseguia imaginar o que estaria pensando. Depois de um momento, perguntou:

— Você não acha que o entusiasmo obscurece as capacidades críticas?

— De maneira nenhuma — respondeu Darrell. — De que serve ter um enorme conhecimento sobre comida se tudo que se obtém dele é desapontamento?

Era muito tarde quando finalmente fomos embora, e nenhum de nós dois conhecia muito bem as ruas em Sacramento. Na escuridão, de alguma forma nos perdemos, e o único mapa que eu tinha era um que havia comprado num brechó. De qualquer modo, o seguimos e acabamos ainda mais perdidos.

— A estrada que este mapa indica provavelmente desapareceu há 50 anos — declarou Colman com genuína irritação. Eram três horas da manhã, nós estávamos a quilômetros de casa. — Você é tão, tão... Berkeley! — exclamou ele e então mergulhou num silêncio ofendido.

Este caso está acabado, pensei. O sonho morreu. Quando afinal deixei Colman em seu hotel, eram quase quatro horas da manhã, e o interior do carro estava carregado de sua ira silenciosa. Ele saltou, levando consigo a atmosfera furiosa, e saiu pisando duro. O carro tornou-se novamente confortável enquanto eu dirigia pelas ruas escuras de Berkeley. Doug estava dormindo em nosso quarto aquecido e aconchegante. Respirei fundo; o ar tinha um cheiro familiar e acolhedor. Quando entrei na cama, Doug me envolveu com os braços, aninhou o rosto em meus cabelos e suspirou. Eu me senti muito feliz por estar em casa.

Mas aquele sentimento não durou. Doug andava tão ocupado que parecia nem tomar conhecimento de meu estado de espírito e me descobri pensando sonhadoramente em Colman, mergulhando cheia de esperança para atender o telefone a cada vez que tocava. Mas era sempre apenas mais uma galeria, museu ou arquiteto ansioso para falar com o artista do momento. Doug ficou especialmente animado com o telefonema do Comitê Olímpico.

— Eles querem que eu crie uma escultura de som para os jogos olímpicos de inverno em Lake Placid no ano que vem! — exultou ele.

Apenas uma pessoa pareceu reparar em minha infelicidade. Certa manhã, Jules sentou-se à mesa da cozinha e disse:

— É melhor você dizer alguma coisa a ele.

— Quem? — perguntei, bebendo mais um gole de café.

— Doug — respondeu Jules. — Ele acha que, depois de ter pago sua cota e entrado para o programa do casamento, nunca mais precisaria tornar a dedicar tempo e trabalho para manter o relacionamento. Mas tenho certeza de que ele não quer perder você.

— O que você sugere? — perguntei.

Jules sacudiu a cabeça. Senti-me tentada a contar tudo a ele — sobre ter filhos, sobre Colman, sobre Paris —, mas não consegui. Parecia desleal demais com relação a Doug. De modo que peguei o jornal e me escondi atrás dele.

À medida que os dias se passavam, fui me tornando cada vez mais melancólica. Mas Colman não telefonou. E, quando finalmente o fez, foi apenas para me convocar para um almoço de reunião de equipe da revista, em Los Angeles.

— Você quer que eu fique para passar a noite? — perguntei.

— Você é quem sabe — respondeu. Depois de um breve silêncio, ele acrescentou, em um tom cautelosamente neutro: — É bem-vinda se quiser ficar aqui. — Nem mesmo a maior otimista do mundo poderia considerar isso um convite.

— Então acho que vou apenas para passar o dia — declarei.

— Faça como quiser — respondeu ele. Achei que parecia aliviado. — A reunião será no Ma Maison e Wolfgang vai cozinhar algo de muito especial. Pedi a todo mundo que trouxesse uma garrafa de vinho.

Com um sentimento de derrota, ouvi enquanto ele me dizia que estava planejando levar um Heitz Martha's Vineyard de 1968, de sua adega, e que Charlie Perry, um dos críticos de Los Angeles, levaria duas garrafas de Ducru-Beaucaillou. Phil Reich tinha alguns raros Zinfandels da Joseph Swan.

— Nós vamos ser avaliados para nota nesse teste? — perguntei.

— Deixe de exagero, isso é bobagem — respondeu ele. Mas eu sabia que não era.

Eu não queria carregar o vinho no avião, mas teria tempo de sobra para comprar alguma coisa em Los Angeles. O almoço estava marcado para uma da tarde, de modo que teria a manhã inteira para desencavar uma garrafa que estivesse à altura.

Mas o avião atrasou e quando cheguei à única loja de vinhos que eu conhecia em Los Angeles, descobri que estava fechada para reformas. Entrei em meu calhambeque alugado e comecei a procurar. Para minha aflição, Los Angeles não era exatamente rica em empórios de vinho. Ao meio-dia, eu ainda estava de mãos vazias. Tinha que haver alguma coisa, pensei, socando o volante dominada pela frustração.

Saí dirigindo em círculos, em busca de uma loja de vinhos. Qualquer loja de vinhos. Não encontrei nada. Às 12h30, baixei meus padrões e, desesperada, comecei a descer pelo Sunset Boulevard em velocidade lenta, virando a cabeça de um lado para o outro, em busca de uma loja de vinhos, uma loja de bebidas, qualquer coisa. Às 12h45, eu ainda estava dirigindo pelo Sunset. Passei La Cienega e segui adiante. Às 12h50, em pânico, parei no estacionamento de uma pequena e decadente *delicatessen* e loja de bebidas. Desliguei o motor e avaliei minhas opções: eu podia dizer que havia quebrado a garrafa no caminho (não conseguia imaginar Colman acreditando nisso) ou podia entrar na loja e rezar.

Eu rezei. Entrei correndo, inalando o odor de coisas velhas, de uísque barato e de gim, e perguntei:

— Qual é o vinho mais caro que o senhor tem aqui na loja?

O velho atrás do balcão começou a examinar as garrafas empoeiradas nas prateleiras às suas costas. Ele limpou alguns rótulos com a manga da camisa.

— Este aqui custa 15 dólares — disse. O velho limpou mais um par de garrafas. — Não espere, este custa 18. — Ele limpou mais um par com o braço e então disse triunfante: — Veja só isso! Está aqui há um tempo enorme. Custa 30 dólares!

— O senhor tem alguma coisa mais cara? — perguntei.

Ele pôs a mão no quadril e falou bem devagar:

— Madame — disse, tentando explicar a questão a uma pessoa, evidentemente, de inteligência limitada —, não temos muita procura por vinhos de 30 dólares por aqui.

— Vou levar — declarei.

— A senhora não quer saber o que é? — perguntou ele.

— Ah, não — respondi. — Eu gosto de surpresas.

Wolfgang começou com seu famoso *feuilleté* de ostra com *beurre blanc*. Para acompanhá-lo, bebemos champanhe. Com o *pâté de foie gras,* ele nos ofereceu um Sauternes, envolvendo a carne gorda e saborosa no vinho licoroso e adocicado. Só quando as crestadas fatias de peito de pato muito malpassado apareceram foi que Colman começou a desembrulhar as garrafas que havíamos trazido.

Houve "aahhs" quando os velhos Bordeaux de Charlie foram revelados. O raro Swan de Phil foi adequadamente impressionante. O vinho de Colman mostrou-se robusto e fino. Então chegou a hora de desembrulhar minha garrafa. Eu fechei os olhos e prendi a respiração. Houve um coletivo suspiro de entusiasmo. Abri os olhos e vi mãos ávidas estendidas para minha garrafa. Aparentemente, eu tivera sorte.

Depois, bebemos Château d'Yquem acompanhando a *dacquoise* e então os convidados começaram a recolher seus pertences e ir embora. Não demorou muito para que Colman, Phil e eu fôssemos os únicos ainda à mesa. Comecei a me levantar, mas Colman me puxou, fazendo-me sentar.

— Fique — disse ele —, por favor, fique. — Ele serviu mais vinho em meu copo.

Phil tinha falado muito pouco durante o almoço, mas, naquele momento, apontou para o que ainda restava da *dacquoise* e perguntou:

— Você não está cansada de toda essa comida francesa?

Despertei sobressaltada de meu devaneio.

— Você está? — perguntei.

— Estou — respondeu ele —, acho que já está mais do que na hora de os americanos começarem a pensar no que temos por aqui. Estamos produzindo excelentes vinhos, deveríamos estar criando uma excelente cozinha. — Phil disse isso com paixão, como se tivesse mais em mente do que apenas comida. — Esta, provavelmente, não é a melhor das ocasiões para lhe comunicar — disse de repente, olhando Colman bem no rosto —, mas eu pedi demissão. Vou me mudar para cá para ajudar a abrir um restaurante.

— Um restaurante? — perguntei. — Por quê?

— Porque — respondeu Phil, os olhos brilhantes — conheci uma pessoa que está tentando fazer algo novo e quero participar nisso.

— Quem é ele? — perguntei.

Phil se recostou na cadeira, buscando as palavras.

— Ele não é ninguém que você já conheça — disse devagar. — É um homem que tem uma visão. E tem esta idéia de criar um tipo de restaurante inteiramente novo, usando apenas produtos locais. Ele já viveu na França, já cozinhou na França, é rico e adora comida.

— Um tipo como James Beard ou coisa parecida? — perguntei. Phil caiu na gargalhada.

— Ah, não — respondeu. — Ele só tem 24 anos. E é magro. Mas tem planos grandiosos. Arte. E prataria. Travessas especiais que está importando da França. Mas a coisa principal é que vai encontrar produtos magníficos aqui. Ele diz que se não conseguir encontrar, vai cultivar ele mesmo. Sabe, ele não é como nós. É um garoto rico e acha que pode fazer qualquer coisa.

— Quanto você vai ganhar? — perguntou Colman.

Phil deu de ombros.

— Não sei — respondeu ele, como se aquela fosse a mais banal das perguntas. — Mas Michael me deu 12 mil dólares para comprar vinhos.

— Ele não está pagando nada a você?

— Bem, está me dando um lugar para morar.

— Onde? — perguntei.

Phil pareceu envergonhado.

— Na sala de visitas dele.

— E de que você está vivendo?

Phil praticamente corou.

— Eu vendi uma parte de minha cave de vinhos — balbuciou. — Mas você não compreende. Michael será algo de inteiramente novo e americano. Isto é fazer história. Eu simplesmente tenho que fazer parte disso!

— Se esse restaurante for no mínimo algo semelhante ao que você descreve, vai render uma grande matéria — disse Colman, lançando-me um olhar sugestivo.

— A inauguração de um novo tipo de restaurante — concordei. — Parece bem interessante.

— É claro que você teria que voltar para Los Angeles para passar algumas semanas e trabalhar nisso — disse ele, seus olhos ainda cravados nos meus. — Conheço um lugar onde pode ficar hospedada. Você acha que poderia fazer isso?

— Claro — respondi alegremente. — Ah, mas é claro que posso fazer isso. — Pela primeira vez em semanas a vida me parecia boa.

— Ótimo — disse Colman. — Então está resolvido. Vamos perder um crítico de vinhos e ganhar uma matéria. — Olhando para mim, ele acrescentou: — E por falar em vinho... Como foi que você conseguiu encontrar um Cheval Blanc 1961?

— Ah — respondi aérea e radiante —, foi pura sorte.

Doug e eu fomos juntos de carro para o aeroporto. Ele estava de partida para Lake Placid, para escolher um local para sua escultura.

— Está tudo bem, não está? — perguntou. E eu me perguntei se Jules tinha comentado alguma coisa com ele. Mas dessa vez era eu quem não queria conversar.

— Mas é claro — respondi. — Você vai ficar famoso.

— Talvez você também — retrucou ele.

Paramos o carro no estacionamento para períodos prolongados e carregamos nossas bagagens para o terminal. Ele me abraçou e eu inalei seu perfume familiar. Ele me deu um beijo e, enquanto se afastava, fiquei observando seu corpo esguio movendo-se graciosamente em meio ao salão apinhado de gente; visto de costas, ele poderia ter sido o homem do Marlboro. Doug olhou por cima do ombro, um instante antes de virar na curva, e levantou a mão num aceno. Eu acenei de volta. Então ele desapareceu de vista e fomos embarcar em nossos aviões distintos.

— Veja só o carro que consegui para a senhora — disse o operador na Alugue um Calhambeque, abrindo a porta. — Achei que iria gostar deste. — Ele deu uma palmadinha afetuosa no capô do Cadillac amarelo. O carro era do tamanho de um pequeno iate, tinha bancos de couro de cor cáqui, macios como manteiga.

— O que foi que eu fiz para merecer isto? — perguntei, entrando no carro.

— Nós cuidamos bem dos bons clientes — respondeu ele, pondo minha bagagem na mala do carro. — Achamos que estava na hora de lhe oferecer um prêmio.

O Cadillac tinha a direção macia. Não havia neblina nem poluição e o céu estava reluzente, muito azul, contrastando com as montanhas de picos nevados que cercavam a cidade. Toda a costa Leste, de acordo com o rádio, estava coberta de neve. Baixei o vidro da janela e senti o sol em meus braços.

O prédio de Michael, cor-de-rosa, trabalhado em estuque, teria sido difícil de deixar passar mesmo se não ficasse numa rua residencial. Havia grandes recipientes de lixo enfileirados no gramado da entrada e uma tábua atravessada pregada na porta da frente. Eu a empurrei e entrei em um aposento tão escuro que precisei de alguns segundos para me dar conta de que o famoso restaurante de Phil ainda não existia.

Em meio à escuridão, avistei um grupo de jovens trabalhadores de construção encostados contra a pia no fundo do salão. Cuidadosamente, fui avançando em meio ao entulho, passando por serras elétricas e pregos espalhados. Eles estavam parados no que um dia seria uma cozinha e muito entretidos numa conversa.

— Eu não sei o que vai acontecer agora — estava dizendo o mais alto quando cheguei perto o bastante para ouvir. — Michael acabou de ter seu pedido de empréstimo recusado. — Era tão magro e comprido que parecia um varapau com um corte de cabelo à moda do Príncipe Valente. — A financeira não achou nenhuma graça no nome da empresa dele: Acid Enterprises.

Phil tinha dito que seu visionário era jovem, mas naquele momento comecei a entender o que isso poderia significar. Devia ser um garoto, da mesma idade daqueles trabalhadores bonitões que agora falavam a respeito de automóveis com tamanha concentração que nem haviam percebido a minha entrada.

— Posso entrar no estacionamento com a minha Lotus a 80 quilômetros por hora — gabou-se o varapau. — Não preciso nem parar; ela passa por baixo da cancela. Eles ficam realmente danados da vida.

Eu não sabia grande coisa a respeito de carros, mas sabia que operários de construção não dirigiam carros esporte de luxo. Seria possível que esses fossem os *chefs*? Eu pigarreei. Todos eles olharam rapidamente em minha direção e um deles disse:

— Ainda não estamos contratando garçonetes. — Ele tinha um rosto simpático, bem-humorado, emoldurado por uma barba castanha encaracolada e, quando não respondi, acrescentou em tom prestativo: — Posso anotar seu nome, se quiser.

— Eu não quero ser garçonete — respondi. — Estou procurando Michael.

— Ah, gatinha — retrucou ele —, Michael não vai poder ajudar você. Ele já tem namorada. É melhor você ficar comigo.

— Mas ele está me esperando.

— Ah, merda — respondeu ele. — Não me diga que você é a tal repórter da *New West*.

— Pois é — respondi —, eu sou.

Houve um momento de silêncio constrangido. E então ele deu de ombros e declarou em tom acusador:

— Mas você não tem cara de repórter.

— Você também não se encaixa exatamente na imagem que eu fazia de um *chef* — rebati.

Ele deu uma gargalhada e disse:

— Nós deveríamos lhe oferecer um *espresso* e lhe dizer que Michael logo estaria de volta. Mas ele se esqueceu de que ainda não temos a máquina de *espresso*. Michael costuma esquecer os detalhes inconvenientes. — Apontou para um caixote. — Eu sou Jonathan Waxman. Sente-se.

Eu obedeci. Jonathan balançou a cabeça para a direita e disse:

— Este é Mark Peel. — Ele balançou a cabeça para a esquerda, para o varapau. — Este é Ken Frank, o grande *chef* encarregado. Pode ser que já tenha ouvido falar nele. — Com um sorriso, ele acrescentou: — Costumam chamá-lo de o "*enfant terrible* de Los Angeles".

— Não conte isso a ela — disse Ken, fazendo uma careta enquanto eu lhe apertava a mão.

— Já ouvi isso antes — comentei. — Você tem 24 anos e já foi dono de seu próprio restaurante. Qual foi sua formação?

— Não tive nenhuma — respondeu ele, abanando a mão. — Apenas comecei de baixo, como lavador de pratos, até chegar onde estou. Isso, é claro, foi na França. Em seis meses na França você pode aprender a ser um *chef* em Los Angeles.

— Então por que veio para cá? — perguntei, um pouco chocada com sua arrogância.

— Porque — respondeu ele, agora com menos petulância — está na hora de mudar isso. Precisamos parar de copiar a França. Sou californiano de terceira geração e quero criar um restaurante da Califórnia, com produtos da Califórnia, vinhos da Califórnia e empregados nascidos na Califórnia. A filosofia de Michael é muito parecida com a minha.

O rosto dele se abriu num grande sorriso, fazendo-o parecer ainda mais jovem.

— De qualquer maneira — acrescentou —, no dia em que fui conversar com Michael, o dono do restaurante onde estava trabalhando tentou me dar uma surra. Achei que estava na hora de ir embora.

— E você, alguém também tentou lhe dar uma surra? — perguntei a Jonathan.

— Ah, não — respondeu ele —, as pessoas não fazem coisas desse tipo em Berkeley. Eu trabalhava com Alice Waters no Chez Panisse e aprendi muita coisa com ela. Mas andava entediado com Berkeley e gosto da filosofia de Michael.

— De modo que simplesmente fez as malas e se mudou para cá? — perguntei. — Este sujeito deve ser incrível!

Jonathan assentiu.

— Ele é. E me deixa morar em sua casa lá em Malibu.

— Essa casa deve estar ficando um bocado apertada — murmurei. Não consegui me conter.

Uma hora depois, Michael ainda não havia aparecido.

— A que horas vocês acham que ele vai voltar? — perguntei esperançosa.

— Não há como prever — respondeu Jonathan. — Vamos preparar o almoço. — Ele me jogou um avental. — Você pode descascar esses tomates. — Colocou uma tábua de carne sobre um caixote com o fundo virado para cima e me entregou uma faca.

Depois que acabei de tirar a pele de todos os tomates, perguntei se ele queria que tirasse as sementes.

— É claro — respondeu e eu corei, pensando em como aquela era uma pergunta de amadora. Tentei compensar tirando todas as sementes, mas eram umas coisinhas escorregadias e algumas resistiram às minhas tentativas de removê-las.

— Trabalho mal-feito — comentou Jonathan quando veio inspecionar minha obra —, mas não posso lhe passar um carão. Você não está sendo paga.

— Nem você, se me lembro corretamente — respondi.

— Apenas tente não cortar os dedos quando picar os tomates, O.K.? — disse ele com aspereza.

Eu me concentrei em manter meus dedos dobrados para dentro e, pomposamente, olhei ao redor pela cozinha para que todo mundo pudesse ver que eu não estava olhando para as mãos. Tentei picar bem depressa e bem fino. Apesar disso, não estava impressionando nem a mim mesma.

Jonathan me atirou uma panela.

— Agora cozinhe isso até obter um *coulis* — instruiu ele.

— Preciso de alguma coisa para mexer — observei.

— Nós não temos nada — respondeu Jonathan em um tom que deixava implícito que só gente fresca usaria um utensílio para mexer um purê na panela. — Use seus dedos.

Eu ainda estava enfiando e tirando meus dedos cautelosamente da panela quente onde cozinhava o molho em fogo alto, quando uma mulher bonita, de faces rosadas e cabelos castanhos curtos, entrou correndo na cozinha abanando um exemplar do *Los Angeles Times*.

— "O talentoso jovem *chef* Mark Peel afirma que os *chefs* deveriam ter uma boa formação" — leu em voz alta, com um elegante sotaque inglês — "e cursar uma universidade para não serem pessoas limitadas."

— Ah, não — disse Mark, parecendo extremamente constrangido. — Eu não disse isso, ou pelo menos não falei nesse contexto. Estava me referindo apenas a mim mesmo.

A mulher veio até o fogão, olhou para mim e perguntou:

— Você vai trabalhar aqui?

— Esta é Sally Clarke — apresentou Jonathan. — Não, querida, ela não vai trabalhar aqui. É a repórter do *New West*.

— Ah, muito prazer em conhecê-la — disse Sally, com o que me pareceu alívio.

— Como aconteceu de o *Times* publicar uma matéria sobre você? — perguntou Ken em tom de queixa.

E, de repente, eu me ouvi dizer o seguinte:

— Não se preocupem... depois que meu artigo for publicado, todos vocês serão famosos.

Esta declaração foi recebida por um silêncio momentâneo e minhas faces ficaram escarlates. Céus, o que me fizera dizer uma coisa daquelas? E então me dei conta de que o silêncio não tinha nada a ver comigo; Michael McCarty havia chegado.

Ele não era tão alto quanto Ken, nem tão bonito quanto Mark, e faltava-lhe a doçura de Jonathan. Porém, tinha um porte de artista de cinema. Numa questão de segundos ele tornou-se o centro de um vórtice de som.

— Olhe só esta carne! — disse Ken para ele, mostrando um filé. — Estivemos em todos os fornecedores de carne da cidade e todos eles insistem que é a melhor que têm.

— Este creme é horroroso — gemeu Jonathan. — É creme industrializado. Precisamos de coisa melhor.

Um trabalhador estava gritando para ele em espanhol e Sally dizendo alguma coisa sobre o maldito sistema de computador. Michael parecia estar respondendo a todos eles simultaneamente.

— Não se preocupem com a carne e o creme — disse ele aos *chefs*. — Vou mandar os rapazes virem dar uma olhada no restaurante. Quando virem o tipo de lugar em que estamos operando, vão aparecer com alguma coisa melhor. — A despeito de toda sua bravata, aquilo poderia não passar de mera encenação e, quando os três *chefs* demonstraram descrença, ele disse: — Lembrem-se, já consegui um fornecedor para trazer lombo de porco fresco de Chicago, apesar de todo mundo ter dito que isso não poderia ser feito. E estamos instalando um sistema de computador para fazer o inventário, apesar de todo mundo ter dito que isso também não poderia ser feito. — Michael se virou para mim e abriu um enorme sorriso. — Você deve ser Ruth. Espero não tê-la feito esperar muito. Vamos subir para o meu escritório.

Enquanto eu tirava o avental e começava a segui-lo, Ken disse de repente:

— Ah, sim, eu me esqueci de lhe dizer. Seu banqueiro esteve aqui.

Michael se encolheu. Todo o ar pareceu se evaporar de seu corpo, fazendo-o parecer pequeno, jovem e vulnerável.

— Você falou com ele?

— Não — respondeu Ken.

O ar de superioridade e confiança de Michael retornou com a mesma rapidez com que havia desaparecido; ele cresceu diante de meus olhos, enchendo-se de confiança.

— Ótimo. Ele não sabe que estourei o orçamento de novo.

Enquanto subíamos um lance de escadas raquíticas, Michael disse com franqueza:

— Você precisa compreender, Ruth, como empresário, eu sou um operador de risco, aposto e negocio. Tudo depende de saber jogar com a organização de tempo e dinheiro. Em 90 por cento das ocasiões dá certo, mas nem sempre. Às vezes todo mundo quer seu dinheiro ao mesmo tempo. Como agora. Mas é assim que as coisas são. A maioria das pessoas recebe seu contracheque e imediatamente torra o dinheiro. Elas simplesmente não sabem como usá-lo.

Enquanto entrávamos no escritório, ele se virou e de brincadeira me deu um soquinho no estômago.

— Tem cinco mil dólares para me emprestar?

— Não creio que estivesse brincando — comentei com Colman, mais tarde. Estávamos sentados na cama dele, tomando vinho nos copos Steuben que ele guardava numa caixa debaixo dela. — Ele realmente precisa do dinheiro. Até perguntou a Jonathan se o pai dele não compraria uma das pinturas que comprou para o restaurante.

— É coisa de qualidade? — perguntou Colman.

— Ah, sim — respondi. — Michael tem um gosto extraordinário. Ele tem Hockneys e Johnses e Diebenkorns. Não creio que nenhum restaurante jamais tenha tido obras de arte tão fantásticas. E não está apenas pegando as obras emprestadas, está comprando. Michael diz que uma boa refeição não é o suficiente, que o lugar tem de ser um acontecimento. Não é de espantar que tenha estourado o orçamento. Ele pensou que o restaurante iria custar 300 mil dólares, mas já está em meio milhão. Acabou de renegociar o financiamento de sua casa para levantar mais dinheiro.

— Mas você não pode emprestar dinheiro a ele — disse Colman com alguma preocupação. — Pelo amor de Deus, você está escrevendo uma matéria sobre o lugar.

— Eu tenho cara de quem tem cinco mil dólares? — perguntei.

— Bem — disse ele com um sorriso — , as aparências enganam.

Olhando pelo quarto, me dei conta de que ele poderia estar falando de si mesmo. Agora, eu o via mais claramente. Colman era um homem que se vestia com elegância, usava loção pós-barba Armani e mantinha contas permanentes em todos os restaurantes de Los Angeles. Mas em todos os cantos de seu minúsculo apartamento de Hollywood havia pilhas de contas que não tinham sido pagas. A Mercedes em que ele saía todas as manhãs era muito bem polida, silenciosa e pegava de primeira: só quando se entrava nela é que se descobria que os bancos estavam rasgados, o rádio havia sido retirado e o hodômetro estava parado, pois tinha esgotado o limite de suas voltas. A despeito de todo seu estilo e charme, Colman vivia precariamente, de semana em semana.

Porém, embora não tivesse muito dinheiro, ele vivia como um homem rico. Todos os *chefs* de Los Angeles eram seus amigos e tapetes vermelhos se desenrolavam sob seus pés. Colman acordava cedo todas as manhãs para sair todo de branco, às seis, para jogar tênis. Com quem ele jogava? Colman apenas sorria quando eu perguntava. Do mesmo modo que sorria quando dizia que tinha que trabalhar até mais tarde e chegava em casa depois da meia-noite, reclamando dos horários de fechamento da edição, mas cheirando a vinho. Mulheres estranhas sentadas em outras mesas lançavam-lhe sorrisos discretos em todos os salões e, quando eu atendia o telefone, quase sempre era uma voz feminina.

— Não vai demorar, daqui a uma semana mais ou menos — eu o ouvia sussurrar ao telefone.

Eu também sussurrava. Por vezes, no meio da noite, saía da cama e telefonava para Doug, em Lake Placid, fingindo que tinha acabado de chegar.

— O restaurante está quase pronto — dizia.

— Acho que encontrei um lugar hoje — respondia ele.

— Phil faltou hoje porque estava doente. Michael parece ter se esquecido que não estou em sua folha de pagamento, de modo que me mandou descarregar os vinhos que foram entregues.

— O comitê está planejando uma grande festa na semana que vem. Devemos anunciar o que vamos fazer. Tenho tido pesadelos sobre não ter uma idéia a tempo.

As conversas nunca chegavam a lugar nenhum, mas eu achava a voz dele familiar, de uma maneira confortadora. Conversar com Doug me fazia sentir que apesar de estar representando, desempenhando um papel, eu ainda tinha uma vida real para a qual iria retornar.

Enquanto isso, eu passava meus dias no restaurante, tentando, ao mesmo tempo, ser útil e invisível. Ken não era especialmente simpático, mas Mark e Jonathan eram pessoas com quem era fácil conversar e, a cada dia que se passava, podíamos ver a fantasia de Michael adquirir forma e vida.

— É completamente diferente de qualquer restaurante que eu já tenha visto — comentei com Colman, descrevendo o salão de jantar elegante e moderno. — É uma espécie de estilo deserto Bauhaus, com uma pitada de mourisco. E, não importa onde se esteja sentado, você vê o jardim. Tenho a sensação de que ele pegou toda a concepção de um restaurante e abriu as janelas. Você tem a sensação de um lugar caro, mas não opressivo.

— Sim, mas e a comida? — ele quis saber.

— Michael sempre repete que a comida não é a coisa mais importante — respondi. — Mas eles passam um tempo enorme tentando encontrar ingredientes e discutindo a respeito de técnicas. Ontem tiveram uma grande briga a respeito de *beurre blanc*. Ken dizia que se não se usar um batedor de mão, não fica cinzenta. Jonathan dizia que isso não era verdade. Os dois discutiram a respeito disso a tarde inteira.

— Por que você acha que homens desse tipo abandonaram empregos nos melhores restaurantes da Califórnia para trabalhar aqui? — perguntou ele.

— Eu fiz exatamente essa pergunta a Michael — respondi. — Vai gostar da resposta dele. Acabei de transcrever a fita; vou ler para você. — Eu folheei minhas anotações, procurando a citação. — Aqui está: "Você sabe, Ruth, um dia cada um deles terá seu próprio pequeno restaurante em algum lugar. E estão todos aqui por dois motivos. Um, porque gostam de trabalhar comigo. E dois, porque não sou um velho francês de 52 anos que é dono do restaurante e é mesquinho. Todos eles já trabalharam para esses velhos canalhas rabugentos que os tratam como se fossem imbecis, compreende o que estou querendo dizer? Se você fosse um segundo ou terceiro *chef* na cozinha de Bertranou no L'Ermitage e quisesse fazer alguma coisa, acha que ele deixaria que fizesse? Nunca. Estamos fazendo uma coisa diferente aqui. Estou permitindo que isso aconteça. Temos toneladas de espaço para criatividade. Quero fazer as coisas mais estranhas."

— Esta resposta é ótima — comentou ele. — Você tem que usar isso na matéria.

— Não se preocupe — respondi. — Vou usar. Ele disse uma outra coisa que realmente adorei. Deixe-me encontrá-la. — Consultei rapidamente as anotações. — Está aqui. Ouça. "O que quero fazer é usar os melhores ingredientes possíveis, preparados da maneira mais simples possível. É claro, este não é o *menu* mais interessante do mundo, mas as especialidades da casa é que deverão ser as coisas de fazer você ficar de quatro."

— "De fazer você ficar de quatro!" — repetiu ele. — Esta é ótima. Esta vai ser uma grande matéria. Se algum dia ele conseguir abrir o maldito do restaurante.

— Deve estar faltando muito pouco para isso — comentei. — Michael tem andado vagando pelos cantos e resmungando por causa de dinheiro e dizendo que precisa de dinheiro vivo.

— Quanto é esse pouco? — perguntou Colman. Tive mais um daqueles momentos de preocupação em que me perguntei se ele estava tentando se livrar de mim.

— Mark diz que saberemos que estamos perto quando Michael marcar a primeira reunião de garçons — respondi. — Até isso acontecer, é só conversa.

Mas as coisas, de fato, pareciam estar entrando nos eixos. A cozinha pouco a pouco se encheu de equipamentos e chegaram ajudantes para descascar verduras e lavar pratos. E então, uma bela manhã, um homem passou pela porta cambaleando sob o peso de um grande caixote e perguntando:

— Será que eu trouxe a nota com o pedido de peixes? — como se não conseguisse acreditar que tivesse chegado ao lugar certo.

Ele colocou o caixote sobre um balcão improvisado e os *chefs* se reuniram em volta dele para examinar sua mercadoria. Ken descascou um camarão e o enfiou na boca.

— Tem dois dias? — perguntou. O homem assentiu. Ken passou a mão numa faca, abriu uma truta salmonada e a cheirou com desconfiança.

— São realmente muito boas — disse o peixeiro, pouco à vontade, passando o peso do corpo ora para um pé, ora para o outro. Ken não disse nada. Ele apontou para a carne branca do peixe.

— O senhor só tem canadense? — perguntou em tom desdenhoso.

O peixeiro balbuciou alguma coisa sobre a próxima semana.

— Este peixe canadense é gorduroso demais para fazer uma *terrine* decente — sentenciou Ken.

— Eu trouxe para o senhor uma bela caixa de espinhas — disse o peixeiro em tom esperançoso.

Jonathan examinou o interior da caixa e franziu o cenho.

— Garoupa — ele fungou. — O *fumet* de garoupa é terrível. As espinhas são gelatinosas demais e o peixe tem pouco sabor. De qualquer maneira, isto aqui está longe de estar fresco.

— Vou trazer salmão fresco na semana que vem — prometeu o peixeiro batendo em retirada.

— A primeira encomenda sempre vem com bons peixes — comentou Ken depois que o peixeiro foi embora.

— Bons? — perguntei. — Mas vocês foram tão negativos nos comentários sobre tudo o que ele trouxe.

— Não se pode deixá-los se sentirem muito seguros de si — respondeu ele. — Teremos que ver o que ele vai oferecer daqui a duas semanas, que é quando vai ser importante.

— Daqui a duas semanas não — disse Michael —, daqui a dois dias.

Os *chefs* se viraram para encará-lo.

— Ah — disse ele casualmente —, eu não avisei a vocês que vamos fazer uma reunião com os garçons hoje à tarde?

— Vocês vão ter que ser ágeis — disse Michael, olhando pela janela, para os surfistas no mar. — Não quero ninguém que não saiba andar bem de *skate* tropeçando pelo meu salão.

Quando Michael explicou que todas as gorjetas iriam para uma caixinha para serem divididas, com dez por cento indo para a cozinha, dez por cento para os ajudantes de garçom e dez por cento para o bar, um gemido coletivo se elevou.

— Isto significa que vamos ter que declarar todas as nossas gorjetas? — perguntou alguém, e Michael disse que sim. Outro gemido.

— No tipo de lugar que eu vou dirigir, suas contas passarão por uma auditoria. É bom que estejam preparados para isso. Meu amigo lá no L'Ermitage manda verificar as contas de seus garçons todo ano.

Os garçons ficaram ainda menos entusiasmados com a parte seguinte do discurso. Michael exibiu os pesados talheres de prata Christofle que havia comprado em Paris.

— Fiquem de olho na prata da casa. Por favor, se não fizerem mais nada, pelo menos façam isso. Façam isso como um favor para mim. Todo mundo nesta cidade está querendo ver eu me dar mal nessa questão. Todo mundo já me disse "Michael, você não pode usar prata Christofle. Não vai sobrar uma peça no final do mês". Eu tenho que provar que eles estão errados.

Ele olhou em volta para ver se alguém estava querendo desistir e ir embora. Ninguém queria.

— Alguma pergunta?

Só houve uma. Um rapaz de longos cabelos louros levantou a mão.

— Então, quando é que vamos abrir? — ele quis saber.

— Depois de amanhã — respondeu Michael —, mas tudo está na dependência dos inspetores. Eles virão fazer a vistoria hoje.

— Vêm hoje? — perguntou Phil, com algum espanto. — Você não acha que deveria ter nos comunicado este pequeno detalhe?

Um dia depois, Michael andava a passadas largas pelo salão, equilibrando um telefone em cada ombro.

— Nós vamos inaugurar a casa amanhã — disse em um deles. — *J'ai besoin de vraies morilles* — disse no outro.

Ele se virou de volta para o primeiro telefone.

— Faremos um jantar só para amigos — declarou. — Talvez 40, 50 pessoas. Depois faremos a inauguração de verdade, na noite seguinte. — No segundo telefone disse: — *Vous les trouverez.*

— Quem você vai convidar? — perguntou Mark. — E como vai lhes transmitir a noção de que espera que paguem a conta?

— É fácil — respondeu Michael com sua confiança característica. — Simplesmente vou telefonar para as pessoas e dizer que a casa já está funcionando e perguntar se não gostariam de vir jantar e conhecê-la. Não se preocupe. Eles virão. E pagarão.

Ele e Phil saíram para o jardim para preparar a lista.

— Não, ele não — ouvi uma porção de vezes —, não quero nenhum desses sujeitos da indústria.

Phil balançou a cabeça em minha direção e perguntou, bem baixinho, para não ferir meus sentimentos:

— Você vai deixar que ela venha?

— Claro — disse Michael. — Ela tem conta de despesas. Às sete horas. Ela pode trazer mais uma pessoa.

Colman chegou antes de mim ao restaurante. Às 18h30 Michael se deu conta de que havia se esquecido de comprar flores, entregou-me um maço de dinheiro e ordenou:

— Encontre uma floricultura.

Quando finalmente eu acabei de arrumar os lírios e rosas nos copos de água maiores, eram 19h15.

— Problemas? — murmurou Colman quando me acomodei sem fôlego em minha cadeira.

— Nervosismo de primeira noite — respondi.

— Alguns desses pratos me parecem horrorosos — disse ele, examinando o cardápio com um certo ceticismo. — Vieiras cruas com beterrabas? Pelo amor de Deus!

Colman ficou ainda menos impressionado quando uma escandalosa pasta cor-de-rosa coroada por dois translúcidos círculos de vieiras foi posta diante dele.

— É seguro comer isso? — perguntou, cutucando a comida com o garfo. — Parece batom derretido coberto por lantejoulas de plástico.

— Experimente — insisti. — Michael copiou este prato do homem que ele chama modestamente de "meu amigo Pierre Vedel em Paris", mas afirma que as vieiras do Maine são melhores que qualquer coisa na França. Ele compra as vieiras de uma mulher, chamada Ingrid, que tem seu próprio barco.

— Está gostoso — admitiu Colman, com uma certa relutância. — A doçura da beterraba combina com as vieiras.

— Agora prove a salada com queijo de cabra quente — sugeri. — Michael pega aqueles velhos *petits chèvres* secos e bota no forno quente. Quando saem, estão molhadinhos e cremosos, como um Brie quando está realmente bom. E espere só para ver a *frisée*! Não vai acreditar em como são bonitas. São cultivadas numa horta local, em um lugar nos arredores do Rancho Santa Fé.

— As entradas são fáceis — observou Colman, ressalvando seu julgamento. — Vamos ver como eles se saem nos pratos principais.

Mas quando ele provou a pomba de quatro semanas, inclinou a cabeça para o lado e assentiu, que é o que sempre fazia quando gostava de um prato. Comeu mais uma garfada e saboreou pensativo. A ave tinha sido apenas desossada, esfregada com ervas e bem rapidamente tostada na grelha. A carne estava malpassada e rosada, a pele crocante e quase preta.

— Mesmo os *chefs* franceses andam dizendo que as pombas de Santa Bárbara são melhores do que qualquer coisa que exista na França — comentei.

Ele sacudiu a cabeça. Comeu mais um pedaço. E depois um outro.

— De que é o molho? — perguntou.

— Vinagre de framboesa, basicamente — respondi. — O vinagre era um problema. A garrafa dizia "framboesa" em inglês, mas "morango" em francês. Era apenas um vinagre branco misturado com um pouco de xarope de fruta. De modo que Ken fez ele mesmo um vinagre, com frutas frescas.

— O.K. — admitiu Colman ao final da refeição —, esta turma de fato é boa.

— Pois é — concordei. — Michael é arrogante como o diabo e você tem que dar um desconto pelos exageros, não acreditar em tudo o que diz. Mas, de fato, aqui há uma idéia nova. A comida que eles estão oferecendo é feita com produtos frescos e locais, mas é diferente da que meus amigos estão fazendo em Berkeley. É menos rústica. Tem atitude.

Colman inclinou a cabeça para o lado e disse.

— Não desperdice esse discurso falando comigo.

— Eu sei, eu sei — respondi. — O artigo para a revista.

— Você vai ter que trabalhar depressa — disse ele. — Provavelmente, deveria ir para casa agora e começar a escrever.

— Você não vê a hora de se livrar de mim? — provoquei.

Ele pareceu ficar embaraçado e não disse nada, nem sequer me deu uma resposta educada. Reparei que sua testa estava banhada de suor. Colman parecia tão pouco à vontade que, de repente, me lembrei dos jogos de tênis de manhã cedinho e dos fechamentos de edição à meia-noite.

— Você tem uma outra mulher? — perguntei.

Ele assentiu com uma expressão muito séria.

Não percebi a intensidade do sofrimento imediatamente. Era como se eu tivesse acertado meu polegar com um martelo e estivesse esperando que o latejar da dor começasse.

Ele manteve os olhos fixos nos meus e respirou fundo.

— Não creio que exista uma maneira fácil de lhe dizer isso — prosseguiu. Parou por um instante e então confessou rapidamente: — Nós vamos nos casar.

— Claude sabe? — perguntei.

— Sabe — respondeu ele. — Telefonei para pedir a permissão dele. Vamos a Paris para o casamento.

Aquilo me feriu mais do que qualquer coisa. Levantei o queixo tentando impedir as lágrimas de me escorrerem pelas faces. Minha voz saiu baixa e áspera, como um grasnado, por causa do esforço para falar com aquele nó que eu tinha na garganta.

— Eu sou casada — consegui balbuciar. — Por que você não deveria ser?

Aspargos com vinagre balsâmico

Esta é uma receita extremamente simples: tudo o que ela requer são aspargos bem grossos e carnudos, excelente vinagre balsâmico e alguns dedos.

Como você vai querer que isto seja servido com generosidade, calcule uma porção de 450 gramas de aspargos por pessoa. Compre os aspargos de talos mais grossos que puder, e escolha os que estão fechados na ponta. (Os aspargos se abrem quando ficam velhos, e não têm um sabor tão gostoso.)

Apare a base dos talos com um descascador de verduras. A menos que você tenha uma caçarola especial para aspargos, apare-os de modo que caibam em sua maior frigideira.

Encha metade da frigideira com água, deixe a água ferver e acrescente sal a gosto e então acrescente os aspargos. Cubra e deixe cozinhar de cinco a dez minutos, dependendo da grossura dos aspargos, ou até que os talos ainda estejam bastante firmes, mas macios o suficiente para com facilidade enfiar um espeto ou um garfo. Não cozinhe demais; eles ficam pastosos, sem consistência.

Escorra bem. Divida-os em duas travessas, arrumando-os de maneira atraente. Polvilhe com sal marinho.

Sirva com um pratinho de vinagre balsâmico para mergulhá-los. Insista com seus convidados para que usem os dedos para comer.

A massa com vieiras de Michael

Fiz as anotações da receita deste prato numa tarde em que Jonathan estava fazendo experiências com alguns pratos na cozinha. Minhas anotações ficaram bastante vagas, de modo que Lori Powell, que testou as receitas para este livro, fez uma revisão completa e modificou as instruções. Mas gosto do resultado; este prato tem o frescor, a simplicidade e a qualidade suntuosa que caracterizaram os pratos que Michael serviu logo que inaugurou seu restaurante. O prato depois se transformou em uma massa com vieiras e molho de creme ao chardonnay, *uma das receitas com a assinatura de Michael.*

INGREDIENTES

1 xícara de caldo de peixe
1 xícara de creme de leite grosso
250 gramas de vieiras, limpas, sem os músculos duros
sal e pimenta
250 gramas de massa fresca tipo linguine
1 colher de sopa de suco de limão fresco, ou a gosto
85 gramas de caviar amarelo

Guarnição: 12 folhas de estragão fresco e 12 de manjericão fresco

Ferva o caldo de peixe numa caçarola grande até reduzir o caldo a ¼ de xícara (cerca de quatro minutos). Acrescente o creme e, com cuidado para não deixar o creme ferver, cozinhe em fogo brando até reduzir a mistura a meia xícara (cerca de seis minutos).

Prepare a grelha para cozinhar.

Bata levemente as vieiras até estarem secas e tempere-as com sal e pimenta. Grelhe as vieiras numa chapa levemente untada com azeite até estarem ligeiramente cozidas (um a dois minutos para cada lado). Transfira as vieiras, assim que estiverem cozidas, para um prato coberto e mantenha-as aquecidas.

Cozinhe o linguine *em uma panela com capacidade para seis a oito litros de água salgada, fervendo, até ficar* al dente. *Reserve meia xícara da água do cozimento e escorra a massa em um escorredor. Ponha a massa de volta na panela e misture, sacudindo levemente de um lado para o outro, com o creme, ¼ de xícara do líquido da fervura da massa e o suco de limão; acrescente sal e pimenta a gosto e aqueça em fogo moderado até estar tudo quente (acrescentando mais líquido, se necessário, uma colher de sopa de cada vez).*

Sirva a massa formando pequenos montes em pratos fundos. Cubra com as vieiras e o caviar. Guarneça com as folhas de estragão e de manjericão.

Serve quatro pessoas.

5

Alho é bom

Quando acordei, na manhã seguinte, estava estendida no sofá, na enorme e vazia sala de visitas da casa de Michael em Malibu. Abri os olhos e descobri Jonathan sentado em uma grande cadeira, observando-me com um olhar assustado.

— Você está bem? — perguntou. Eu gemi. — Você não estava em condições de dirigir ontem à noite — explicou ele —, e não sabíamos para onde devíamos levá-la. No final, acabei trazendo você para cá em seu carro.

Meus lábios estavam secos e rachados e minha cabeça parecia uma enorme melancia. Quando tentei me levantar, caí no chão. Depois de algum tempo, finalmente consegui ficar de pé o tempo necessário para completar o percurso até o carro, e fiquei sentada ali por um momento, respirando fundo e esperando que a náusea passasse.

A viagem pela estrada costeira, cheia de curvas, foi torturante; o sol estava muito forte, seus raios perfuravam minha testa e apunhalavam meus olhos. Meu estômago tinha se tornado uma criatura separada e alienígena cuja única missão na vida era atacar.

Eu mal me recordo do vôo de volta para Berkeley e o percurso do aeroporto para casa foi misericordiosamente apagado de minha memória. Subi as escadas me arrastando, com a cabeça latejando a cada degrau e mergulhei, agradecida, em minha cama.

Talvez fosse pneumonia, declarei. No mínimo, era uma gripe. Não era tudo uma mentira absoluta; durante dias, eu me senti febril e nauseada, como se estivesse ardendo de febre. Engolir qualquer coisa, até água, era impossível. Fiquei deitada na cama, de rosto virado para a parede, sentindo-me como se meu mundo tivesse acabado.

Doug voltou para casa para cuidar de mim. A sua solicitude me partiu o coração. Ele me trazia compressas frias e copos de água gelada, e, quando não consegui mais fingir que minha doença fosse física, falou sabiamente sobre a depressão que, com freqüência, se segue a uma febre.

Se ele soubesse, pensei para comigo mesma, e mais uma vez me senti profundamente horrorizada com a maneira como o havia traído. Eu o escutava trabalhar em seu estúdio, encontrando conforto nos sons familiares, pensando que talvez pudesse me resignar a uma vida sem filhos.

Se pudesse, gostaria de ficar na cama para sempre, gostaria de esquecer que um dia havia embarcado naquele episódio lastimável. O telefone não parava de tocar, mas eu me recusava a atender. Sabia qual era o motivo das chamadas: Colman ia se casar com uma outra editora da revista e todo mundo queria conversar a respeito disso. A única pessoa a quem fui tola o suficiente para atender me informou que Colman e sua noiva já estavam namorando há vários meses.

— Mas eles tiveram que manter o namoro escondido — confidenciou a mulher — porque ele estava vivendo com uma outra pessoa. Ninguém sabe quem é.

Depois disso, simplesmente deixei de atender o telefone, mas ainda tinha que entregar o artigo a tempo para o fechamento da edição. Três dias antes da data da entrega, arrastei-me para fora da cama e desci até meu escritório.

Olhei fixamente para a folha de papel em branco por um momento e depois, de repente e de forma inesperada, a primeira linha me veio à mente. "No *kit* que enviaram para a imprensa", datilografei, "eles mais parecem astros de *rock* de uma banda chamada The Chefs do que pessoas que realmente cozinham." As palavras saíam em jorros. Escrever o artigo me salvou. Se na verdade se poderia dizer que eu o escrevi: o artigo pareceu se escrever sozinho. Ficou pronto em três dias e, depois disso, descobri que, mais uma vez, eu conseguia comer.

Quando Colman telefonou para discutir o que eu havia escrito, o som da sua voz trouxe tudo de volta, e eu tremi com tamanha violência que quase não conseguia segurar o telefone. A conversa foi rápida: ele estava frio como gelo e só falou de trabalho. Colman se casou e, durante semanas depois disso, eu me torturei telefonando para o seu apartamento, mas sua mulher sempre atendia e a cada vez que ouvia a voz dela eu batia o telefone no gancho.

— Pare de fazer isso — disse Colman da primeira vez em que liguei para ele no escritório. Quase um mês havia se passado, e o som da sua voz havia se tornado um pouco menos doloroso.

— De fazer o quê? — respondi tão inocentemente quanto pude.

— Você sabe — disse ele. — Isso deixa minha mulher maluca.

— Não sei de que você está falando — respondi, com toda a dignidade que consegui reunir. — Preciso conversar com você sobre um trabalho. Quero escrever uma matéria sobre alho.

— Alho? — perguntou ele. — Quem se interessa por alho?

— Berkeley se interessa por alho — respondi, embarcando no discurso que havia preparado. Meu plano era exorcizar Paris ao fazer um retorno às minhas raízes. Que interesse eu tinha por champanhe e caviar? Eu era uma garota de Berkeley e ia escrever a respeito de uma coisa bem terra e fundamental, de uma coisa elementar, uma coisa que realmente tivesse importância.

Falei a Colman sobre Les Blank, um cineasta de Berkeley que estava fazendo um filme sobre alho. Colman não se mostrou nem um pouco receptivo. O Museu de Arte Moderna de Nova York estava apresentando uma retrospectiva da obra de Les Blank, mas ninguém em Hollywood jamais ouvira falar de seu filme clássico que se tornara *cult*, *Spend It All*. Expliquei tudo sobre *The Garlic Book*, um grande campeão de vendas em Berkeley, mas, uma vez que não era um livro obrigatório na Cidade das Ilusões, Colman não se importava nem um pouco. Tentar interessá-lo pela obsessão de Berkeley com lingüiça de alho parecia uma tarefa impossível, e eu desconfiava que um restaurante na High Sierra, com um cardápio inteiramente dedicado ao alho, não teria nenhum fascínio para ele. Mas eu sabia que havia uma coisa em Berkeley que seria capaz de despertar a atenção de Colman.

— Alice Waters... — comecei a falar, e fui recompensada com um rápido suspiro — ...faz um festival anual de alho.

— Ela faz? — perguntou ele.

Eu sabia que conseguiria convencê-lo.

— Estou surpreendida que você não saiba — comentei, satisfeita comigo mesma.

Houve um silêncio. Então, muito lentamente, ele cedeu.

— Pode ser que você realmente tenha alguma coisa que valha uma matéria — admitiu ele. — Ela aceitará falar, dar uma entrevista?

— É claro — respondi com uma certa dose de orgulho —, ela me dará uma entrevista. Nós duas somos de Berkeley.

Encontrei Alice parada, diante da lareira aberta na cozinha do Chez Panisse, cortando alho em rodelas finas e depois enfiando-as sob a pele de vários patos roliços. Um grande ramo de flores de macieira emoldurava-lhe a cabeça: o Chez Panisse tinha a única cozinha profissional decorada com flores que eu conhecia.

Ela largou a faca quando me viu.

— Um artigo sobre alho? — perguntou, limpando as mãos no avental. — Seria perfeito. O próximo jantar do festival do alho vai ser beneficente, para levantar fundos para que Les possa acabar o filme. Um bom artigo numa revista daria uma força. O que posso fazer para ajudar?

— Me dê os *menus* dos últimos festivais — respondi. — Tenho que convencer um editor descrente de que é uma bela idéia. Ele mora em Los Angeles e não acha que alguém esteja interessado por alho.

Alice deu um pequeno suspiro e me lançou um olhar de simpatia.

— É claro — disse ela. Limpou as mãos de novo e acrescentou: — Deixe-me encontrar alguns dos exemplares bonitos. — Ela foi para seu escritório e de lá gritou por sobre o ombro, já em tom de cúmplice de minha conspiração: — E se isso não funcionar, talvez possamos pensar em alguma outra coisa.

— Não se preocupe — disse-lhe quando ela voltou com os cardápios. — Esses *menus* vão resolver o problema.

Colman me telefonou assim que recebeu os *menus*.

— Tripas grelhadas com alho, ervas e migalhas de pão parecem ser uma maravilha — comentou ele, consultando o *menu* do primeiro festival. — E o peixe cozido com tomate e *aioli* batidos no caldo de peixe. E adoro a idéia de figos frescos, queijo branco e mel ao alho. — Ele começou a ler os pratos do segundo ano, parando quando chegou à receita de Troisgros para pombas assadas recheadas com alhos inteiros. — Nós deveríamos ter ido ao restaurante de Troisgros quando estivemos na França — disse em tom sonhador. Por um momento foi como se as últimas semanas nunca tivessem acontecido. Então ele se lembrou e emendou rapidamente. — Imagine só que delícia não deve ser macarrão japonês de trigo sarraceno com algas em molho de soja, alho e cebolinha-capim.

— Que festival foi esse? — perguntei, na esperança de recuperar o sentimento.

— O terceiro — respondeu ele. — Ela serviu esse prato depois do alho assado sob cinzas. E antes dos leitões de leite amamentados por porcas alimentadas com alho. — Ele se calou por um momento e perguntou: — Você acha que os leitões realmente tinham gosto de alho porque as mães foram alimentadas com alho?

— Alice me garantiu que tinham um sabor muito poderoso — respondi roucamente. Minha voz estava ficando embargada: falar com Colman, de repente, tornara-se tão doloroso que eu teria dito qualquer coisa para fazê-lo desligar o telefone. Mas nossa conversa tinha chegado ao fim.

Os *menus* tiveram o efeito desejado, e Colman havia se convertido à causa do alho.

Não demorou muito para que ele parecesse convencido de que a idéia inicial tivesse sido sua. Ou talvez isso fosse apenas uma encenação: talvez ele quisesse apenas reforçar a noção de que nosso relacionamento agora era estritamente profissional. Qualquer que fosse o motivo, ele ficava o tempo todo me passando dados estatísticos. Eu por acaso sabia que o consumo de alho havia aumentado 200% em dez anos? Eu tinha conhecimento de que a Califórnia produzia 90 % do alho consumido na América? Ele queria que eu fosse visitar uma fazenda que cultivava alho. Queria que eu passasse algum tempo com Les Blank. Queria que eu entrevistasse Alice Waters. E não havia um restaurante nas montanhas cuja especialidade era alho?

Eu não tinha nenhuma vontade de ficar no telefone com ele, de modo que me abstive de recordar Colman de que algumas semanas antes esse restaurante o entediava até as lágrimas. Apenas respondi que Les estaria viajando para Truckee, naquele fim de semana, para filmar os donos do restaurante e que iria levar com ele um fabricante de lingüiça.

— Você também tem que ir! — exclamou Colman. — Poderia montar a matéria inteira ao redor dessa viagem!

Doug me levou de carro até a estação de trem.

— Estou contente por você estar se sentindo melhor — comentou, acariciando minha mão. — Agora está com as faces coradas como antes. Esta viagem parece que vai ser divertida.

— Por que você não vem comigo? — perguntei. — Você adora alho, adora os filmes de Les Blank e adora as montanhas.

— Bem que eu gostaria de poder ir — respondeu ele. Achei que havia percebido um tom desejoso em sua voz. — Mas tenho trabalho demais para fazer aqui.

— É só por um fim de semana — argumentei, mas ele fez que não, sacudindo a cabeça.

Les estava na estação, parado ao lado do fabricante de lingüiça, um homem enorme com uma barba desgrenhada. Ao lado deles havia uma pequena montanha de equipamento de filmagem.

— Eu lhe passo o equipamento — ofereceu Doug, enquanto o trem entrava chiando com estridência na estação. Subimos a bordo enquanto Doug ficava na plataforma passando luzes, tripés e câmeras pela janela. Quando a última câmera foi embarcada, o trem arrancou com um tranco. Olhei para fora, observando Doug tornar-se cada vez menor na distância.

O assento repentinamente afundou ao meu lado e a cabeça desgrenhada do homem que fazia lingüiças se refletiu na paisagem da janela, como um grande búfalo obscurecendo o cenário. Ele se ajeitou no assento e eu me virei para perguntar:

— Por que você veio nesta viagem?

— Eu sempre quis visitar La Vielle Maison — respondeu. — Robert Charles é um sujeito um bocado interessante. Ele era estranho demais para ficar na França. Você sabia que numa ocasião ele teve um restaurante em San Francisco que só servia carneiro?

— Você está brincando, não é? — comentei.

— Não — retrucou ele com sinceridade. — Teve mesmo. A coisa mais engraçada é que ele realmente teve sucesso com o restaurante; vivia cheio, não se conseguia nem entrar no lugar. Agora ele está interessado em alho. Gosto do espírito criativo do sujeito, quero ver o que anda fazendo.

Eu apontei para a caixa de lingüiças ao lado do seu assento.

— Seu interesse é profissional? — perguntei.

Ele sorriu, o que fez com que parecesse ainda mais com um homem selvagem.

— De certa maneira — admitiu. — Venho pensando em deixar meu emprego fixo e em vez disso vender lingüiças. Quero ver o que Robert acha de minhas lingüiças de alho.

— Em que você trabalha agora? — perguntei e fiquei surpreendida ao saber que aquele homem grandalhão e peludo tinha um doutorado em biologia.

— Mas eu realmente gostaria de trabalhar no ramo de comida — disse ele. — É tão mais divertido. Quero ver se consigo viver de vender lingüiças. Você acha que poderia dar certo?

Eu não queria desencorajá-lo, mas aquilo me parecia uma possibilidade muito remota. De modo que balbuciei alguma coisa gentil e sugeri que fôssemos para o vagão restaurante. Como eu poderia ter adivinhado que Bruce Aidells um dia se tornaria o rei da lingüiça na América?

O dia tinha se apagado aos poucos, transformando-se em escuridão quando finalmente atravessamos as montanhas e chegamos à estação de Truckee. O ar parecia um cristal quando saltamos do trem e nossa respiração tornou-se visível. Para um grupo em busca do santo graal do alho, aquilo parecia profético.

Imediatamente tornou-se claro que não teríamos nenhuma dificuldade para localizar La Vielle Maison: da estação podíamos sentir o cheiro do restaurante. A fragrância tornou-se mais forte à medida que caminhávamos pela rua principal de Truckee, passando por dilapidados prédios de madeira que davam à cidade inteira a atmosfera de um falso cenário de filme de bangue-bangue.

A trilha do alho acabava defronte ao que teria sido o bar e estalagem.

— Charlie Chaplin ficou hospedado aqui quando estava filmando *A corrida do ouro* — comentou Les, parecendo satisfeito. Havia um homem parado na porta, com a barba bem aparada, camisa preta e reluzentes cabelos cor de prata, ele próprio poderia ter saído de um filme de Chaplin. Ao redor do pescoço, pendurado num cordão grosso, usava um dente de alho de prata.

— Sou Robert Charles — apresentou-se, inclinando-se numa reverência teatral e convidando-nos a entrar.

O salão de jantar era iluminado apenas por luz de velas, que lançavam sombras fugidias pelas paredes. Um bar rústico ocupava uma parede do salão; o centro inteiro era ocupado por uma comprida mesa de madeira cheia de garrafas de vinho e de bisnagas de pão. Descarregamos o equipamento e nos reunimos ao redor da mesa enquanto Robert servia o vinho. Subitamente o aroma de alho aumentou, tornando-se tão forte, tão poderoso que era como se uma enorme criatura tangível tivesse entrado abarrotando o salão. Mas era apenas uma mulher usando uma saia curta, justa e trazendo duas grandes tigelas. Ela as colocou sobre a mesa, afastou os longos cabelos negros dos olhos, e anunciou:

— *Aioli!*

— Esta é minha mulher, Amora — disse Robert, sentando-se.

Amora trouxe longas bisnagas para mergulharmos na maionese de alho, que era de consistência macia, de sabor leve, rico e delicioso. Comer o *aioli* era como dar mordidas em nuvens saborosas. Enquanto comíamos, Robert contou histórias de sua terra natal, a Provence, onde as mulheres sentam ao sol com almofarizes apertados entre as coxas gordas, furiosamente socando alho para fazer *aioli*. Enquanto eu ouvia, meus olhos tornaram-se pesados e eu comecei a mergulhar numa estranha e sonolenta euforia.

— Ah — comentou Robert —, ela está sentindo o efeito do alho. — Ele deu uma palmadinha em meu ombro. — Agora você sabe por que nós gostamos tanto de alho.

Envoltos nessa neblina de alho, passamos ao jantar: sopa de alho e torta de alho, miolos cozidos em manteiga dourada com alho e sálvia. Depois foi servido um *boursin,* o queijo preparado com alho, como sobremesa. Nós estivemos à mesa, comendo, durante seis horas — sem contar as rabanadas que havíamos consumido no trem — e, de alguma forma, eu não estava empanturrada.

— Pois é, é assim mesmo — comentou Robert sabiamente —, isto também é o efeito do alho. Você nem sequer se sente empanzinada depois da refeição, e sim cheia de energia, *non*? — Ele gesticulou para Les. — *Monsieur* Les, creio que agora está na hora de começar a filmagem.

— Vocês vão filmar agora? — perguntei. Parecia-me muito tarde.

— Nunca é tarde demais — respondeu Robert — para a massagem de alho.

— Massagem de alho? — perguntei. — Que massagem de alho?

— A que fazemos no sul da França — disse Robert. — Não existe nada que se pareça com ela.

Olhei ao redor para ver quem poderia ser a pessoa que receberia a tal massagem.

— Não existe nada melhor para a pele de que *aioli* — declarou Robert em tom insinuante. — As arlesianas massageiam a pele com *aioli* para repelir insetos e para obter o bronzeado. E que cheiro celestial elas têm, uh-lá-lá! — Ele beijou os dedos em minha direção.

Eu havia acabado de pensar que poderia ser divertido entregar meu corpo ao azeite de oliva, ovos e alho, quando ele olhou para Les e acrescentou:

— Seu filme é sério demais, *monsieur* Les. Pense em como isso será bom para o filme.

Monsieur Les ficou com uma expressão desejosa, eu recuperei os sentidos e emergi de meu atordoamento. Até uma garota de Berkeley tem seus limites. E ficar nua em um filme estava além dos meus.

— Eu não — declarei com firmeza. — Sou uma repórter. — Passei a mão em meu bloco de anotações e o segurei como um escudo. — Estou aqui na qualidade de observadora objetiva. Minha tarefa é fazer as anotações a respeito de tudo isso. Por que não fazer a massagem em Bruce?

Robert observou o homem grandalhão ao meu lado. Ele estremeceu visivelmente.

— *Monsieur* Bruce? — exclamou com estridência. — *Non, non, c'est impossible!* — Antes que eu pudesse dizer outra palavra, ele virou-se e examinou o salão. Quando se aproximou de uma loura jovial de cabelos muito compridos, ele estava quase correndo.

Nós o observamos inclinar-se persuasivamente em sua direção. Ele fez um gesto para Les, para a câmera, para mim, sentada ali com meu bloco de anotações. Ela sorriu, refletiu, lambeu os lábios. E então fez um pequeno gesto de assentimento, caminhou lentamente até o bar e tirou a roupa. A loura estendeu languidamente sobre o balcão de madeira. Robert flexionou os dedos. As câmeras rodaram. Trabalhando ao redor da mulher nua, Robert começou a fazer o *aioli*.

— Deve-se começar com quatro dentes de alho descascados — disse ele, sorrindo para os refletores. — Primeiro se soca o alho no almofariz durante meia hora. — Robert socou repetidamente e acrescentou: — O importante não é a quantidade de alho que se use: é o fato de que seja bem socado. Quando se vira o almofariz de cabeça para baixo sem que nada caia, significa que está bem socado. — Ele virou o almofariz para demonstrar.

— Então se acrescenta a gema de um ovo e um pouco de sal. E depois uma colher de sopa de boa mostarda. E agora, devagar, bem devagar, se acrescenta meio litro de azeite de oliva. Quando se tornar uma maionese espessa, se acrescenta o suco de um limão. *Voilà!* — Robert mergulhou um pedaço de pão em sua criação e comeu. Uma expressão de êxtase surgiu em seu rosto: parado ali, com as luzes dos refletores brilhando em seus cabelos cor de prata, ele parecia quase que um santo.

Robert se virou para a mulher estendida sobre o balcão do bar e começou a massagear o *aioli* em seus ombros. À medida que ele lentamente ia descendo e massageando seu corpo, ela começou a suspirar.

— É mesmo verdade que eles fazem isso no sul da França? — gemeu ela, enquanto ele começava a massagear a parte interna das coxas. Robert, atento ao trabalho de seus dedos, garantiu-lhe que faziam. A loura se calou, concentrada em encontrar seu próprio êxtase.

Les havia filmado tudo que precisava, de modo que voltamos para casa no dia seguinte. Era minha imaginação ou o trem realmente se esvaziou quando nós entramos? Será que as pessoas estavam fugindo para o vagão seguinte, lutando para respirar? Pareciam estar.

— E agora descobrimos um outro motivo por que alho é bom — comentou Bruce. — Veja só como esvaziamos o vagão! — Ele se esticou confortavelmente ocupando toda uma fileira de assentos. Eu também me deitei e, envolta nos vapores do alho, dormi a maior parte do caminho de volta para casa. Estava louca para ver Doug: pela primeira vez em semanas eu me sentia quase normal.

Doug tinha viajado.

— Doug me pediu para dizer a você que tinha ido para Seattle — comunicou-me Nick. — E que estaria de volta dentro de poucos dias.

— Mas ele estava ocupado demais até para ir a Truckee! — exclamei.

Nick sacudiu a cabeça.

— Tudo o que eu sei é que uma mulher telefonou para dizer que havia um projeto por lá que poderia ser interessante para ele.

— Uma mulher? — perguntei.

— É — respondeu Nick.

— Você vê alguma coisa suspeita nessa viagem, assim repentina? — perguntei. Nick me observou em silêncio por um minuto.

— Você se importaria se houvesse? — perguntou ele finalmente.

Os poucos dias se estenderam a uma semana. A semana transformou-se numa segunda semana.

— O que você está fazendo? — perguntei. Ele estava estudando os padrões de vento para uma harpa de vento; tinha uma idéia para um piano tocado pela chuva, mas precisava testar as cordas de metal; havia a possibilidade de fazer alguma coisa na Space Needle. As respostas eram específicas demais, como se ele as tivesse escrito antes de discar. À medida que os dias se passavam, comecei a achar cada vez mais difícil me convencer de que sua viagem fosse estritamente de negócios. Era bem-feito para mim, pensei, e não fiz perguntas.

Mas, agora que Colman estava fora de minha vida, eu não podia ignorar o que estava acontecendo com Doug. Houve uma época em que nós passávamos todos os minutos juntos, mas agora levávamos vidas separadas. Subitamente, sentia uma enorme falta dele. Desejei que me ligasse. Fiquei sentada, olhando fixamente para o telefone, desejando que tocasse. Quando tocou, agarrei o fone depressa, certa de que seria Doug.

— Oi, querido —, atendi feliz da vida.

A voz grave não era a de Doug.

— Aqui é o Les — disse a voz. — Quero convidar você para jantar.

Tentando não parecer muito desapontada, perguntei:

— Quando?

— Agora — respondeu ele. — Exatamente neste minuto. Um sujeito que conheci em um festival de cinema no interior do estado de Nova York está preparando um banquete em minha casa. Ele é um incrível cozinheiro chinês. Acho que você vai ficar maravilhada.

Eu tinha trabalho para fazer. Meu artigo não estava terminado. Estava vestindo um macacão e meu cabelo não estava penteado. Não estava com vontade nenhuma de ver ninguém.

— Venha — insistiu Les. — Este sujeito prepara coisas que você nunca provou antes. Garanto que não vai se arrepender. — Eu ainda hesitei mais um pouco e ouvi vozes murmurando ao fundo. — Alice falou para dizer a você que a comida chinesa exige o uso de muito alho e que eu talvez tenha que filmar esses pratos.

— Ela vai estar aí? — perguntei.

— É claro — respondeu ele, como se fosse impossível imaginar qualquer evento gastronômico em Berkeley que não incluísse Alice.

— Onde está o cozinheiro? — perguntei quando Les me conduziu até a cozinha. Ele indicou o fogão com o queixo e vi um homem alto, com uma massa de cabelos castanhos encaracolados pondo azeite em uma enorme panela *wok*.

— Este é Bruce Cost — disse Les.

O homem sorriu palidamente para mim e fiquei desapontada ao descobrir que não era chinês. Ele parecia aflito e desatento, e me arrependi de ter vindo. Comer comida chinesa feita por um sujeito branco, desconhecido, do interior de Nova York, não parecia de forma alguma merecedor de deixar de cumprir o prazo de entrega de meu artigo. Fiquei satisfeita por não ter me dado o trabalho de trocar de roupa para a ocasião.

— Será que você não consegue fazer este fogo ficar mais alto? — perguntou o cozinheiro. Les se inclinou para o fogão e deu uma espiadela no queimador. Ele mexeu no botão de controle.

— Você já botou no máximo — declarou. — Não fica mais alto do que isso.

— É preciso uma chama mais alta para fazer comida chinesa — insistiu o cozinheiro alto, olhando tristemente para a *wok*. — Não sei se isto vai dar certo...

Ah, não, pensei, ele já está arranjando desculpas. Eu estava tentando imaginar uma maneira delicada de pedir licença e ir embora, quando o sujeito foi até a geladeira, tirou uma travessa cheia de coisas encaracoladas de cor amarelo-âmbar claro e a entregou para mim. Eu recuei: fosse lá o que fosse, parecia terrivelmente com talharim de borracha.

— Por que você não leva isso para a sala de visitas e oferece às pessoas? — disse ele. Não era uma pergunta.

Olhei para ele furiosa, mas aceitei a travessa.

— O que é isso? — perguntei.

— Salada de água-viva — respondeu ele. — Eu estava planejando servi-la com torradinhas de camarão, mas com esta chama baixa vai demorar um bom tempo para conseguir deixar o óleo quente o bastante para os camarões. Acho que é melhor servir alguma coisa a essas pessoas agora. Pique um pouco daquele coentro e ponha em cima antes de levar a travessa. Ficará mais bem apresentado. Veja se pode encontrar uns pratinhos também.

Eu não sabia como havia me tornado a ajudante de plantão, mas não estava com disposição para discutir. Abri o armário mais próximo e encontrei alguns pratos.

— Quantas pessoas vão comer?

— Eu disse a Les para convidar uma dúzia.

— Você tem pauzinhos para comer ou alguma outra coisa?

— Na sacola, bem ali — disse ele, apontando para uma mesa coberta de verduras. — Também tem um cutelo.

A mesa estava uma bagunça — a cozinha inteira estava uma bagunça — e me descobri tentando abrir um espaço para picar o coentro. Enquanto o fazia, ocorreu-me que eu não tinha visto nenhum dos outros convidados que estavam na festa, e larguei o cutelo sobre a mesa e limpei as mãos.

— Vou até lá só para dizer um alô às pessoas — disse a ele. — Volto em um instante.

— Não — retrucou em tom imperioso. — Trate de picar o coentro e leve esses pratos para lá. Eu tenho que servir alguma coisa a essa gente. Veio uma jornalista que Les convidou, uma pessoa que ele acha que poderia me ajudar a encontrar trabalho. Les me disse que ela não queria vir, e não quero que ela vá embora com fome. De modo que trate de levar esse negócio para lá e diga alô enquanto estiver oferecendo a travessa.

— O.K. — respondi cheia de ressentimento. Perdida em meus pensamentos, mal tinha ouvido o que ele dizia, mas ouvira o suficiente para compreender que eu não tinha escapatória. Piquei o coentro, apreciando o perfume adstringente das folhas delicadas e salpiquei os pedacinhos verdes e frescos sobre os caracóis. Então peguei a bandeja e a levei para a sala vizinha.

A maioria dos convidados eram pessoas que eu conhecia do Pacific Film Archive, que ficava bem ao lado do The Swallow. Bruce Aidells também estava lá e fiquei satisfeita ao vê-lo. Alice se aproximou de mim, deu-me um abraço rápido e tirou a travessa de meus braços.

— Deixe que eu sirvo isso — disse ela. — É água-viva, não é? Tome, prove um pouco.

A salada estava muito gostosa, fresca e ligeiramente crocante, com um sabor de gergelim. Enquanto eu comia mais um pouco, Alice me deu um empurrão de leve na direção da cozinha.

— Deixe que eu cuido disso — disse ela. — Por que você não volta para a cozinha e conhece Bruce?

— Já tive esse prazer — resmunguei, mas me pus a caminho. Eu o encontrei, parecendo mais aflito do que antes, pondo as torradas de camarão na *wok*.

— Adorei a salada — disse-lhe, tentando ser simpática. — Estava muito boa, muito boa mesmo. — Ele me lançou um olhar distante e disse:

— É claro que estava — enquanto jogava mais um quadrado claro no óleo quente. — Isto aqui também vai ficar bom. — Ele observou impassivelmente enquanto o pequeno quadrado afundava e depois subia flutuando à superfície. Olhou fixamente para a superfície, esperando que a torrada dourasse antes de tirá-la do óleo.

— Pelo que estou vendo, você conseguiu botar o fogo alto.

— Na verdade, não — disse ele, com um traço de amargura. — Virginia Lee, que me ensinou a cozinhar, não aprovaria. Mas temos que nos virar com o que está disponível. Vá, trate de encontrar uma travessa ou alguma coisa para servir isso.

Quando voltei com a travessa, ele me entregou a escumadeira e instruiu:

— Tire-as quando ficarem douradas. Sirva enquanto estiverem quentes. Estou grato por você estar aqui: tenho tanta coisa para fazer.

— O que mais vamos comer? — perguntei.

Ele levantou a tampa de uma grande *wok* e um aroma inebriante veio flutuando em nossa direção.

— Bucho de porco — respondeu, mostrando um retângulo de carne cozinhando em fogo baixo, em um líquido escuro cravejado de gengibre, cebolinhas e anis-estrelado. — Recheei com uma mistura de sua própria carne picada com pinhões, e estou cozinhando em molho de soja com açúcar cristal. Depois vamos comer uma galinha assada simples. Linguado cozido no vapor com gengibre e cebolinhas. Broto de repolho chinês com cogumelos. Nada de muito requintado. Mas o bucho de porco é um prato tão forte e rico que não se pode servir mais nada de muito requintado.

— Pela descrição, promete ser maravilhoso — comentei, perguntando-me quanto daquele banquete eu deveria cozinhar.

— Vou lhe mostrar o que fazer com os cogumelos quando você acabar com isso — disse ele. — Estou muito grato por sua ajuda.

Ele evidentemente acreditava que eu tivesse vindo para ajudá-lo na cozinha e me pareceu que seria grosseria dizer-lhe que eu era apenas uma convidada. Além disso, ele precisava de ajuda. Decidi considerar a situação uma oportunidade.

— Como foi que você se tornou cozinheiro especialista em cozinha chinesa? — perguntei.

— Li um artigo sobre Virginia Lee no *The New York Times* e decidi ter uma aula com ela. Eu estava trabalhando para uma grande corporação, morando no interior do estado de Nova York, mas alguma coisa me levou a dirigir até a cidade naquela primeira ocasião — relatou ele. — E depois, não sei, simplesmente me pareceu a coisa certa para mim.

— Amor à primeira vista? — minha intenção era ser irônica, mas ele não percebeu.

— Exatamente! Senti que finalmente havia encontrado o que deveria fazer na vida. — Enquanto ele falava, eu podia imaginar a presença régia de sua professora e compreender sua crescente obsessão com as aulas. — E assim — concluiu ele —, comecei a fazer serviços de bufê. Foi em um desses que conheci Les. Fui o fornecedor de comida e bebida de um festival de cinema em Rhinebeck, onde moro. — Ele se corrigiu. — Isto é, onde morava. Acabei de me mudar de lá.

— Você se mudou para cá assim, de estalo? — perguntei.

— Pois é — respondeu ele com simplicidade. — Larguei meu emprego. Me pareceu que se houvesse algum lugar na América para alguém que quisesse se dedicar à cozinha, tinha que ser Berkeley.

— Imagino que sim — retruquei.

— Mas é verdade! — exclamou ele. — Olhe só para isto. Les me convidou para vir aqui porque achou que a tal jornalista poderia me ajudar de alguma maneira. E ele me apresentou a Alice Waters, quer que ela me dê um emprego.

— Você é bom a esse ponto? — perguntei.

— Sou — respondeu ele, como se fosse uma simples afirmação de um fato, não presunção ou jactância. Uma torrada de camarão subiu borbulhando à superfície e eu a virei, observando o óleo espumar ao redor de suas beiras.

Quando havia um número suficiente delas, ele empilhou as torradinhas quentes, salpicadas de gergelim numa bandeja e me empurrou em direção à porta.

— Você tem que fazê-los comer enquanto elas estiverem quentes — instruiu. — Mas volte depressa, porque tenho que lhe mostrar o que fazer com os rins de porco.

— Eu detesto rins — não pude deixar de dizer.

— Não os que eu faço, tenho certeza de que não vai detestar — declarou ele confiante. — Você nunca comeu rins preparados assim. Com o método chinês, se forem feitos corretamente, são pura textura. Mas você tem que botá-los de molho, e botá-los de molho, e botá-los de molho, trocando a água constantemente, até que todo o sangue e o sabor tenham sido retirados. Você vai ver.

Eu estava em dúvida, mas não disse nada e quando voltei para a cozinha ele me mostrou como assar grãos de pimenta Szechuan para a salada. Eu nunca tinha visto aquele tipo de pimenta antes e fiquei maravilhada com os pequeninos grãos vermelhos e o aroma forte, perfumado e picante que se tornava mais intenso à medida que eles cozinhavam, subindo para picar meu nariz.

— Quando os grãos de pimenta estão tão fragrantes que a gente quase não se contém ao sentir o delicioso perfume que exalam — disse ele —, é porque estão cozidos. Então está na hora de salpicá-los sobre os rins. Serão o primeiro prato.

— E depois?

— Depois vamos comer o peixe, porque é o que cozinha mais depressa. Venha dar uma olhada no linguado que comprei. — Ele abriu a geladeira e me mostrou um peixe grande, achatado, de olhos límpidos.

— Como soube onde comprar o peixe se acabou de chegar à cidade? — perguntei.

— Ah — disse ele alegremente —, apenas fui ao bairro chinês.

— E como você soube que peixe deveria comprar?

— Comprar peixe no bairro chinês é fácil. Qualquer bairro chinês. Você simplesmente escolhe o peixe mais caro que eles tiverem. Os chineses acham que seus clientes sabem o que estão fazendo. E as galinhas lá estavam fabulosas. Veja só isso! — Ele levantou uma galinha com uma pele muito marrom.

— Como encontrou uma com a pele marrom?

Ele deu uma gargalhada.

— Ela não tem pele marrom. Eu esfreguei com molho de soja. Deixa a galinha mais saborosa. Vamos botar a galinha para cozinhar quando levarmos os rins para a mesa. E também assa muito depressa, ou vai assar, se eu conseguir deixar o forno bastante quente. — Ele abriu a porta do forno e enfiou a mão dentro. — Acho que vai dar.

A paixão de Bruce pela cozinha era tão contagiante que senti meu humor melhorar. Era um prazer vê-lo trabalhar; ele era alto demais para aquela cozinha, mas tinha uma economia de movimentos que fazia com que seu corpo parecesse fluido, como um músico. Movia-se como se tivesse nascido para estar ali, como se cada uma daquelas ferramentas se encaixasse confortavelmente em sua mão. Sua atitude imperiosa era irritante, mas apesar disso me descobri gostando dele.

— Diga-me, não é assustador simplesmente abandonar sua antiga vida e criar uma nova? — perguntei.

— É — respondeu ele com simplicidade. — Mas me casei cedo e tive filhos cedo. Tem que ser agora ou nunca. Se eu não fizer o que realmente quero agora, nunca farei.

Aquilo me soava familiar. Desejei-lhe sorte. Depois de algum tempo, perguntei.

— Você quer trabalhar com Alice?

— Você gosta de trabalhar com ela, não é? — perguntou ele. Bruce se inclinou para trás e acrescentou magnanimamente: — A propósito, vou fazer um elogio a você quando falar com ela. Alice me prometeu encontrar alguém bom para me ajudar e terei prazer em dizer a ela como você se saiu bem.

— Obrigada — respondi, de repente compreendendo a quem eu deveria agradecer por aquela experiência. — Você já conheceu a jornalista?

— Ah, não — respondeu ele —, não gosto de conhecer pessoas desse tipo quando estou cozinhando, prefiro mil vezes ficar por aqui na cozinha conversando com você.

Esperei até o jantar ter acabado para dizer a Bruce que na cozinha ele estivera conversando com uma jornalista. O momento não poderia ter sido mais perfeito. A comida que ele havia preparado estivera tão extraordinária que Alice o havia convidado para preparar um jantar especial no Chez Panisse. O editor de *The Garlic Book* tinha lhe pedido que escrevesse um livro sobre gengibre. Tudo que eu pedi a ele foi que preparasse uma outra refeição para mim, mas, na verdade, não precisava nem pedir. Àquela altura, nós éramos amigos. Um jantar em Berkeley já tinha mudado a vida de Bruce.

— Cozinha chinesa? — perguntou Colman no dia seguinte, quando lhe falei sobre o jantar. — Agora você quer escrever sobre cozinha chinesa? Será que você poderia, por favor, acabar de escrever o artigo do alho antes de discutirmos o assunto?

— Está quase pronto — jurei. — O jantar é hoje à noite.

— Eu gostaria de poder estar aí — disse Colman.

— Eu também gostaria que você estivesse — respondi. Mas quando disse isso, me dei conta de que estava apenas sendo educada. O alho havia feito sua magia e não era Colman que eu queria ao meu lado no jantar superespecial de Alice.

Mas Doug ainda estava em Seattle. Não achava que fosse conseguir estar de volta a tempo. Nem mesmo sendo para um jantar espetacular no Chez Panisse.

O vinho estava forte. O alho estava pungente. Um grande cantor de flamenco chamado Anzonini Del Puerto, outro cidadão de Berkeley, cantou suas canções selvagens e solitárias enquanto a neblina familiar descia sobre a mesa. Não demorou muito para que o salão inteiro estivesse inebriado com a euforia do alho.

Envoltos nos vapores do alho, comemos *galantines* de pomba, pato e codorna com mosaicos de alho. Consumimos mais vinho enquanto peixes assados inteiros, magnificamente embrulhados em massa folheada de alho e borrifados com manteiga de lagosta, eram apresentados e servidos no salão. Travessas de carneiro à primavera foram trazidas, acompanhadas com guarnição de três purês perfumados em infusão de alho. Comemos a carne bebendo oceanos de um encorpado e sutil Zinfandel. Depois veio uma salada de rúcula temperada com gordura de ganso e *croutons* passados no alho, seguida por figos cozidos em mais vinho tinto, com merengues de alho. E mais vinho. Quando finalmente Les montou a câmera e filmou cada um de nós falando sobre por que adorávamos alho, eu estava enrolando a língua a cada palavra.

Mas me pus de pé diante da grande lareira do Chez Panisse, enfiei uma flor atrás da orelha e olhei de coração aberto para a câmera. Eu não tinha a menor idéia do que iria dizer.

E então tudo se esclareceu em minha mente. O artigo iria ser bom, e eu me senti em paz comigo mesma. Não sentia falta de Colman e não sentia falta de Doug.

— Se todo mundo comesse mais alho, o mundo seria um lugar mais feliz — declarei.

Naquele momento, acreditava em cada palavra.

A sopa la vieille maison

Robert Charles se orgulhava muito desta receita. Não é de admirar. Depois que você provar esta variação que ele criou da clássica sopa de cebolas francesa, nunca mais voltará à original.

INGREDIENTES

¼ de xícara de manteiga sem sal
6 cebolas grandes (em torno de 1,600 kg) picadas
4 dentes de alho grandes, picados
sal e pimenta a gosto
1 colher de chá de farinha de trigo
2 xícaras de vinho branco seco
4 xícaras de caldo de galinha
1 colher de chá de tomilho seco moído
4 ovos grandes
115 gramas de queijo Gruyère ralado
¼ de xícara de creme de leite grosso

Preaqueça o forno a 165°C.

Derreta a manteiga em fogo moderadamente alto em um recipiente grande de louça, que possa ir ao forno, com capacidade para oito litros. Cozinhe a cebola e o alho na manteiga acrescentando o sal e a pimenta a gosto, mexendo até a cebola estar macia. Acrescente a farinha aos poucos, mexendo, e deixe cozinhar durante um minuto. Acrescente o vinho, o caldo de galinha e o tomilho, e cozinhe a sopa em uma fervura lenta, mantendo-a descoberta, mexendo de vez em quando, durante 15 minutos. Cubra a sopeira e ponha para assar no meio do forno durante duas horas.

Com uma concha, sirva a sopa em quatro tigelas individuais de cerâmica que possam ir ao forno (com capacidade para 1½ xícara cada), acrescente e bata um ovo em cada uma. Salpique a superfície de cada uma com o queijo e asse no meio do forno até o queijo estar derretido, cerca de dez minutos. Retire as tigelas do forno e ponha uma colher de sopa de creme sobre cada porção.

Rende quatro porções.

O espinafre de Dottie

Quando pedi a Les sua receita de alho favorita, ele me deu esta. Não sei nem quem é Dottie. Eu sei, contudo, que a receita dela fará sua casa cheirar a alho durante dias e que os vapores chegarão à mesa antes da caçarola.

INGREDIENTES

900 gramas de folhas de espinafre frescas, sem os talos grossos
½ xícara de manteiga sem sal
2 cebolas, picadas
sal e pimenta a gosto
1 cabeça de alho, descascada e picada
½ colher de chá de pimenta-caiena
340 gramas de queijo cheddar, ralado
2 xícaras de migalhas de pão fresco

Lave bem o espinafre e escorra num escorredor. Ponha metade do espinafre ainda com a água nas folhas em uma panela funda com capacidade para oito litros e cozinhe em fogo moderado, coberta, mexendo de vez em quando, até as folhas ficarem ligeiramente murchas, cerca de um minuto. Acrescente o resto do espinafre e continue a cozinhar em fogo moderado, mexendo de vez em quando, até começar a murchar mais ainda, mantendo-se bem verde, cerca de mais um minuto. Escorra o espinafre em um escorredor. Quando o espinafre tiver esfriado de modo a poder ser manuseado, esprema o resto do líquido apertando-o em pequenos punhados e pique bem picadinho.

Preaqueça o forno a 175°C.

Derreta a manteiga em uma caçarola ou frigideira grande e funda em fogo moderado até baixar a espuma. Cozinhe a cebola na manteiga, com o sal e a pimenta a gosto, mexendo, até ficar macia, cerca de oito minutos. Sempre mexendo, acrescente o alho e a pimenta-caiena, e deixe cozinhar até o alho estar macio. Acrescente o espinafre e cozinhe, mexendo, por dois minutos.

Acrescente o queijo e cozinhe em fogo moderadamente baixo, sempre mexendo, até o queijo estar derretido e todos os ingredientes estarem bem combinados. Tempere a mistura com sal e pimenta e espalhe em uma travessa de pirex rasa, bem untada com manteiga, com capacidade para conter um litro e meio ou dois litros. Recubra por igual toda a superfície com as migalhas de pão e asse no meio do forno até a superfície estar castanho-dourada e borbulhante, de 20 a 25 minutos.

Serve seis porções como acompanhamento.

6

Tatus na China

— As duas coisas mais importantes da vida — disse meu pai, doente e hospitalizado — são a imaginação e o riso. Eles tornam qualquer coisa interessante. Até isso.

Ele apontou para a bandeja que tinha diante de si, na qual estavam dispostos um pedaço extremamente seco de uma substância que se dizia ser peixe, alguns fios flácidos de espaguete sem nenhum tipo de guarnição e os pedaços de polpa de fruta mais encharcados que eu jamais vi. Ele sacudiu a cabeça com uma fingida expressão de agonia.

— É uma desgraça ser reduzido a esta comida sem tempero, sem sal e sem sabor na minha idade. — Meu pai é, contudo, o homem mais bem-educado que jamais viveu e ele sempre limpava o prato por temor de ofender quem quer que fosse, nas cozinhas labirínticas do hospital, que o tivesse preparado.

— Como é que você consegue comer essa coisa? — perguntavam todos os visitantes, mas papai apenas dava de ombros.

— É apenas uma questão de força de vontade. Eu simplesmente faço de conta que é alguma coisa deliciosa. Às vezes até consigo sentir o sabor do que minha filha descreve. — Ele se virou para mim. — Onde vamos comer esta noite? — perguntou.

— revista *New West*, edição de novembro de 1980

Quando mamãe telefonou para avisar que meu pai tivera um derrame, Doug e eu nos encaramos sentindo-nos confusos. Sabíamos que estava com 80 anos, mas nunca parecera estar velho. Ele ainda ia ao seu escritório para fazer o projeto gráfico de livros todos os dias, mesmo nos fins de semana, e mostrava-se muitíssimo orgulhoso com o fato de 12 novos editores terem-lhe oferecido trabalho recentemente. Papai era um homem que ria da dor e que nunca estivera internado num hospital; nascido numa época em que os partos eram feitos em casa, nunca havia precisado de uma operação. Observando Doug, tive certeza de que o mesmo pensamento estava passando em nossas mentes: se papai estava doente, qualquer coisa era possível.

Então nos pusemos em ação. Doug cancelou sua próxima viagem. Eu agarrei os *menus* dos dois restaurantes de San Francisco sobre os quais estava escrevendo uma crítica, enfiei na minha valise entre as saias e suéteres e desci correndo as escadas. Dez horas depois, estávamos em Nova York, entrando no Beth Israel Hospital.

Meu pai estava reclinado numa grande cama de metal com tubos misteriosos serpenteando debaixo das cobertas. Seus olhos estavam baços e ele parecia fraco, mas abriu um largo sorriso quando nos viu e o brilho se acendeu em seus olhos. Então ele se lembrou de onde estava e o sorriso se apagou, transformando-se em uma expressão de constrangimento.

— Eu sinto muitíssimo por causar todo esse incômodo a vocês — desculpou-se. Apesar de tudo, não perdeu tempo e, no mesmo fôlego, virou-se para Doug e perguntou: — Você pode ir até o escritório? Tenho três trabalhos que prometi entregar ontem.

Os dois pareciam aliviados por transformar o quarto de hospital em uma área de trabalho, e tive um momento de intenso ciúme enquanto os observava de cabeça baixa, examinando os detalhes dos projetos de papai para os livros. Eles se entendiam tão bem que mal precisavam se falar; à medida que papai começava a desenhar a folha de rosto de um livro, Doug silenciosamente a concluía.

— Você não poderia ter se casado com um homem melhor — comentou papai depois que Doug saiu para ir para o escritório. — Você não tem idéia de como estou aliviado pelo fato de ele estar aqui.

Ansiosa para me comunicar com meu pai da maneira como Doug fazia, tirei os *menus* de minha valise.

— Agora será que me ajudaria com meu trabalho? — perguntei.

Papai ficou encantado.

— Mas é claro! — disse ele. Entreguei-lhe os *menus*.

— Veja se consegue adivinhar, só olhando para o tipo da composição, como são estes restaurantes — pedi.

Papai pegou os *menus* e passou os dedos sobre o texto impresso. Ele adorava tipografia: era algo que lhe falava ao coração. Eu simplesmente transcrevi o que ele disse. Conversar com meu pai nunca havia sido fácil para mim e nossos encontros com freqüência nos deixavam sem saber o que dizer. Mas naquele dia eu havia acertado no tom e as horas seguintes foram as mais agradáveis que papai e eu jamais tínhamos passado juntos.

Papai decodificou os restaurantes surpreendentemente bem e, quando acabou, estávamos os dois tão encantados com a experiência que continuamos, passando a fingir que estávamos comendo juntos. A enfermeira entrou exatamente quando estávamos acabando a "sobremesa" e ficou parada, dominada pelo espanto, observando-nos comer o nada.

— Delicioso este *cheesecake* — disse papai, sorrindo para ela.

Aquela talvez tenha sido a mais estranha crítica de restaurante jamais escrita, mas deixou meu pai feliz. Ele nunca havia se interessado muito por meu trabalho, mas escrever aquela crítica mudou tudo. Agora, ele dizia:

— Minha filha vai para a China — para todo mundo que se aproximava de seu leito. E então, como se fosse um distintivo de honra especial, acrescentava todo orgulhoso: — Ela vai visitar uma cidade que esteve fechada para caucasianos por mais de 30 anos. Está indo a trabalho, enviada por uma revista.

A *Metropolitan Home*, na verdade, quisera Colman para fazer aquele trabalho, mas ele havia sugerido que eu o substituísse.

— Você está interessada em comida chinesa — dissera quando me telefonara para falar sobre o assunto. — Achei que gostaria de ir.

— Está se sentindo culpado? — eu havia perguntado.

— Você quer o trabalho? — retrucara ele.

É claro que eu queria. Nove anos depois da primeira viagem de Nixon, a China ainda parecia remota, misteriosa e inexplorada. Meu pai adorava ficar folheando os folhetos turísticos, com suas esmaecidas fotografias de crianças dançando, vestidas de vermelho.

— Você verá coisas que nenhum americano jamais viu — observou papai. Quando protestei que não era nada assim tão exótico, ele leu em voz alta as palavras floreadas do folheto. — "Você terá a oportunidade de deixar para trás as pressões do século XX" — recitou solenemente. — "Viver a experiência" — prosseguiu — "de fazer uma breve jornada a uma outra época." — E continuou lendo, mencionando que o fato de que meu acesso à aldeia de Taishan seria irrestrito e que poderia ver "um estilo de vida mais natural". Mas para meu pai o ponto alto era o seguinte: — "Poucas pessoas" — leu — "viajaram pela China rural e retornaram inalteradas pela experiência."

— Mas eu não quero mudar — argumentei.

— Bobagem — retrucou meu pai —, todo mundo muda. — E então ele disse o que sempre dizia antes que a enfermeira chegasse com a deprimente bandeja de pastas viscosas e sem sal que os médicos estavam convencidos que fariam com que ele melhorasse: — Prometa-me que você irá. Mesmo se eu não melhorar. Mesmo se eu morrer. Você pode nunca mais ter esta chance novamente.

— Ele vai melhorar — eu disse a Doug quando saíamos do hospital. Balancei os braços no ar cinzento e úmido, consciente de como minhas pernas se moviam sem esforço caminhando pela calçada. Meu bom estado de saúde me parecia uma repreensão e, enquanto eu chutava copos de papel amassados e velhos palitos de picolé para fora de meu caminho, sentia-me tão leve que seria capaz de voar.

Doug tocou em meu braço, trazendo-me de volta à terra.

— Duvido muito — disse francamente. — Ele morrerá antes de se tornar um desses velhos patéticos confinados em casa. Não vai viver se não puder trabalhar.

— Ele está com 80 anos — argumentei. — Não precisa mais trabalhar.

— Ruth, pense um pouco — disse Doug. — Você realmente acredita que ele quer passar todo o seu tempo sozinho com sua mãe?

— Não — respondi, compreendendo seu ponto de vista. — Quando era pequena, invejava a maneira como ele podia escapar para o escritório, enquanto eu tinha que ficar em casa com ela. Lembro-me de uma ocasião, quando eu era bem pequena, anos antes de sabermos que mamãe era maníaco-depressiva, ela ia dar uma daquelas festas de arromba. Estava usando calças vermelhas modelo capri, e então decidiu limpar os armários. O corredor ficou cheio de pilhas de lençóis, montes de guardanapos e montanhas de cobertores. Na sala de visitas, travessas de prata, com canapés de ovos e queijo, bules de chá e colheres rodopiavam pela mesa de centro e pelas estantes, cobrindo todas as superfícies. E havia pilhas de galhos e gravetos empilhados no chão, parecendo fogueiras esperando para ser acesas.

— Gravetos? — questionou Doug.

— Sim. Ela costumava nos fazer ir para o campo no meio do inverno e cortar galhos de forsítias de modo que quando voltássemos à cidade pudéssemos forçá-los a florescer. Você tinha que botar o aquecimento realmente no máximo para fazer isso acontecer. Eu me lembro de papai de pé ali, com o suor escorrendo pelo rosto, enquanto pegava a pasta de trabalho. Eu também queria uma pasta.

— Não é de espantar — comentou Doug secamente.

— Então mamãe entrou na cozinha, arrastando uma toalha de mesa que tinha ficado presa no sapato dela. Quando eu dei uma risadinha, papai pôs o dedo na boca. Você sabe como mamãe detesta que se ria dela. Então ele a seguiu até a cozinha.

— Ela estava cozinhando? — perguntou ele, revirando os olhos.

— Tentando — respondi. — Estava com o *Life's Picture Cook Book* aberto no balcão, cercado por pilhas de ossos de coelho, montes de aipo, pilhas de cebolas e cenouras por descascar. Ela decidira tentar fazer a receita de lebre alpina ao Forum of the Twelve Caesars de Las Vegas*, esquecendo-se do fato de que a receita exigia quatro dias de preparo e a festa era no dia seguinte.

— O que o seu pai fez? — perguntou Doug.

— O que você acha? — perguntei. — Deu-lhe um beijo de despedida e disse: "Vou precisar trabalhar até mais tarde esta noite. Não fique acordada esperando por mim." Eu fui até a porta e fiquei com ele até o elevador chegar e me lembro de ter reparado na maneira como o corpo dele inteiro relaxou quando entrou no elevador, saindo de casa e a caminho do mundo do trabalho.

— Portanto, imagine como seria a vida dele sem trabalho — observou Doug. O sinal abriu. Eu pus a mão no braço de Doug.

— Você tem certeza de que ele não vai melhorar? — perguntei, enquanto atravessávamos a rua, descendo a Segunda Avenida em direção a Saint Marks Place.

— Talvez ele se recupere do derrame — disse Doug —, mas não creio que vá poder voltar a trabalhar. — Ele balançou a maleta que estava carregando e a indicou com a cabeça. — Tive que refazer cada um dos trabalhos. As mãos dele estão ficando trêmulas demais para continuar a desenhar os projetos das capas de livros. Eu não disse nada, mas tenho certeza de que ele sabe.

— O que você acha que ele vai fazer? — perguntei.

— Morrer — disse Doug com simplicidade. — Apenas morrer.

Fomos andando mais devagar, à medida que nos aproximávamos do apartamento de meus pais, relutantes diante da perspectiva de enfrentar minha mãe. Ela não estava aceitando muito bem a doença de meu pai. Em

---

* Restaurante localizado em um dos maiores hotéis de Las Vegas, o Caesars Palace. [N. do E.]

sua melhor forma, com um médico para atormentar ou uma burocracia para combater, ela era por temperamento inadequada ao ritmo lento e longo da recuperação. Mamãe lançou-se sobre nós quando abrimos a porta, como se tivesse estado de tocaia, à espera de ouvir o som do elevador.

— O que eu vou fazer se ele morrer? — perguntou enfurecida. — Eu serei apenas mais uma outra velha senhora sem homem. Como ele pode fazer uma coisa dessas comigo?

— Nós demos uma passada aqui para ver se quer vir conosco a Chinatown — disse-lhe. — Eu prometi a papai que encontraria alguém para me falar sobre a aldeia que vou visitar na China.

— Você e a sua viagem! — rebateu ela com desprezo. — Como você pode sequer pensar em ir para a China num momento desses?

— Mamãe — respondi cansada —, nós já conversamos a respeito de tudo isso antes.

— Pelo menos você fez a tentativa — comentou Doug, quando minha mãe se trancou no quarto. — Miriam — ele gritou pela porta —, estamos indo embora agora. Tem certeza de que não quer vir conosco?

Não houve resposta.

— Quer que a gente traga alguma coisa para você comer?

— Ah, não se preocupem comigo — respondeu ela em voz fraca. — Eu encontrarei um resto de bisnaga velha para comer enquanto vocês estiverem na rua se divertindo.

Eu ensaiei uma resposta, mas Doug pôs a mão no meu braço.

— Não se deixe fisgar pela provocação — disse ele.

Enquanto passávamos pela porta de saída, refleti por um momento em quanta coisa eu havia aprendido com meu pai. Meu casamento sempre tinha sido um refúgio.

Ainda era o final da tarde quando fomos caminhando em direção ao sul, passando pelo arco da Washington Square e depois pelas galerias de arte do SoHo.

— Como você vai encontrar pessoas para fazer perguntas sobre Taishan? — perguntou Doug.

— É fácil — respondi. — A maioria dos chineses que emigraram para a América nos anos 1800 era de Taishan. Houve uma enorme enchente, seguida por uma escassez de alimentos, e as pessoas vieram para este país para trabalhar nas estradas de ferro.

— Ah, é claro — comentou Doug. — Você vai entrar no primeiro restaurante que encontrar e gritar: "Alguém aqui tem parentes em Taishan?".

— Ainda não decidi exatamente o que vou fazer — admiti sem graça. — Mas se eu puder obter alguns detalhes verdadeiros sobre o lugar, vai deixar papai tão contente. É a única coisa que parece animá-lo. Talvez pudéssemos apenas entrar em algumas lojinhas e ver o que acontece. Você vai entrar comigo, não é?

— É claro que vou — respondeu Doug corajosamente. Ele fez uma careta, e eu me recordei de quanto ele queria bem a meu pai. — Se você realmente acha que vai deixá-lo contente.

Fomos descendo pela rua Mulberry; o bairro estava mudando à medida que, uma por uma, as lojas italianas se tornavam chinesas.

— Veja — disse Doug quando passamos pelo açougue do senhor Bergamini. A porta estava fechada e pregado na vitrine empoeirada havia um cartaz escrito à mão que dizia: MUDAMOS PARA LONG ISLAND. VENHA NOS VISITAR!

— Que pena! — exclamei. — Ele vai ficar tristíssimo lá nos subúrbios. Quem vai ouvir seus discursos políticos por lá? — Tive a impressão de ter ouvido a voz dele quando passei diante da loja.

— Os canalhas — estava dizendo. — Os fabricantes os suborn[illegible] Eles estão envenenando o ar porque são pão-duros demais para gast[illegible] dinheiro fazendo as coisas direito.

Lancei um olhar rápido pela vidraça e vi uma sombra gesticulando. Voltando atrás, aproximei-me, apertei o nariz contra o vidro e olhei para o interior: não havia mais nada na loja, estava vazia, mas lá estava o senhor Bergamini, ainda em boa forma, ainda reclamando da perfídia dos políticos com algum visitante desprevenido.

— Onde você andou? — perguntou casualmente, como se não tivessem se passado sete anos desde que eu estivera lá pela última vez, para comprar peito de vitela. Ele tocou no meu ombro e agarrou a mão de Doug apertando-a com firmeza. — Bom ver vocês.

— Para nós também é um prazer ver o senhor — respondi. A loja parecia abandonada, as vitrines reluzentes do refrigerador cheias de nada. O cheiro de detergente clorado e cera pairava no ar. — Mas lamento ver que está se mudando.

— Ah — disse ele, dando de ombros —, as coisas mudam. O bairro não é mais o que costumava ser. Os sujeitos dos laticínios ainda têm um bom movimento de negócios. As lojas de pastelões e tortas também. Mas agora a maioria dos clientes é de turistas. Não se pode vender carne para turistas, e os chineses compram de seus compatriotas. Eu me sinto como o último carcamano na rua Mulberry. Deveria ter-me mudado há anos. — Ele sorriu tristemente. — Vou ficar bem. Vou trabalhar com meu cunhado na ilha. Ele é dono de um lugar chique por lá. Chama de butique de carnes, diz que soa melhor que "açougue". Não vai ser meu próprio negócio, mas o que se pode fazer? — Com um esforço evidente, ele mudou de assunto e perguntou educadamente. — E vocês? O que andam fazendo atualmente?

Contei a ele sobre meu pai e ele disse todas as coisas certas. Então lhe contei sobre a viagem à China.

— Você tem que conhecer o senhor Chan! — exclamou ele. — Venha, vou levar você!

A simples idéia de ser útil a alguém parecia alegrá-lo; ele praticamente deslizou pela calçada, desviando-se de velhas senhoras sentadas em caixotes virados enquanto descascavam verduras, e de peixeiros pesando criaturas que se contorciam em balanças enferrujadas. O ar cheirava a gengibre, a alho, a tofu fermentado e me perguntei se Taishan teria o mesmo cheiro.

— Quem é o senhor Chan? — perguntei, enquanto Doug e eu corríamos atrás dele.

— Você vai ver — respondeu ele, reduzindo a marcha diante de um trio de lojas esquálidas. Na da direita havia uma porta de madeira que dizia CLUBE SOCIAL PARTICULAR, em letras pequenas. A da esquerda tinha uma vitrine cheia de equipamento de *pizza* empoeirado. Entre as duas havia uma loja pequenina com um letreiro que tinha LAVANDERIA FLUFF AND FOLD escrito na porta, com letras pretas. Um sino tilintou quando entramos. O cansado odor de poeira se elevou do assoalho irregular de madeira. O senhor Bergamini gritou:

— Chan! — e, energicamente, começou a cutucar as sacolas de roupa para lavar empilhadas no balcão, empurrando-as para o lado. Quando havia aberto um espaço grande o suficiente, um rosto pequenino, enrugado, emergiu de trás da montanha branca, piscando por causa da entrada súbita de luz.

— Sim? — respondeu, como se não conseguisse ver muito bem. E depois: — Ah, é você, Bergamini.

— Tenho uma amiga que quero que você conheça — disse o senhor Bergamini. — Ela vai viajar para a China e precisa de seus conselhos.

— Para onde vai? — perguntou o senhor Chan. Quando eu disse a ele, balançou a cabeça solenemente e entoou: — Toy San.

— Não — disse-lhe. — Taishan.

— Toy San — repetiu ele com indignação. — É assim que chamamos nossa aldeia.

— O senhor é de Taishan? — perguntei. — Quero dizer — me corrigi rapidamente —, Toy San.

— Vamos almoçar — anunciou o senhor Chan. Trancando a loja às suas costas, ele nos conduziu pela Mullbery e atravessando o Canal até um pequeno restaurante de frente para a rua. A cozinha ficava na vitrine, havia uma única panela *wok* e um caldeirão de onde subia vapor de água fervendo. O cozinheiro parecia velhíssimo, mas se movimentava com agilidade entre a *wok* e o caldeirão, envolto em nuvens de vapor. Acima de sua cabeça balançavam grandes pedaços de carne de porco em vermelho vivo, grelhada, entre patos marrons reluzentes e galinhas empalados em ganchos. Nas vizinhanças havia bandejas repletas de verduras cortadas, macarrão em diferentes formatos e estranhos emaranhados de carne. Nós nos sentamos numa mesa encardida, coberta com uma toalha de plástico. Em mesas por toda parte ao nosso redor, homens seguravam tigelas abaixo do queixo enquanto rapidamente empurravam a comida, com pauzinhos, para dentro de suas bocas abertas. Inalando o aroma forte e exótico de pés de galinha, gordura de porco e gengibre, de repente me senti faminta.

O senhor Chan se levantou e disse alguma coisa para o cozinheiro, falando rápido em cantonês, e o velho sorriu para mim com uma expressão gentil.

— Bom — resmungou ele, servindo um caldo em uma tigela e entregando-a ao senhor Chan. O senhor Chan trouxe-a para a mesa e a colocou diante de mim.

Olhei bem para a sopa transparente. No fundo havia macarrões, bolinhos de massa e pequenos caracóis trançados de cores branca e cinza que me esforcei para não identificar. Mas o vapor subindo da sopa era de uma fragrância inebriante e segurei a tigela com as duas mãos e beberiquei alguns goles. Era uma coisa maravilhosa e tomei mais um gole e depois outro.

O senhor Chan me mostrou como tirar os bolinhos da sopa com a colher e depois pegá-los com meus pauzinhos. Ele também comeu um e suspirou.

— É quase como estar em casa — comentou, os olhos quase fechados. — Em casa — repetiu. — Casa. Por que você vai a Toy San? — E então o tom de sua voz mudou e ele disse, quase zangado: — Não é lugar para turistas. Não há nenhum hotel.

— Ah, não — respondi —, o senhor está enganado. Vou ficar hospedada numa pousada, o Stone Mountain Flower Inn. É novo.

— Não — rebateu ele —, certamente não vai se hospedar lá. — Acenou para o garçom, que pôs na mesa uma travessa de leitão fatiado, a pele tostada e crocante sobre a carne leitosa e macia do animal. Ele pegou um pedaço delicadamente, com seus pauzinhos, e chupou a carne.

— Vou ficar sim — respondi. — Vou lhe mostrar meu itinerário.

— Mostre-me tudo o que quiser — disse ele. — Mas não vai se hospedar lá.

— Por quê?

— Por que — ele suspirou, e bem devagar, como se estivesse falando com uma criança muito pequena e teimosa explicou — ainda não foi construído. Você vai descobrir que está hospedada no Toy San Overseas Travelers' Hotel. E não vai gostar de lá.

— Por que não? — perguntei.

— Não tem ar condicionado. Nem água quente. Nem elevador.

— Isso não é problema — declarei, convencida de que ele estava enganado. Eu tinha visto fotografias do Stone Mountain Flower Inn. A *Metropolitan Home* havia me pedido que escrevesse sobre Taishan como a nova grande destinação turística para americanos. O hotel era um dos pontos centrais da matéria, a cozinha local era outro.

— Ouvi dizer que a comida de Toy San é muito boa — comentei alegremente.

O senhor Chan gargalhou de uma maneira que considerei ligeiramente ameaçadora e preocupante.

— Você gosta de comida chinesa? — perguntou ele.

— Ah, mas claro — respondi. — Isto aqui está delicioso.

— Não — disse ele com desprezo —, comida chinesa de verdade. Sapo. Água-viva. Pomba. Cachorro. Em Toy San nós comemos de tudo.

Ele não ia me assustar! Pensei nos rins e águas-vivas de Bruce enquanto respondia:

— Eu como essas coisas o tempo todo. — E depois, querendo falar com toda a sinceridade, fiz uma correção. — Cachorro não — admiti. — Mas como água-viva praticamente todo dia.

— Você deve ser muito rica — comentou ele, mas estava sorrindo. Virou-se para o senhor Bergamini. — O.K.— disse. — Vou apresentar esta jovem a um amigo em Toy San. Isto é muito conveniente; há muito tempo quero mandar uma carta para Chen. Privadamente, se me compreende.

— Privadamente? — perguntei.

— Todo mundo é vigiado — respondeu ele misteriosamente.

— Quem é Chen? — perguntei meio insegura; não tinha certeza de que estava gostando daquela história.

— Um *chef* — respondeu o senhor Chan. — Antes da revolução ele trabalhava para uma das famílias mais poderosas da China e depois permitiram-lhe que continuasse cozinhando. — O rosto dele se anuviou. — Mas isso foi antes da Gangue dos Quatro e da dita Revolução Cultural. Eles detestavam pessoas inteligentes. De modo que o mandaram de volta para nossa aldeia, para cavar.

— Cavar? — perguntei.

— Cavar — repetiu ele. — Chen construiu um lago no meio de Toy San. Você verá o lago. Ele já era um homem idoso, e o fizeram cavar. Você levará uma carta para ele?

— Ah, isto me parece bem, muito promissor — comentou meu pai cheio de satisfação. — Você vai viver uma aventura! — Ele parecia mais saudável do que estivera durante semanas.

— Estou contente por não ir — comentou Doug. — Não tenho certeza de que poderia encarar ter que comer cachorro.

— Seria muito melhor que isto — retrucou meu pai, apontando para a bandeja de seu jantar. — Muito melhor. Ora, pois eu adoraria comer um cachorro saboroso agora mesmo. Talvez o *Chef* Chen lhe dê algumas boas receitas. — Ele me deu um sorriso travesso, de moleque, enquanto enfiava a colher na tapioca viscosa. — E eu espero realmente que seu novo amigo esteja certo com relação ao hotel. Vai ser tão mais interessante ficar em um lugar para o povo de verdade, em vez de um desses hotéis de luxo idiotas.

Duas semanas depois eu estava parada diante do Stone Flower Mountain Inn. O senhor Chan estivera certo: eu estava olhando para um buraco no chão.

Querido papai,

Você vai ficar muito satisfeito ao saber que tudo é exatamente como o senhor Chan se recordava. O hotel é como algo saído de um filme antigo, um prédio em ruínas, no meio da aldeia, que parece que será derrubado pela primeira boa ventania. O clima aqui é tropical, quente, abafado e úmido. Ar condicionado? É claro que não. Não temos nem água quente.

Mas banhos de chuveiro frio são tudo de que se precisa neste clima. A coisa mais importante é deixar a água correr por muito tempo antes de entrar no banho; se você tiver sorte, isso porá para correr algumas das pequenas criaturas que residem no chuveiro. Muitos insetos parecem considerar meu quarto como a casa deles. Quando entro à noite, escuto os bichinhos correndo para os cantos e, quando enfio os pinos da tomada do abajur no soquete para ligá-lo (não tem chave nem interruptor), vejo-os desaparecendo em direção às sombras. Felizmente tenho um cortinado para mosquitos sobre a minha cama. Não há TV nem rádio, é claro, mas as aulas de *tai chi* de manhã cedo, na ilha no meio do lago, são muito divertidas. Creio que este seja o lago que o senhor Chen construiu, mas ainda não o conheci. Estou começando a me perguntar se algum dia conhecerei; os contatos com a população local são definitivamente desencorajados.

Mal posso esperar para lhe contar tudo a respeito disso. Escreverei mais brevemente.

A viagem de Hong Kong para Taishan levou horas. Depois da barca até o continente, passamos dez horas aterradoras em um ônibus que voava descendo por estradas de terra batida, buzinando sem parar à medida que afugentava para os lados galinhas, crianças e bicicletas que surgiam à sua frente. O motorista não fazia concessões aos lentos ou aleijados, e os ociosos que se danassem, azar deles.

A água era a única coisa que fazia o nosso motorista se deter. A cada rio, ele pisava fundo nos freios e derrapava até parar, levantando poeira. Isso não ajudava muito a manter as rodas da frente secas, mas as de trás eram poupadas. Então, profundamente grato, sacudindo os braços e pernas enrijecidos, o pequeno grupo de jornalistas com quem eu estava viajando descia para esperar o barco de passagem.

Não havia pontes, apenas balsas de fundo chato que levavam qualquer coisa que quisesse chegar à outra margem: pessoas, carros, animais. As balsas eram gratuitas. Fizemos a travessia de três rios marrons, lamacentos, ou talvez tenha sido o mesmo rio que atravessamos três vezes. Não se podiam ver antenas, fios de eletricidade, nem postes telefônicos em lugar nenhum no horizonte plano, e jamais vimos um carro. O silêncio era profundo. Ocasionalmente, um barco passava. Os barcos traziam mulheres agachadas cuidando de caldeirões de cozinha na proa e elas se levantavam e ficavam olhando fixamente para nós com surpresa.

— E é esse o povo que mantém os russos se borrando de medo! — maravilhou-se um de meus companheiros de viagem.

O sol se punha e a noite já caía quando o ônibus finalmente chegou a Taishan, mas o centro do vilarejo estava cheio de gente que tinha se reunido para ver os primeiros visitantes estrangeiros. As ruas eram estreitas e estavam lotadas de gente de maneira tão claustrofóbica que quase desmaiei quando desembarquei trôpega do ônibus, carregando a mala. Alguma coisa tocou de leve em minha cabeça e, quando me virei, encontrei um grupo de crianças, de mãos estendidas, tentando pegar meu cabelo. Tinha encrespado e ficado volumoso na umidade tropical até ficar todo armado ao redor de minha cabeça, como um halo escuro todo cacheado. Um garotinho cravou os olhos nos meus; a mão dele dardejou para a frente, tocou em minha cabeça e então rapidamente saltou para trás como se tivesse sido queimada. Era seu primeiro encontro com cabelos encaracolados.

Meus cabelos eram um ímã que atraía a cidade de Taishan inteira. À medida que eu me encaminhava para o hotel, uma centena de mãos se estenderam. Podia senti-las me tocar, então de repente pararam. Virando-me, encontrei um homenzinho sibilando e irritadamente afastando as mãos com tapas. Ele me afugentou para dentro do hotel, fazendo ruídos como uma galinha furiosa.

O homem nos conduziu à recepção e, ainda sibilando, empurrou os moradores locais porta afora. Então, cacarejando, ele puxou e fechou as portas. Então respirou fundo, reuniu toda sua dignidade e fez uma reverência.

— Eu sou o senhor Lee — apresentou-se, falando em um inglês muito cuidadoso. — Sou a pessoa responsável pelos senhores. Agora os senhores irão para seu quartos e depois teremos uma pequena conversa.

Sua atitude intrometida fez com que me sentisse como uma adolescente rebelde. Ir para o meu quarto uma ova! O resto do grupo seguiu para a escadaria, mas eu fiquei para trás.

— Há uma pessoa que preciso encontrar — disse ao senhor Lee.

— Vá para o seu quarto — ordenou ele. — Conversaremos mais tarde.

— Não — retruquei —, tenho que encontrar o senhor Chen. Tenho uma mensagem para ele. Sabe onde posso encontrá-lo?

— Chen? — perguntou, sua voz se elevando num tom de suspeita. — Chen? Como conhece esse homem?

— Ele é amigo de um amigo meu em Nova York.

— Um amigo chinês? — perguntou o senhor Lee. Ele saltitou de um pé para outro. Roeu as unhas. — Um amigo de Toy San? — E então, fazendo um esforço visível para se recompor, declarou: — A senhora não gostaria de pôr suas coisas em ordem? Depois conversaremos. — Sem dizer mais nenhuma palavra, deu-me as costas e se afastou.

Peguei minha mala e me dirigi para a larga escadaria de cimento. A cada plataforma entre os lances estava sentada uma velha senhora de cara amarrada, com as mãos cruzadas no colo, vigiando silenciosamente. Elas seguiram-me com os olhos enquanto eu subia. A velha senhora do terceiro andar me olhou de alto a baixo, muito friamente, grunhiu e apontou para um quarto. A porta estava aberta. Não havia chave. Equilibrei a mala na cama estreita e dura, coberta por um único lençol, e fui até a janela. Ela se abria para uma pequena sacada de cimento, mas estava muito quente e mesmo do lado de fora não havia nenhuma brisa.

O banheiro era grande, com ladrilhos amarelos manchados de ferrugem nas paredes e no chão. Embora estivesse limpo, cheirava ligeiramente a urina. Quando puxei a descarga no vaso, o encanamento guinchou alto com o som de porcos ligeiramente histéricos. Passei água fria no rosto e eles guincharam mais alto.

Fiquei sobressaltada ao sair do banheiro e encontrar a velha de pé, junto da cama, olhando para a minha mala, como se tivesse visão de raio X. Eu não a ouvira entrar, mas entendi o recado: eu estava num quarto sem tranca na China e ela estava de olho em mim. A mulher me observou, em silêncio, enquanto eu descia as escadas.

O senhor Lee estava ao pé da escada, um pequeno grupo de jornalistas havia se reunido ao seu redor.

— Os criadores de problemas — começou ele — estão por toda parte. Minha tarefa é cuidar para que os senhores não sofram nenhum prejuízo. Para garantir a segurança pessoal dos senhores, tenho que pedir que não falem com ninguém. — Ele repetiu isso tantas vezes, que o homem de pé ao meu lado, um escritor *freelance* chamado Ed, começou a olhar para mim revirando os olhos.

— Depois do jantar — continuou o senhor Lee —, os senhores receberão bicicletas. — Ele fez uma pausa, como se estivesse prestes a nos conferir uma grande honra. — E então, como um privilégio muito especial, os senhores ficarão livres para ir a qualquer lugar que quiserem!

— Maravilhoso! — sussurrou Ed, a voz carregada de sarcasmo.

— Mas, quero enfatizar — prosseguiu o senhor Lee — que não devem falar com ninguém. Ninguém!

— E se alguém falar conosco? — perguntou Ed.

— Não respondam — instruiu o senhor Lee. — Criadores de problemas estão por toda parte. Não falem com ninguém, exceto as pessoas autorizadas como eu. — Ele passou os olhos por todos do grupo, tentando imprimir em cada um de nós a importância da mensagem.

— Amanhã de manhã — prosseguiu finalmente —, visitaremos o hospital. Lá os senhores testemunharão os milagres da medicina chinesa. Na manhã seguinte, visitaremos a feira semanal de Toy San. Na semana que vem, os senhores passarão um dia inteiro em uma fazenda comunal de modo que possam ter a experiência da vida da China rural.

— E isto aqui não é rural? — resmungou Ed.

— Durante as tardes — continuou o senhor Lee —, os senhores estarão livres para fazer o que quiserem. Para sua própria segurança pessoal devo insistir que não falem com ninguém. — Mais uma vez ele olhou fixamente, atento e silencioso, para o grupo. Por fim, apontou para a porta no final do corredor e disse: — Agora, vamos jantar?

— Podemos falar com o garçom? — perguntou Ed.

O senhor Lee não entendeu a piada.

— Ah, mas é claro — respondeu. — Ele é autorizado.

— E com relação ao senhor Chen? — perguntei. — Sabe como eu poderia encontrá-lo? Prometi ao meu amigo em Nova York que o faria.

— Isso não vai ser possível — declarou o senhor Lee com firmeza. — Existem tantas pessoas aqui chamadas Chen, como eu poderia saber qual delas é a que a senhora quer? E mesmo se eu soubesse como encontrar esta pessoa de quem a senhora fala... — A voz dele foi sumindo gradualmente como se estivesse imaginando as muitas sinistras possibilidades que um encontro poderia encerrar.

Querido papai,

Até agora ainda não comemos cachorro. Entretanto, já comemos muita rã e não estou falando só das pernas. Nossa primeira refeição também incluiu ostras defumadas, carne de boi com verduras, pato guisado, lulas com cogumelos e brócolis bem verdinho salpicado com molho de ostras. E isso foi só o começo.

O palhaço de nosso grupo é um homem chamado Ed, um escritor da Califórnia, especialista em artigos sobre viagens. Sentindo-se oprimido com a quantidade bruta de proteínas na mesa, ele ficava pedindo um pouquinho de arroz. O senhor Lee disse que não podia comer arroz.

— Não queremos o senhor se empanturrando antes da hora — declarou ele. — O arroz é servido ao fim da refeição. — E com isso encerrou a conversa. Enfiou um pedaço de ganso agridoce na boca, tornando impossível para si mesmo responder a qualquer outra pergunta. O livre-arbítrio não parece ser um conceito muito apreciado na China.

As crianças se reúnem na porta a cada refeição, olhando fixamente para nós enquanto comemos. É uma sensação estranha; num momento me sinto como uma estrela do *rock*, no seguinte como um tigre no zoológico. Sinto-me muito grata por ter usado pauzinhos para comer a minha vida inteira; pelo menos elas não riem de mim como fazem de alguns dos outros.

Quando o ganso acabou, uma travessa com um peixe inteiro cozido no vapor apareceu. Foi o ponto alto da refeição. Só depois que tínhamos acabado de comer toda a carne macia do peixe foi que apareceu uma travessa de arroz frito, assinalando o fim da refeição.

Agora, estou de volta em meu quarto, escrevendo esta carta. O quarto estava vazio quando cheguei, mas desconfio que a velha senhora que fica sentada no patamar da escada esteve aqui inspecionando minhas coisas. É uma sensação muito estranha.

Vou ter que parar de escrever agora: enormes insetos verdes estão fazendo bombardeios em mergulho contra a escrivaninha e creio que a única maneira de fazê-los parar é apagar a luz.

Espero que agora você já esteja em casa. Até as coisas que mamãe cozinha têm que ser melhores que a comida do hospital.

Muito amor para vocês dois.

A ausência de luz não causou a impressão que eu havia esperado nos grandes insetos verdes. Eles saltitavam por todos os cantos no escuro, eu não agüentei mais e bati em retirada. Desci para a recepção para ver se algum de meus companheiros de viagem estava por lá, mas estava vazia. Havia, contudo, centenas de pessoas postadas logo além da porta e, tão logo a abri, elas caíram sobre mim. Quando eu andava, elas andavam. Quando eu parava, elas também paravam. De modo que caminhamos, meu séquito e eu, pela noite do vilarejo de Taishan.

As ruas pulsavam com vida. Espiando o interior dos apartamentos, todos muito iluminados, eu podia ver por quê: dúzias de pessoas se aglomeravam em cada pequeno aposento. Em Taishan, a vida era vivida ao ar livre. Mulheres cozinhavam a refeição da família sobre pequenas fogueiras na rua e crianças tomavam banho ali, enfiando a cabeça em baldes para lavar o cabelo, derramando água sobre os peitos umas das outras. Os velhos fumavam e as velhas costuravam. Taishan tinha muitas coisas, mas privacidade não era uma delas.

De repente, alguém bateu de leve em meu braço. Eu me sobressaltei, assustada e levantei a cabeça. Um garoto, de cerca de oito anos, com o rosto marcado pela acne, estava parado ao meu lado.

— Venha — disse ele. Fiquei tão surpreendida que simplesmente o segui. Todos os outros me seguiram.

Ele me levou a uma loja grande, iluminada com grandes lâmpadas nuas, onde homens sentavam-se em bancos altos dispostos ao redor de mesas. Cada um segurava uma pequena tigela branca. Não havia assentos desocupados, mas meu novo amigo encontrou dois bancos em um canto e os espremeu contra uma mesa. Ele bateu em um deles e me sentei. Enquanto me sentava, ele me entregou uma das pequenas tigelas brancas e uma colher de porcelana.

Na tigela havia queijo de coalhada de leite de soja fresco, ligeiramente adoçado e regado com óleo de amendoim. Tinha a consistência de um manjar de leite e ovos, e com facilidade desceu pela minha garganta. Eu podia sentir minha platéia observando cada colherada que engolia. Será que esperavam alguma reação? Fiz um sinal com o polegar para cima. Eles sorriram.

Uma longa correia de transporte coberta de lona se estendia ao longo da parede dos fundos. Uma mulher estava postada numa das extremidades derramando um líquido branco sobre a lona, outra espalhava o líquido com uma pá de madeira, com movimentos graciosos e constantes. Quando afinal o material chegava às duas mulheres postadas ao final da correia de transporte, não estava mais líquido e elas o retiravam em folhas enrugadas. Então torciam as folhas e as atiravam em cestos.

— Coalhada de leite de soja seca — disse meu novo amigo, respondendo a minha pergunta silenciosa. — Isto aqui é uma fábrica de coalhada e queijo de soja. — Também era, eu me dei conta, o centro da vida noturna de Taishan.

— Eu sou Fu-Tung — disse ele, falando bastante alto. E de repente, baixou a voz de modo que eu quase não conseguia ouvi-lo. — Continue comendo. Não responda. O senhor Chen me mandou procurá-la. Finja que não estou falando. — O inglês dele era excelente. Seus lábios mal se moviam.

Olhei para baixo, para dentro de minha tigela e não disse nada.

— O senhor Chen sabe que você trouxe uma carta para ele. Amanhã à tarde irá a seu hotel. Você saberá quem ele é. Ele arranjará uma maneira de pegar a carta sem criar problema.

Levantando a voz, ele perguntou, em tom jovial:

— Será que posso me atrever a ter a presunção de convidá-la para vir à minha casa para tomar um chá?

Uma aventura — e um convite para ir a uma casa particular: eu havia tirado a sorte grande. Meu amigo galantemente puxou meu banco e, com o grupo inteiro seguindo atrás de nós, saímos do café de queijo de soja.

Fu-Tung morava em um aposento com seus pais, os avós, a irmã, o marido da irmã e o filho deles.

— Meu grande sonho — disse ele, enquanto a mãe preparava o chá — é ter meu próprio apartamento. — Havia dúzias de pessoas acotoveladas junto à janela, espiando, empurrando-se umas às outras para ver melhor. — Mas creio — prosseguiu ele — que isto nunca será possível. Posso lhe pedir um favor?

— E qual é, diga?

— Eu quero muito aprimorar meu inglês.

— Seu inglês é muito bom — respondi com honestidade.

— Não, não — retrucou ele —, é muito fraco. Mas se você gravasse algumas leituras em inglês para mim, eu poderia praticar. Será que você faria isso por mim?

— Mas é claro — respondi.

Ele me entregou um pequeno gravador e um livro de estudos gasto, chamado *Essential English*. Eu os enfiei em minha bolsa. Nós tomamos o chá em pequeninas xícaras com arroz incrustado na porcelana. O nome do senhor Chen não voltou a ser citado. Então caminhei, com meu séquito, de volta para o hotel.

O senhor Lee estava esperando por mim, quicando de raiva.

— Eu lhe disse para não falar com ninguém — reclamou ele. — E o que você faz? Logo na primeira noite você deliberadamente me desobedece e tem contato com cidadãos particulares! Você entrou na casa de um cidadão! Isso é estritamente proibido!

— O que o senhor vai fazer — perguntei —, mandar me prender? — Eu me sentia como se tivesse em torno de 13 anos. Assobiando alto, subi a escada.

Alguém estava parado na plataforma do segundo andar. A luz estava apagada, de modo que eu não podia ver-lhe o rosto, mas ele falou baixinho, em tom ameaçador, quando passei.

— Providências — disse ele com um sotaque alemão carregado — serão tomadas. Tome cuidado. Não confie em ninguém.

— Ah, Ed — exclamei, mas de fato me sentia como uma espiã. Escondi o livro de exercícios dentro da mala e depois, ignorando os grandes insetos verdes, escrevi outra carta para meu pai. Eu sabia que ele se divertiria e adoraria tudo aquilo tanto quanto eu. Quanto a mim, pela primeira vez desde Paris, senti que estava realmente vivendo o momento presente. Eu não sabia para onde minha vida estava indo, mas naquele instante o futuro não me incomodava.

Quando acordei, os idosos estavam praticando *tai chi* na ilha no lago. Fiquei observando durante algum tempo e depois fui tomar café.

— Ah — exclamou Ed, quando me sentei e examinei o *dim sum** sobre a mesa —, a agente americana chegou! — Ele estava rindo e se divertindo à grande, e ri com ele: à luz da manhã, a história toda parecia ridícula.

Então o senhor Lee esgueirou-se, sentando na cadeira ao meu lado.

— O gravador — disse ele, estendendo a mão. — Tenho que lhe pedir que me entregue.

Peguei um dos bolinhos de coco não-adoçados que pareciam incrivelmente com bolinhos de chocolate com cobertura de *marshmallow*.

— Por quê? — perguntei com toda a insolência que consegui reunir.

O senhor Lee franziu os lábios.

— Por que não podemos admitir todo mundo em Toy San incomodando nossos visitantes estrangeiros com pedidos de aulas de inglês —

---

* *Dim sum*: prato tradicional da cozinha chinesa que consiste de uma variedade de itens (como bolinhos de massa recheados com frutas, cozidos no vapor ou fritos, pedaços de galinha cozida e bolinhos de arroz), servidos em pequenas porções. (N. da T.)

respondeu ele. — Se permitirmos esta infração às regras, amanhã haverá centenas de pessoas aqui com gravadores. — A mão dele acenou imperiosamente.

— Não está aqui comigo — respondi.

— Vá buscá-lo imediatamente — retrucou ele. Eu queria perguntar onde ele tinha aprendido a falar daquela maneira, mas me contive. Fiquei me perguntando o que faria se eu recusasse. Nós nos encaramos, desafiadoramente, por um momento e depois eu pisquei.

A senhora de vigia não estava em seu posto, de modo que não fiquei surpreendida quando a encontrei em meu quarto, calmamente, espanando formigas do tampo da escrivaninha. Retirei a mala do armário e tirei o gravador. Seria minha imaginação ou a mala havia realmente sido revistada?

O senhor Lee estava bem atrás de mim quando embarquei no ônibus para o hospital. Quando me sentei, ele ocupou o assento ao meu lado.

— Você é uma garota encrenqueira — disse ele em tom de censura. — Que idade você tem?

Quando lhe disse que tinha 32 anos, ele pareceu ficar genuinamente surpreso.

— Mas você é mais velha do que eu — comentou, como se aquilo fosse algum tipo de engodo. — Por que não usa nenhum tipo de maquiagem? As mulheres americanas todas não usam maquiagem?

— É evidente que não — respondi.

— E precisamos conversar a respeito de suas roupas — prosseguiu ele.

— Minhas roupas? — retruquei.

— Sim — disse ele. — Não está usando nada para segurar seus seios. Isso é desrespeitoso para com os médicos no hospital. — Dizer isso não o deixou nem um pouco constrangido. — E seria mais respeitoso se não usasse camisetas sem mangas — continuou.

— Sutiã e mangas — observei. — Vou tentar me lembrar.

— Sim — concordou ele —, por favor, faça isso. — Virando-se para se dirigir a todo mundo no ônibus, ele anunciou: — Chegamos ao hospital. Agora os senhores experimentarão as maravilhas da medicina chinesa.

Querido papai,

O tempo todo que estivemos no hospital pensei em você. Estou feliz por você não ser um paciente aqui. Fomos levados para assistir a uma operação de câncer de estômago: o paciente estava anestesiado com nada além de algumas agulhas de acupuntura. Dez de nós nos aglomeramos na sala de operação enquanto o médico enfiava a mão na cavidade aberta no abdome do paciente. Ele removeu um tumor com um bisturi e o levantou para mostrá-lo. Depois levantou uma outra coisa para nos mostrar. "O fígado", disse ele, embalando-o na mão. Havia algo de irreal em tudo aquilo. O médico e as enfermeiras estavam limpos de acordo com as regras da assepsia, vestindo trajes cirúrgicos e de máscara, mas nosso grupo entrou exatamente como estava.

— Eles não se preocupam com germes? — perguntei ao senhor Lee, quando voltamos ao ônibus.

— Ah — respondeu ele —, os germes de vocês não contam. — Pelo bem do paciente, espero sinceramente que ele esteja certo.

Agora tenho que ir. Vamos ter nossa primeira aula de cantonês e não quero perdê-la. Se algum dia eu conseguir encontrar o senhor Chen, talvez seja útil ter condições de me comunicar com ele.

Um cavalheiro muito idoso estava de pé no vestíbulo do hotel, ao lado de um quadro-negro. Muito magro, com cabelos brancos finos e uma barba prateada curta, ele se parecia com o poeta em todas as antigas pinturas chinesas.

— Este — disse o senhor Lee — é o professor. Ele tentará ensinar-lhes algumas palavras de chinês. Isto será útil para os senhores amanhã, na feira livre.

O professor desenhou um caractere que parecia uma pintura abstrata de uma pessoa sem braços andando.

— Aqui — disse ele — está a palavra que designa pessoa. *Yun.* — Ele pronunciou "jan".

Ele acrescentou um traço que pareciam os braços.

— Agora é *dai yun,* uma pessoa grande.

Ele prosseguiu, acrescentando traços para fazer um homem, uma mulher, um marido, uma esposa. Distribuindo folhas de papel, pediu-nos que desenhássemos com ele. Depois circulou entre nós, corrigindo nossos desenhos. Quando chegou junto de mim, ele examinou meu desenho e disse:

— Bom trabalho. Mas ficaria melhor se segurasse seu lápis da maneira correta. Deixe-me lhe ensinar. — Ele segurou minha mão para guiar o lápis e observei enquanto minha mão fazia alguns traços cuidadosos. — Bom — disse o professor —, muito bom. — Ele segurou minha mão de novo e juntos desenhamos mais alguns traços. Quando olhei para baixo vi que tínhamos escrito caracteres ingleses e que as letras formavam a palavra *Chen.*

Eu me perguntei como um *chef* teria se tornado um professor, e também me perguntei o que aconteceria a seguir. Num momento tudo aquilo parecia emocionante, no instante seguinte parecia irreal. Desejei compreender, realmente compreender, o que estava acontecendo. Quando a aula acabou, o professor perguntou se poderia nos ser útil ou ajudar de alguma maneira. Vi minha oportunidade.

— Estou aqui para escrever sobre cozinha e gastronomia — expliquei. — Ficaria muito grata se o senhor pudesse me ajudar a marcar uma visita à cozinha e traduzisse para mim.

— Mas é claro — respondeu ele em tom sério. — Eu ficaria honrado. Vou combinar a visita com sua pessoa responsável. Pode ser que leve alguns dias... Mas talvez eu veja a senhora amanhã. Vou acompanhar seu grupo na visita ao mercado. — Ele olhou para mim com um brilho nos olhos e acrescentou: — Nesse meio tempo, por favor não aceite quaisquer convites para tomar chá. Vocês demônios estrangeiros são tão encrenqueiros!

Antes de ir para a cama, retirei a carta para o senhor Chen de minha mala, dobrei até fazer um pequeno quadrado que se encaixava perfeitamente na palma de minha mão e a enfiei no bolso de minha camisa. O que, fiquei me perguntando, diria a carta? Dormi vestindo a camisa; não queria que a carta desaparecesse durante a noite.

Na manhã seguinte, a senhora de vigia estava no patamar da escada quando saí do quarto. Ela semicerrou os olhos, como um grande lagarto ao sol, e me escrutou enquanto eu descia as escadas. A carta em meu bolso me pareceu muito pesada.

Enquanto meus companheiros de viagem reclamavam da falta de *bacon* com ovos, eu devorava *baos* macios e brancos, recheados com carne de porco grelhada, pequeninos *shu mai* cozidos no vapor com topos franzidos e rolinhos de levedura recheados com uma pasta de gema de ovo adoçada. De longe mais gostosos que tudo o mais eram os bolinhos de camarão em formato de cabeça de coelho.

— Em sua vida anterior — explicou o senhor Chen, enquanto caminhávamos para o mercado —, a especialidade do *chef* era *dim sum*.

— Sua vida anterior? — perguntei. O senhor Lee seguia na frente, conduzindo-nos para o mercado, e o senhor Chen e eu tínhamos ficado um pouco para trás. Ainda estava relativamente fresco e estávamos caminhando pela margem do lago, com algumas centenas de pessoas do lugar nos seguindo.

— Antes de tudo isso — disse ele, com um gesto na direção do pequeno vilarejo —, a China era uma terra de tradições. Toda cozinha importante em nossa região tinha dois *chefs*. Um era responsável pelo *dim sum*. O outro era responsável por todas as outras coisas. — Numa voz mais baixa, ele perguntou: — Você tem alguma coisa para mim?

Eu assenti.

— Ponha em sua mão — instruiu ele, em voz ainda mais baixa. Enfiei a mão no bolso. Então, numa voz mais alta ele disse: — Você vai descobrir que mesmo seu modesto hotel tem duas cozinhas. Mas — ele riu baixinho —, infelizmente, apenas um *chef*. — Ao dizer isso, ele de repente pareceu tropeçar e cambalear para a frente. Estendi a mão para ajudá-lo: segurando minha mão, delicadamente, ele pegou o papel.

— Sou um homem idoso — disse, arquejando um pouco. — Você teria um lenço?

Eu lhe ofereci um lenço de papel. Ele o pegou, enxugou a testa e depois o amassou e enfiou no bolso. Presumi que a carta agora estivesse no lenço de papel, mas tudo havia sido feito tão depressa que não podia dizer com certeza.

— Sinto muito por ser tão desajeitado — comentou ele. — Mas agora estou melhor.

— O senhor era um *chef* de *dim sum*? — perguntei.

— Ah, não — respondeu ele, empertigando-se todo orgulhoso. — Eu era um *chef* banqueteiro. Tinha esperanças de, um dia, ir para a América.

— É por isso que fala tão bem inglês? — perguntei.

— É — respondeu. — Eu estudei com muito afinco. Tenho parentes em Nova York. Mas isso já foi há muito tempo. Esta, compreende, é minha grande obra. — Ele apontou tristemente para o lago.

— O que aconteceu? — perguntei.

O senhor Chen deu de ombros.

— Digamos apenas que houve um período em nossa história em que estudar com afinco não era muito apreciado. Pessoas como eu eram mandadas para o campo para serem reeducadas. O lago foi minha universidade.

A feira livre de Taishan era uma incoerente, estridente e rouca expressão de capitalismo que enchia a cidade inteira. Fazendeiros vinham dos arredores, em bicicletas, para se espalharem pelas ruas, montando barracas e construindo improvisados cercados de bambu para porcos, galinhas e patos. Enchiam baldes de plástico com água e neles punham mariscos, polvos, lulas e rãs. Não havia cortes de carne, embora houvesse muitos tipos de lingüiça.

Um homem estava se saindo bem vendendo chifres de rinoceronte. Um outro estava sentado com uma cobra enrolada em volta do pescoço, fazendo previsões para o futuro. Havia frutas e verduras em vasta profusão e os temperos estavam por toda parte. O aroma de gengibre, alho e tofu fermentado pairava sobre a cidade, exatamente como fazia no bairro chinês de Nova York. Mas havia um outro odor, mais forte: porcos estavam sendo mortos no final da rua e o cheiro de sangue pairava no ar.

— O que acha da comida de seu hotel? — perguntou o senhor Chen.

— Quer que eu lhe diga a verdade? — perguntei. Ele assentiu.

— É monótona — declarei. — As refeições são muito grandes, fartas, mas são todas iguais. E não parece muito diferente da comida cantonesa que comi em Nova York. Não vai ser fácil escrever um artigo de viagem interessante a partir dessa minha temporada aqui.

— Comida de camponeses! — exclamou o senhor Chen com veemência. — Você está comendo o que há de melhor na aldeia, mas é comida de camponeses.

— Quem me dera o senhor pudesse cozinhar para mim — disse, arriscando um palpite sobre o que poderia estar escrito na carta. Ele não disse nada e insisti. — O que o senhor cozinharia para mim se pudesse?

Uma expressão de anseio e saudade dominou seu rosto.

— Eu prepararia para você um verdadeiro banquete de Beijing — disse ele. — Esta é a cozinha nobre, a verdadeira cozinha da China. Há uma grande atenção ao detalhe. Ao julgar a cozinha de Beijing, você deve observar três coisas. As cores devem ser variadas e bonitas. A textura também é importante; todas as peças devem ser cortadas em tamanho uniforme. E depois, é claro, os ingredientes devem ser todos frescos, produtos da estação. Eu prepararia para você um prato muito simples. Talvez alguma coisa com camarões, de que sinto muita falta. Sabe, quando eu era aprendiz tínhamos que descascar os camarões na água fria, para manter a textura correta, por mais frio que estivesse o tempo, por mais que nossos dedos doessem. Se não fizéssemos isso, apanhávamos. — Ele relatou isso com profunda nostalgia, como velhos soldados contam histórias de guerra.

— O senhor me dará uma receita? — pedi.

— Claro — respondeu ele. — Uma das antigas. Vou escrevê-la para você. Eu lhe darei a receita quando lhe entregar a resposta da carta para Chan.

Será que eu havia sido observada quando tinha passado a carta para o senhor Chen? O senhor Lee não nos permitiu passar mais nenhum tempo juntos e foi vago quanto a meu pedido de visitar a cozinha no Overseas Travelers' Hotel. Nesse meio-tempo, fomos levados de um lado para o outro para visitar escolas, fábricas de cerâmica, jardins-de-infância. Também fomos à fazenda comunitária, embora a nossa experiência de vida rural fosse breve. Depois de uma pequena excursão aos campos de arroz e um chá na casa do fazendeiro mais rico, o senhor Lee abruptamente nos empurrou de volta em direção ao ônibus.

— Pensei que fôssemos ficar e passar a noite — protestei.

— Não — respondeu o senhor Lee —, não vamos ficar.

— Evidentemente, você é perigosa demais para que se permita que possa corromper os fazendeiros — comentou Ed, enquanto tornávamos a embarcar no ônibus. — Por acaso andou tendo conversas não-autorizadas de novo?

— Sinceramente — respondi —, isto não é minha culpa. — Contudo, eu não tinha como ter certeza e me sentia culpada. Tinha a impressão de que alguma coisa misteriosa estava sempre acontecendo, logo abaixo da superfície, de que nada era o que parecia ser. Mesmo as atividades mais corriqueiras pareciam conter camadas de significado oculto.

Curiosa, ocupei o assento ao lado do senhor Lee durante a viagem de volta para Taishan.

— Por que tivemos que vir embora? — perguntei. — Por que não pudemos passar a noite na comuna?

Ele me encarou e respondeu apenas o seguinte:

— Que tipo de método de controle de natalidade você usa?

Será que ele realmente queria saber? Por quê? Ele parecia tão à vontade ao abordar o assunto que simplesmente respondi à pergunta. Depois que o fiz, ele disse em tom casual:

— A propósito, combinei de você e o professor Chen fazerem uma visita à cozinha do hotel amanhã.

Querido papai,

A cozinha era escura mas bastante fresca, com janelas dando para o lago. Três imensos *woks* estavam posicionados sobre carvão em brasa, com água corrente logo acima deles. Havia grandes folhas douradas infladas penduradas por todo o aposento. O senhor Chen disse que eram peles de porco fritas. Perguntei para que serviam e ele se virou para o *chef*, que usava um boné ao estilo Mao, e perguntou. Aparentemente vamos comê-las esta noite no jantar, cortadas em quadrados e servidas em molho agridoce. Então ele apontou para outras folhas penduradas um pouco adiante. "Está vendo aquelas?", perguntou. "Aquelas são peles de porco que não foram fritas. Essas serão usadas para clientes mais pobres; o *chef* cortará em tiras fininhas, bem fininhas, e as trançará fazendo uma imitação de ninho de pássaros." Só mesmo na China pele de porco se transforma em ninho de pássaros.

O *chef* nos mostrou o tanque onde ele mantinha os peixes frescos. Apontou para um melão amargo recheado, que seria servido em nosso jantar, e para as montanhas de carne de porco, prontas para serem preparadas de diferentes maneiras. Enquanto passávamos por uma pequena floresta de brócolis esperando para ser lavado, o *chef* disse alguma coisa para o senhor Chen e sorriu para mim, o dente de ouro, bem na frente da boca, brilhando muito vivamente.

"Ele gostaria que você tirasse a fotografia dele na cozinha de *dim sum*", disse o senhor Chen. O *chef* nos conduziu a uma cozinha menor e, muito orgulhosamente, nos mostrou sua variedade de pratos. Peguei minha câmera e o *chef* apanhou e exibiu um bolinho, um curioso pão fermentado recheado com carne de porco assada, polvilhado com coco ralado e frito em gordura bem quente. Ele sorriu. A luz do *flash* se acendeu num clarão. Então nós o seguimos de volta para a cozinha principal.

O *chef* retomou suas tarefas, lançando lulas dentro de uma *wok* com aipo e dando-lhe sacudidelas. Ele acrescentou uma concha de um líquido dourado e com um movimento suave e curvo retirou a comida da *wok* e passou para uma travessa. Um segundo depois estava sobre uma tábua de cortar carne, a lula cortada em forma de pinha, a carne branca reluzindo contra o verde-claro do aipo.

O senhor Chen me disse para provar o prato e depois me perguntou se saberia adivinhar qual era o ingrediente secreto. Tive a impressão de que aquilo era um teste, de modo que me concentrei bem, num esforço sério. Havia uma indefinível riqueza de sabor no prato, e pensei no líquido dourado, e meu palpite foi de que era gordura de galinha. O senhor Chen ficou radiante comigo. Eu tinha passado no teste! "Gordura de galinha", disse ele, "é o ingrediente secreto da cozinha cantonesa." Está vendo só quanta coisa eu estou aprendendo?

Então espiei um pequenino e estranho animal que já estava limpo e sem pele, pronto para ser cozido no vapor. Não o reconheci, de modo que perguntei ao senhor Chen o que era. Ele disse que não conhecia a palavra em inglês para chamar aquilo, mas que era coberto de penas duras. Não consegui imaginar o que seriam penas duras, de modo que ele se afastou e voltou trazendo uma espécie de carapaça.

Era um tatu! De acordo com o senhor Chen, eles fazem muito bem à saúde. O senhor Chen me garantiu que tatu previne câncer. Aparentemente, também comeríamos aquilo no almoço. Não creio que este meu grupo vá ficar muito entusiasmado quando descobrir.

"Você deve me relatar os comentários que eles fizerem", disse ele. Prometi que o faria.

É difícil acreditar que esta viagem esteja quase chegando ao fim. Mas mal posso esperar para ver você. O senhor Chen me deu uma receita maravilhosa de camarões com cebolinhas; vou fazê-la para você na primeira noite, assim que estiver de volta.

— Que tal os americanos acharam o animal com penas duras? — perguntou o senhor Chen em nosso banquete de despedida.

— Eu gostei — declarei, esquivando-me de dar uma resposta. — A carne estava muito macia e o sabor suave. Fazia lembrar um pouco o gosto de galinha.

— Mas e os outros? — insistiu ele.

— Para ser honesta — respondi com relutância —, eles se recusaram a provar.

— Por quê? — ele quis saber.

— A maioria dos americanos não é muito aventureira quando se trata de experimentar coisas novas — admiti. — As pessoas com quem estou se recusam a comer rã ou água-viva, ou ninho de solangana.

Ele sacudiu a cabeça tristemente.

— Mas eles comem comida chinesa na América, não comem? — perguntou.

Meu impulso foi de dizer-lhe uma meia-verdade. Mas estava exasperada com o mistério nebuloso da China e senti que lhe devia uma resposta americana.

— O Sr. Chan tinha razão — falei lentamente. — A comida na América não é comida chinesa de verdade. Não creio que os americanos estejam preparados para apreciar sua cozinha. Não tenho certeza de que seríamos capazes de compreender que camarão descascado em água gelada tenha um sabor melhor.

— Muito obrigado — ele disse. Levantou-se, mostrando-se muito alto, e continuou, com grande dignidade: — Você me ajudou. Por favor, diga ao meu velho amigo Chan que vou ficar. Diga a ele que a vida é melhor aqui.

— É mesmo? — perguntei. Mas então lembrei-me daquela cozinha fria, escura, com vista para o lago. E pensei então no rosto do senhor Chan por detrás de montanhas de roupa suja nas ruas quentes de Nova York.

Eu também tinha uma montanha me esperando. Uma montanha de cartas, todas ainda fechadas.

— *Não!* — gritei, querendo rasgar minhas roupas e esfregar cinzas no rosto. Comecei a rasgar as cartas, algo que me deu uma espécie de alívio físico. — Como vocês puderam me esconder isso? — solucei.

— Seu pai nos fez prometer — explicou Doug. — Não queria que sua viagem fosse interrompida. Ele adorava imaginar você na China. Não pudemos recusar. — Doug me abraçou enquanto eu chorava. — Fique feliz por ele — sussurrou em meu ouvido. — Era o que ele queria. Pense na alternativa.

— Papai teria detestado ficar confinado em casa — admiti, mas aquilo não fez com que me sentisse menos desolada.

Quando as lágrimas acabaram, fiz uma caminhada até Chinatown. Meu rosto ainda estava vermelho e inchado, e pensei em meu pai enquanto comprava camarões e cebolinhas, examinando bem todas as lojas antes de fazer minha escolha. Ao chegar em casa, eu os lavei com a água mais fria que pude suportar, até meus dedos arderem.

— Seu pai teria adorado isso — comentou minha mãe. Ela estava sendo generosa. Eu sorri, agradecida. Agora ela estava com tanta coisa para fazer — encerrar o inventário, consultar advogados — que havia me perdoado por ter partido. — Talvez eu também vá à China — disse em tom bastante sonhador. — Agora eu terei tempo.

Não havia nenhum motivo para ficar em Nova York, mas, antes de partir, tentei dar o recado do senhor Chen. O senhor Chan havia desaparecido. Não estava na Lavanderia Fluff and Fold e as pessoas que agora trabalhavam lá negavam qualquer conhecimento de um homem chamado senhor Chan. O senhor Bergamini também tinha se mudado e o quitandeiro chinês que havia ocupado sua loja não sabia me informar onde eu poderia encontrá-lo.

Parada na rua, no dia cinzento de novembro em Nova York, tentei imaginar o senhor Chen em Taishan, mas não conseguia me recordar de suas feições. Comecei a me perguntar se ele era real. Ali, onde eu estava, o senhor Lee e suas infindáveis suspeitas pareciam igualmente fantásticos. Teriam as velhotas realmente revistado minha mala? Eu tinha viajado para a China para agradar meu pai, havia passado todo o meu tempo reunindo histórias para contar a ele. Mas minhas cartas tinham ficado sem resposta e minhas histórias não haviam sido contadas. Como seria possível para mim dar sentido à viagem?

Quando fui para casa em Berkeley, o mistério tornou-se ainda maior. Estava almoçando com Marion Cunningham e Cecilia Chiang no restaurante de Cecilia, The Mandarin, contando sobre os diferentes pratos que havia experimentado em Taishan. Cecilia assentiu quando falei sobre rãs e brócolis e ninhos de solangana feitos de pele de porco. Mas quando cheguei ao tatu ela ficou absolutamente imóvel.

— Como estava preparado? — perguntou.

— Em um molho saboroso com canela — respondi.

— Você gostou? — perguntou ela. Estava olhando para mim com uma expressão que eu não conseguia decifrar.

— Não muito — respondi. — Mas o senhor Chen me garantiu que previne o câncer e, se pensar no prato como um remédio, não é mau.

— Ruth — disse Cecilia —, creio que há uma coisa de que você precisa ter conhecimento.

— O que é? — perguntei.

Cecilia respirou fundo e disse:

— Lamento ter que pôr em dúvida a sua palavra. Mas não existem tatus na China. — Ela me encarou muito séria e perguntou rispidamente: — Você está se sentindo bem?

Era um pequeno detalhe. E era tudo. Não existem tatus vivendo soltos na China, eu não podia acreditar em nada do que me tinham dito. Meu pai estava morto.

De repente, ouvi a voz dele: "Todo mundo muda." Será que ele havia se dado conta de que estava morrendo? Eu nunca saberia. O que eu sabia era que eu tinha viajado para mais longe do que havia previsto e que tudo havia mudado. E que sem meu pai o mundo iria ser um lugar muito diferente daquele que eu tinha conhecido antes.

Camarões ligeiramente fritos e bem sequinhos

Eu nunca consigo preparar este prato sem imaginar meu pai ao meu lado. Gostaria muito que ele pudesse tê-lo saboreado; papai teria adorado sua simplicidade clássica.

Uma vez que os pratos do senhor Chen são de extrema simplicidade em termos de ingredientes e preparo, eles nos recompensam se utilizarmos apenas os melhores ingredientes possíveis. Se puder encontrar camarões que não tenham sido congelados, você terá uma surpresa com o sabor e a textura deste prato.

INGREDIENTES

3 cebolinhas

2 colheres de sopa de óleo vegetal

½ colher de chá de sal

700 gramas de camarão grande com casca

1 colher de sopa de molho de soja

2 colheres de sopa de caldo de galinha

Acompanhamento: arroz branco cozido

Pique bem fina a parte verde das cebolinhas até obter ¼ de xícara. Corte a parte branca das cebolinhas em pedaços de 1,5 centímetro de comprimento.

Lave os camarões em água gelada e bata-os ligeiramente na palma da mão até secá-los. Aqueça uma grande panela wok *(com cerca de 35 centímetros de diâmetro) em fogo alto até estar quente, mas não fumegante, e acrescente o óleo, girando a* wok *para que todos os lados fiquem igualmente untados com o óleo. Baixe o fogo para moderadamente alto e acrescente o sal e os camarões. Frite os camarões sempre mexendo até estarem quase cozidos, cerca de três minutos. Acrescente as partes brancas das cebolinhas, o molho de soja e o caldo de galinha e continue a fritar, sempre mexendo, até os camarões estarem totalmente cozidos, cerca de um minuto. Retire a* wok *do fogo e acrescente a parte verde das cebolinhas picadinhas, mexendo um pouco para misturar.*

Sirva com arroz branco.

Rende de quatro a seis porções.

Galinha ao molho de soja

*Uma das maneiras mais fáceis de identificar as tendências de mudanças no mundo é observar a maior ou menor facilidade para obter ingredientes. Há 20 anos, quando o senhor Chen me deu esta receita, a maioria desses ingredientes parecia de um exotismo impossível. Era necessário fazer uma pesquisa séria para ter informações sobre a galanga (*Alpina officinarum*), uma planta da família do gengibre (ou seja, das ziginberáceas), que é um ingrediente importante na cozinha tailandesa. Hoje em dia, muitas dessas raízes e temperos podem ser encontrados em supermercados e os outros podem ser facilmente encomendados pela Internet. Contudo, para mim, parte da graça de preparar este prato é ir às lojas de produtos orientais e procurar os ingredientes; a outra parte é o perfume maravilhoso que sua cozinha adquire enquanto ele vai cozinhando.*

INGREDIENTES

10 xícaras de água
20 anises-estrelados inteiros (cerca de ½ xícara)
¼ de xícara de sementes de anis
30 gramas de galanga seca
60 gramas de raiz de alcaçuz seca
10 xícaras de molho de soja
8 xícaras de açúcar
1 pedaço grande de casca de tangerina seca
1 pauzinho de canela

1 pedaço de gengibre (2,50 centímetros) fresco, descascado
1 galinha caipira ou recém-abatida e não-congelada (cerca de 1,600kg)

Acompanhamento: arroz branco cozido

Em uma panela funda, descoberta, com capacidade para oito litros, ferva a água com os anises-estrelados, as sementes de anis, a galanga e a raiz de alcaçuz por cerca de meia hora. Usando um coador de trama fina, passe o líquido para uma tigela grande e funda e reserve as especiarias que ficaram no coador, ponha o líquido de volta na panela. Transfira as especiarias para o meio de um quadrado de gaze grossa de algodão de 30 centímetros. Junte as pontas da gaze, aperte ao redor das especiarias e feche, amarrando bem com um pedaço de barbante de modo a formar uma trouxinha. Acrescente o molho de soja, o açúcar, a casca de tangerina, a canela e o gengibre ao líquido na panela e deixe ferver. Ponha a bolsinha de gaze na panela, junto com a galinha, e deixe ferver lentamente, mantendo a panela coberta, virando de vez em quando até a galinha estar toda cozida, cerca de meia hora. Use pinças para transferir a galinha para uma travessa e jogue fora a bolsinha de gaze. Usando um coador, passe o molho para uma tigela funda, jogue fora os sólidos e mantenha o molho aquecido.

Para servir a galinha, corte as asas e as coxas com um facão afiado. Divida a galinha ao meio no sentido do comprimento, a partir do dorso, com um cutelo ou com uma tesoura de cozinha, depois corte transversalmente em pedaços de 2,50 centímetros de largura. Sirva-a sobre o arroz com um pouco do molho.

Rende de duas a quatro porções.

NOTAS DA COZINHEIRA

Esta receita rende muito mais molho do que você precisará. Mas o molho fica delicioso e pode ser aproveitado acompanhando arroz, carnes ou aves assadas, e também como molho para mergulhar bolinhos de massa ou espetinhos asiáticos. Conserva-se bem na geladeira por quatro dias, ou no congelador por até duas semanas. Ferva durante um minuto antes de usar novamente.

7

A sábia de Sonoma

Pessoas comuns ficam deprimidas com a perda de um cônjuge querido e amado. Minha mãe não era uma pessoa comum.

— Fico esperando que a nuvem negra desça — disse ela com uma espécie de espanto —, mas não desce. Acordo todas as manhãs sentindo-me grata por estar viva. Sei que vou ficar deprimida novamente. Mas enquanto isso não acontece, tenho que tentar aproveitar cada minuto.

Ela viajou numa excursão musical para Viena acompanhando a filarmônica. Visitou Moscou e fez reservas para o Japão.

— Meus médicos dizem que é melhor eu viajar enquanto estou me sentido bem — comentou. — Nunca se sabe quanto tempo vai durar.

— Muito aconselhável — observei, surpreendida, como sempre, com os humores imprevisíveis de minha mãe.

— Gente jovem é sempre tão boa companhia — declarou ela, quando convidou um estudante da Universidade de Nova York para se mudar para meu antigo quarto. Ela contratou um decorador para reformar o apartamento. Corria para assistir a cada peça que estreava em Nova York, ficava acordada a noite inteira escrevendo cartas, ia a almoços, jantares e chás. Mamãe parecia ter entrado em um estado de euforia permanente. Parecia um corredor quando as endorfinas entram em ação ou um alcoólatra depois do primeiro martíni. Estava feliz.

Eu sabia que deveria me sentir grata. No ano em que completei sete anos, mamãe teve uma crise de depressão tão profunda que se recolheu ao leito e passou meses comendo tabletes de confeitos e folheando o mesmo livro, lendo e relendo as mesmas páginas repetidamente enquanto a correspondência formava uma pilha alta diante da porta. Agora, na presente situação, tentei me sentir feliz por ela e me esforcei para não interpretar aquele estado de espírito como uma traição a meu pai.

Mas mamãe não facilitava as coisas.

— Ah, minha Gatinha — anunciou um belo dia —, me esqueci de contar a você. Entrei para um clube de vídeo que promove encontros entre pessoas.

— Um quê? — perguntei, mais alto do que pretendia.

— Não grite comigo — ralhou ela. — Um clube de vídeos que presta serviços promovendo encontros. Eles vêm à sua casa e filmam você falando sobre quem você é e que tipo de pessoa gostaria de encontrar e conhecer.

Lutando para encontrar uma resposta adequada, consegui dizer o seguinte:

— Quanto custa esse serviço?

— É bastante caro — respondeu ela —, mas acho que valerá a pena. É difícil lhe dizer como me faz falta ter um homem para me fazer companhia. Há dias em que eu tenho vontade de simplesmente ir para a rua, agarrar o homem mais próximo, trazê-lo para casa e levá-lo para a cama comigo.

Eu achei esta revelação tão embaraçosa que senti o rubor subir em meu rosto. Reprimi minha primeira resposta e meramente perguntei de novo quanto ela estava gastando no tal serviço.

— Bem — disse minha mãe em um tom que só posso descrever como defensivo —, alguns milhares de dólares. Eu disse que era caro.

— O dinheiro é seu, mamãe — respondi sem muita convicção, e depois tive a idéia de perguntar: — Teve algum resultado?

Houve uma espécie de silêncio e depois ela respondeu:

— O problema é que a maioria das pessoas está procurando por alguém mais jovem. Mesmo os homens mais velhos parecem querer mulheres jovens. — Fazendo um corajoso esforço para mudar de assunto, ela perguntou: — Você não se sente solitária?

— Eu sou casada, mamãe, você se lembra? — respondi, mordendo a isca.

— Este assunto absolutamente não é da minha conta — retrucou ela —, mas me parece que seu marido não tem andado muito em casa. Seu pai gostava tanto de Doug. Ficou radiante com o sucesso dele. Mas, se ele estivesse aqui, sei que estaria preocupado.

— Eu não estou — rebati. Era mentira. Doug tinha sido muito meu amigo e companheiro durante a doença de papai e, durante algum tempo, tínhamos nos enfiado de volta no conforto familiar de nosso relacionamento. Mas agora Doug estava novamente se concentrando em sua carreira, viajando mais do que nunca. Ultimamente, mesmo quando estava em Berkeley, ele parecia quase nunca estar em casa.

Minha reação era me atirar de cabeça no trabalho. A *Metropolitan Home* tinha gostado da matéria sobre a China e havia me convidado para me tornar editora adjunta, e as revistas de culinária estavam começando a me telefonar. Mas meu maior triunfo era ter sido escolhida para fazer a matéria encomendada pela *Ms.*

— Você sabe quem é M. F. K. Fisher? — perguntara o editor.

— Mas todo mundo não sabe? — respondi. Mary Frances Kennedy Fisher era minha heroína, e eu havia lido todas as palavras que ela um dia havia publicado. Eu era uma enciclopédia sobre Fisher e fui fazer a entrevista com um catálogo de perguntas. O que seu primeiro marido, Al Fisher, tinha feito depois que ela o deixara pelo grande amor de sua vida? Ela havia plantado rúcula em sua horta na Suíça? A extraordinária garçonete em "Defina esta Palavra", a minha favorita dentre as histórias de Fisher, de fato existia? "Mas isso foi há 50 anos!", respondeu ela com indignação. E depois, gentilmente, respondeu a cada uma das perguntas.

Infelizmente, acabou se revelando que o interesse do editor pela mais famosa escritora de gastronomia da América era muito diferente do meu. A revista considerava a senhora Fisher o modelo de uma mãe solteira trabalhadora e eles queriam relatos de suas dificuldades.

— Ah, que horror! — havia exclamado ela, quando apareci uma segunda vez com uma lista de perguntas feministas para as quais a *Ms.* queria respostas.

Ela havia sido muito vaga com relação à maneira como administrava o dinheiro, e ainda mais vaga com relação a seu segundo divórcio e a como criara as duas filhas sozinha.

— É claro que as mulheres são diferentes dos homens — respondera contrariada quando eu lhe havia apresentado esta pergunta. Embora, claramente, considerasse aquelas perguntas irritantes, ela me oferecera algumas respostas e eu dedicadamente as havia incluído no artigo. Mas os editores não se deixaram enganar: eles perceberam que eu carecia da seriedade necessária para ser uma de suas articulistas e não me ofereceram um segundo trabalho.

Descobri que não me incomodava tanto quanto havia esperado. Depois da morte de papai, eu tinha me recolhido ao casulo de Berkeley, agradecida pelo apoio da vida em comunidade. Meu pai estava morto, minha mãe era maníaca e meu marido estava longe, mas em Berkeley eu tinha uma outra família.

Naquela ocasião, a família estava ligeiramente maior do que de hábito porque incluía Ellen Frank, uma das muitas pessoas que apareciam periodicamente em Channing Way. Ellen nunca abusava da boa acolhida como tantos outros faziam com freqüência; um amigo ficara hospedado conosco durante um ano até que lhe disséssemos que estava na hora de ir procurar sua própria casa. Mas Ellen vinha quando o tempo no Leste ficava frio, passava algumas semanas, depois seguia adiante, mudava-se para Santa Mônica e se hospedava com outros amigos. E era uma excelente hóspede.

— Comprei uns camarões — anunciou ela, chegando com uma sacola na mão, um belo dia. — Vamos fazer um grande *curry* para o jantar.

— Adoro *curry* — disse Jules, entrando na cozinha e lavando as mãos. — Eu descasco os camarões.

Eu me senti tentada, mas tinha trabalho para fazer.

— Não contem comigo — disse com relutância. — Tenho que fazer uma pesquisa para um artigo que estou escrevendo sobre restaurantes no último andar de grandes prédios. A comida provavelmente vai ser horrível, é quase impossível comer uma boa refeição e ao mesmo tempo ter uma bela vista.

— Cancele suas reservas e vá amanhã — disse Ellen. — Os camarões não vão esperar. — Ela me viu hesitar e acrescentou: — Se você adiar por um dia, vou com você.

— Eu também — disse Jules.

— Vocês dois terão que trazer convidados — adverti, estendendo a mão para o telefone.

— Puxa vida, como é que a gente vai conseguir encontrar pessoas dispostas a sair para comer, de graça, num restaurante chique? — disse Jules, enquanto Ellen começava a derreter manteiga numa pequena frigideira. Ela acrescentou cebolas picadas e uma maçã, depois mexeu, acrescentando açafrão, cominho, cardamomo moído e pimenta-malagueta. À medida que o aroma começava a encher a cozinha, Ellen se virou e disse:

— Você se lembra daquele sujeito bonitão que conheci da última vez em que estive aqui? Podemos convidá-lo para jantar?

— Quem? — perguntei.

— O repórter investigativo — respondeu ela. — Aquele que trabalha na sua revista. Ele escreveu um artigo sobre terrorismo nuclear, o artigo que tinha chamada na capa e de que as pessoas falaram tanto.

— Ah — me lembrei. — Ele. Michael Singer. Estou plenamente de acordo em melhorar sua vida amorosa, mas eu mal o conheço.

Jules largou os camarões e disse:

— Eu conheço. Pode deixar que ligo para ele.

Naquela época, sempre havia comida suficiente para mais um, mas, só para jogar no seguro, fiz um pouco mais de arroz. Nick saiu para comprar outro garrafão de vinho e Susan comprou uma bisnaga de pão a mais. Quando Michael Singer chegou trazendo uma garrafa de vinho debaixo do braço, dez pessoas estavam marcando o ritmo, batendo com os dedos dos pés no assoalho da cozinha, dançando e picando ingredientes, enquanto Muddy Waters tocava a todo volume. Enquanto eu requebrava os quadris e mexia o *curry*, pensei em como tinha sorte de viver numa casa tão cheia de vida.

Podia compreender por que Ellen havia se lembrado de Michael; era um homem bonito, em um estilo másculo que era raro em Berkeley. Tinha o peito largo, musculoso, quadris esguios e andava com uma espécie de ginga altiva, como se ele fosse um presente dos deuses para as mulheres do mundo. Quando Michael levantou a garrafa e perguntou:

— Tem um saca-rolha? — me senti tomada por uma onda irracional de irritação.

— Vinho de verdade! — escutei minha voz dizer. — Será que o povo vai poder suportar isso?

Ele não se abalou nem um pouco.

— O povo? — rebateu de bate-pronto. — Você é uma crítica de gastronomia, não é? Esta não é exatamente a profissão do povo.

— Eu posso escrever sobre a vida de lazer — retruquei —, mas não vivo uma vida de lazer. E, para sua informação, a indústria gastronômica é a maior empregadora da América.

— Compreendo — disse ele, rindo. — Você escreve sobre restaurantes para manter toda aquela gente boa empregada. Que besteira minha não ter imaginado que você tinha uma missão política séria.

Ele abriu o vinho, puxando a rolha como se fosse um anel de lata de cerveja. Flexionou os dedos, revelando sua força, e percebi que possuía a confiança sexual de um grande felino. Ele parecia estar sugando todo o ar do aposento, e Ellen estava se mostrando, se fazendo de atraente e ronronando como se estivesse no cio. Fiquei envergonhada por ela e, depois, envergonhada por todas as mulheres presentes. Quem ele pensava que era?

— Embora eu ache que seja difícil — disse-lhe —, será que você poderia se dar ao trabalho de pôr a mesa?

— Só precisa me dizer onde estão os talheres — respondeu ele, rindo de mim. — Jules e eu freqüentamos o mesmo grupo de controle de consciência masculina. Acho que posso cuidar disso.

— Aposto que sim — retruquei meio sem graça e me virei de volta para a panela que estava mexendo.

Quando afinal chegamos à sobremesa e eu estava perguntando se havia alguém que não quisesse sorvete com a torta de maçã, bastou apenas ele responder "Para mim, nada", para me fazer retrucar:

— Tomando cuidado com o peso, não é?

E para que ele imediatamente devolvesse:

— Estou, tem algum problema com isso? Nem todos nós somos tão disciplinados quanto você.

— Qual foi o motivo de toda aquela história? — perguntou Ellen, depois que ele foi embora.

— Que história ? — perguntei, embora soubesse muito bem de que ela estava falando. Eu mal havia reconhecido a mim mesma.

— Pensei que você tivesse dito que não conhecia o Michael. Você agiu como se vocês se odiassem há anos.

— Um homem como aquele você pode odiar à primeira vista — respondi.

— Bem, por favor não o odeie demais — respondeu ela. — Porque eu o convidei para vir jantar conosco amanhã à noite.

— Ah, não! — exclamei, embora a idéia de vê-lo de novo me deixasse toda animada.

— Bem, você falou que eu deveria levar um amigo. É ele.

— Que amigo — observei.

— Ele é tão atraente — protestou ela.

— Não faz o meu tipo — comentei. — Você deve ter reparado que ele não se ofereceu para lavar os pratos.

Michael Singer estava esperando ao lado do elevador de vidro no Hotel St. Francis, vestindo terno e gravata.

— Era de se esperar — resmunguei baixinho para Ellen —, um radical de terno. Que embusteiro!

— Deus do céu, ele é bonito — foi tudo o que ela disse.

Eu o examinei de alto a baixo, buscando um defeito.

— Os pés dele são pequenos demais — foi o que consegui encontrar.

— Olhe para as mãos dele — disse ela. Eram tão grandes que engoliam o bloco de repórter que estava segurando enquanto se inclinava na direção de um casal de meia-idade, escrevendo à medida que eles falavam.

— Por esses preços — ouvi quando nos aproximamos dele — eles *deveriam* pôr os guarda-chuvas de papel nos drinques. Estão absolutamente certos. E a vista?

— Ah — disse a mulher, dando palmadinhas no vestido de seda azul-marinho que estava justo demais na altura do estômago —, aquilo valeu cada centavo. Com certeza não se tem nada parecido em Iowa. — Ela deu um grande sorriso para Michael, tocou no braço dele hesitantemente, como se o conhecesse, e disse: — Você trate de se comportar, viu? — enquanto ela e o marido se afastavam.

— O que você pensa que está fazendo? — perguntei.

— Tentando ser útil — respondeu ele, mostrando-me o bloco. — Eu cheguei cedo demais.

— Aposto que sempre chega — eu me ouvi dizer.

— É — retrucou ele secamente —, sempre chego. É falta de educação chegar atrasado.

— Então, agora, eu sou mal-educada — comentei.

— Você é — disse ele. — Mas se conseguir me deixar dizer alguma coisa, entrevistei aquelas pessoas para lhe oferecer uma perspectiva diferente, um pouco de calor humano.

— Olhe — disse-lhe friamente, — se eu precisar de calor humano, posso conseguir sozinha. Deixe que eu me preocupe com meu trabalho; você está aqui apenas para a boca-livre.

Pegando Ellen pelo braço, ele entrou rapidamente no elevador e apertou o botão. A porta se fechou na minha cara e, enquanto o elevador subia, podia ouvir as gargalhadas dele. Da gaiola de vidro ele me saudou com uma continência exagerada. Ellen parecia muito feliz.

Rangi os dentes e entrei no elevador seguinte.

— Que cretino! — exclamei, apertando o botão. Quando cheguei ao último andar, Ellen e Michael já estavam sentados a uma grande mesa junto à janela, com Jules e sua convidada. Michael, evidentemente, estava se divertindo: o seu braço estava ligeiramente apoiado nas costas da cadeira de Ellen e ele estava dando uma grande, gostosa e sonora gargalhada. Enquanto eu me aproximava da mesa, levantou-se de um salto e serviu vinho nos copos para todos, como um bom e gentil anfitrião.

— Pelo que estou vendo, não esperou para pedir o vinho — comentei. Minha intenção fora de fazer um comentário bem-humorado e descontraído, mas as palavras soaram azedas.

— Qualquer pessoa que chegue atrasada — respondeu Michael à vontade, oferecendo-me um copo — tem de aceitar as conseqüências.

— Mesmo se ela estiver pagando? — perguntei.

— Especialmente se ela estiver pagando — respondeu ele. — É só dinheiro, e não é nem o seu dinheiro.

Sentei-me na única cadeira disponível, em linha reta, bem defronte a Michael. Ele levantou o copo, zombeteiramente o bateu contra o meu e disse:

— Seja bem-vinda. — Eu tinha convidado todo mundo para jantar, mas ele havia se apropriado da festa. Tentei ignorá-lo, mas ele apontou para a janela, onde o sol estava começando a se pôr, espalhando um fulgor rosado por toda a cidade que se estendia a nossos pés. — É tão bonito — disse, o tom de sua voz de súbito reverente.

— E tudo o que isso custa é só dinheiro — observei. Até para mim mesma o comentário soou mesquinho.

Michael me lançou um olhar furioso.

— Será que sou a única pessoa aqui que está com fome? — perguntou.

— Não, mas você é a única pessoa descortês o suficiente para falar no assunto. Aposto que está habituado a comer às seis — provoquei.

— Onde eu cresci — respondeu ele —, costumávamos jantar às cinco.

O que nós comemos? Não consigo me lembrar. Só de beber vinho e mais vinho, enquanto a conversa fluía ao meu redor. Ele fala um bocado, pensei, e tive uma visão súbita de Doug, tão silencioso, sentado defronte a mim enquanto eu me esforçava para manter a conversa animada. Levantei o olhar e me surpreendi ao encontrar Michael me olhando fixamente. Ele estava conversando enquanto me observava, sustentando a conversa que se movia em círculos ao nosso redor como água, como seda. Depois de algum tempo, ele também não estava mais falando, e estávamos apenas nos encarando, fixamente.

— Vamos embora. — Foi ele quem disse isso, eu nem sequer gostava do sujeito. Mas me levantei e saí com ele, assim, com a maior facilidade. E quando as portas do elevador se fecharam, ele me puxou contra seu corpo, meu coração deu um solavanco junto com o elevador e eu me derreti contra ele. Ficamos dentro daquela gaiola de vidro, colados um no outro, descendo. Eu tinha deixado meus amigos na mesa com a conta por pagar, mas estava suspensa no ar, voando, dominada por alguma coisa que eu não compreendia e não questionava. Na manhã seguinte, tive um pensamento que veio com força: isso vai machucar.

Mas àquela altura já era tarde demais.

Ele morava em North Beach, em um apartamento de terceiro andar, sem elevador, no prédio em cima do café Malvina's. Quando descemos para tomar café, Michael pegou dez dólares emprestados com Franco, o dono, e parou de mesa em mesa para conversar. Prometeu a uma mulher sair para correr com ela na manhã seguinte. Ela perguntou se estalaria suas costas antes de ir embora e, quando ele o fez, uma flecha penetrante de ciúmes me trespassou. Michael parecia tocar todo mundo por quem passava: um homem moreno que perguntou se o encontraria para um drinque naquela noite, e um casal que o convidou para jantar na semana seguinte. E quando uma garotinha, sentada com os pais, puxou-o pela camisa, quando ia passando, Michael se ajoelhou ao lado dela, segurou-lhe a mão e disse:

— Oi, querida, ainda está esperando por mim? — ela assentiu, os grandes olhos verdes olhando para ele com adoração.

Mas em nossa mesa manteve as mãos quietas e seus olhos estavam reservados, encobertos para não mostrar seus sentimentos. Quando tentei tocar sua mão, ele a afastou e, quando finalmente olhou para mim, estremeci:

— Há alguma coisa errada? — perguntei.

— Não creio que eu seja capaz de sobreviver a ter mais um caso com uma mulher casada — disse ele.

— Então não tenha — retruquei, levantei-me e saí, passando por todas aquelas pessoas em quem ele havia tocado. Sentia meu rosto ardendo, um fogo lento logo acima das maçãs. Provavelmente há uma igual a mim todas as manhãs, pensei, enquanto tentava me lembrar onde havia estacionado o carro.

Ninguém em Channing Way falou muito, mas Ellen andou pela casa de cara amarrada durante alguns dias, e era fácil imaginar o que ela estava pensando. Jules continuava o mesmo de sempre, mas, quando tentei puxar conversa com ele para falar sobre Michael, simplesmente me deu as costas. Nick deixou muito claro que não conseguia entender o que eu estava querendo. Isso foi na época pré-AIDS, quando as pessoas não julgavam umas às outras, e eu sabia que nenhum deles diria nada a Doug. Apesar disso, saber que meus amigos desaprovavam não fez com que eu me sentisse bem.

Mas tudo o que eu tinha que fazer era pensar naquelas mãos e meu coração despencava em círculos, numa montanha-russa interior. Repassei momentos daquela noite, uma vez após outra, e eles nunca perderam a emoção e o encantamento. Quando fui escrever "Salões no último andar", descobri-me revirando minha bolsa em busca das entrevistas que Michael havia feito. Eu as incluí no artigo, só de maldade, para espezinhá-lo, mas descobri que davam à matéria uma nova vida. Recordar-me do casal de Iowa, de como haviam ficado encantados, entusiasmados por terem apreciado a vista, mudou o artigo para mim. Comecei a ver o restaurante através dos olhos deles. Na verdade, gostei tanto das suas opiniões, que também comecei a fazer entrevistas quando fui a outros restaurantes.

Mas eu não tinha a facilidade de Michael no trato com as pessoas e era desajeitada em minha abordagem. Depois de algum tempo, descobri o truque: tudo o que eu tinha que fazer era fingir que era minha mãe, uma pessoa capaz de entrar em um ônibus e saber da vida de todo mundo antes de saltar.

— As pessoas gostam de falar sobre si mesmas — sempre dizia ela. Com ela, e com Michael, gostavam.

Eu sabia que ele ligaria. Saltava para atender o telefone a cada vez que tocava. Ele tinha que telefonar. Sem dúvida, pensei comigo mesma, esse tipo de ligação não acontece assim com tanta freqüência, mesmo com ele. Eu esperei que me telefonasse.

Ele não ligou. Comecei a pensar em desculpas para ligar para ele. Eu não poderia ter deixado alguma coisa na casa dele? Não, era bandeira demais. Será que eu não poderia simplesmente convidá-lo para jantar? A respeito de que eu poderia pedir-lhe um conselho?

No final, simplesmente telefonei.

— Oi, aqui quem fala é a Ruth.

A voz dele estava distante.

— Sei.

— Você se lembra de mim?

— Lembro. — A voz tinha ficado gelada.

— Gostaria de ver você de novo.

— Sinto muito. Não posso fazer isso, Ruth. Não há nada para mim nessa história.

Foi como levar um banho de água gelada. Ele desligou e eu desejei poder recapturar os últimos minutos, fazê-los voltar atrás de modo que não tivessem acontecido. Como era possível que eu tivesse feito tamanho papel de idiota? Estava tentando racionalizar tudo isso, organizar meus pensamentos, arranjar alguma desculpa, quando o telefone tocou.

— O que eu disse não é exatamente verdade — disse ele, não menos friamente. — Eu quero ver você. Apenas não acho que seja uma boa idéia.

— Poderíamos conversar a respeito disso? — perguntei, agarrando-me ao que podia.

— O.K. — concordou ele com relutância. — Por que não vem se encontrar comigo no Savoy Tivoli?

— Quando? — perguntei.

— Dentro de quanto tempo pode chegar lá?

Fiz os cálculos. Meia hora para a ponte, alguns minutos para estacionar...

— Daqui a uma hora? — perguntei.

— Uma hora — disse ele.

— Vou ser pontual — prometi, tentando tornar o tom mais leve. — Sei que você detesta quando as pessoas chegam atrasadas.

Ele não achou graça.

— Sempre tem conseqüências — declarou.

Quando entrei, ele estava sentado no bar, de camisa azul-marinho e óculos sem armação que lhe davam um ar intelectual. Estava passando os dedos em um copo de uísque, trocando pilhérias com o *bartender*. Michael estava rindo, mas, quando se virou e me viu, o riso morreu e sua expressão ficou séria, inflexível. Pensei em um personagem apocalíptico; aquele não era um sujeito que encarasse as coisas levianamente.

Ele tocou em minha mão. Desceu do banco alto do bar e me agarrou, beijando-me a boca e depois pressionando o corpo inteiro contra o meu, de modo que a eletricidade foi para todos os lados. Sem me soltar, ele jogou algumas notas amassadas sobre o balcão e disse:

— Esqueça os drinques — e me fez sair pela porta e descer a rua.

Quando chegamos ao seu prédio, Michael abriu a porta e me empurrou para dentro, contra a parede. Ainda estava claro, e estávamos de pé na escada, mas ele enfiou a mão dentro da minha blusa e esfregou meus seios com tanta força que doeu. Atirei meu peso todo em cima dele e começamos a arrancar nossas roupas.

— Não, espere — disse ele, puxando-me escadas acima. Nós paramos em cada patamar depois de cada lance, de modo que quando afinal chegamos à porta de sua casa estávamos completamente nus e quando a porta se fechou às nossas costas caímos no chão e fizemos amor com uma espécie de delicada violência que eu jamais experimentara antes. Quando acabamos, ele me puxou para o quarto e mergulhamos na cama e fizemos tudo de novo. E depois mais uma vez. Finalmente, exaustos, adormecemos.

Acordei sentindo que entrara em um país estrangeiro a respeito do qual eu havia lido, mas que nunca antes tinha visitado. Eu estivera vivendo com meu melhor amigo, meu irmão; sexo com Doug nunca fora uma parte importante de nosso relacionamento. Ir para a cama com Colman também não havia sido a coisa mais importante. Com Michael, senti que estava em território novo, dominada por uma força maior do que eu. Era como se todos os íons dentro de nós ansiassem uns pelos outros e, pela primeira vez em minha vida, meu corpo parecia completamente desperto, como se estivesse no lugar onde sempre deveria ter estado.

Michael passou as mãos suave e carinhosamente pelo meu rosto.

— Eu não posso fazer isso — disse ele, agora já sem raiva. — Não posso entregar meu coração a uma mulher que não está disponível.

— Muito sensato — comentei, virando-me para beijá-lo.

— Eu não vou ver você de novo — declarou ele.

— Ótimo — respondi, e fizemos amor com tamanha doçura e delicadeza, que me vi chorando ao final.

Saímos para jantar depois e ele me contou como o movimento pelos direitos civis havia mudado sua vida e como, depois, a guerra do Vietnã o convencera a entrar em ação.

— Entrei para uma cooperativa de cineastas antiguerra e vivi em caixotes de papelão, dormindo no chão da casa das pessoas — relatou alegremente. Quando ele falava sobre o movimento, parecia maravilhoso, emocionante, e perguntei a mim mesma o que eu estivera fazendo enquanto ele seguia o que ditava sua consciência.

Depois do jantar, voltamos para a sua casa e, porque era a última vez, passei a noite. Conversamos até o dia clarear. De manhã, fomos ao café e, embora ele tivesse uma palavra para todo mundo, de alguma forma não senti ciúmes. Mesmo quando ele marcou um encontro para ir correr com uma mulher de longos cabelos louros e belas pernas, aquilo não me incomodou. Michael se levantou para ir buscar *cappuccinos* e, quando voltou, beijou o alto de minha cabeça, enquanto colocava a xícara na minha frente.

— Eu não creio que algum dia tenha me sentido tão feliz — afirmou. — Numa ocasião — acrescentou, pensativamente —, quando tinha oito anos, perguntei à minha mãe por que eu era tão infeliz.

— Você era infeliz quando tinha oito anos? — perguntei.

— Ah, era — declarou ele. — Costumava ir à casa de meus amigos e ver a vida agradável que todos eles tinham. Na minha casa, tudo que se fazia o tempo todo era brigar. Mas o que a minha mãe sempre dizia era "Onde está escrito que se deve ser feliz?".

— Você está me contando isso por algum motivo? — perguntei curiosa.

Ele sorriu e disse:

— Acho que agora é melhor você ir.

Eu estava convencida de que nunca mais o veria de novo. Senti o drama da infelicidade, como se estivesse assistindo aquilo acontecer com alguma outra pessoa. Toquei no seu rosto, mas ele não me tocou de volta.

— Vá — disse ele. — Por favor, vá.

Doug estava de volta, mas eu não conseguia parar de pensar em Michael. Me apanhei querendo conversar com ele, ouvir suas opiniões a respeito de livros, de música, de coisas nos noticiários. Eu tinha a sensação de que poderia passar o resto de minha vida conversando com ele e nunca esgotar a variedade de assuntos.

— Você parece muito distante — comentou Doug, certa tarde, quando estávamos fazendo uma caminhada até o correio para comprar selos. — Está tudo bem?

— Eu não sei — respondi. Era uma resposta honesta. A profunda sintonia sexual que eu havia sentido com Michael me deixara ao mesmo tempo exultante e assustada. Ocorreu-me que o tipo de amizade calma e afetuosa que Doug e eu possuíamos poderia tornar uma maravilhosa relação sexual impossível. Nunca houvera nenhuma tensão entre nós, e nunca houvera nenhum intenso desejo. Talvez, provavelmente, Doug tivesse descoberto que ele também podia ter uma relação sexual fabulosa com alguém que não fosse eu. Mas eu não sabia como falar a respeito disso com ele; nunca tínhamos conversado sobre sexo, nunca havíamos admitido nossa falta de interesse sexual um pelo outro. E, assim, eu disse apenas — Não tenho mais a sensação de que estamos juntos. Não temos mais certeza nem de que queremos as mesmas coisas.

Doug não disse nada e me perguntei se ele também estaria se debatendo com a necessidade de sermos honestos sobre nosso relacionamento. Mas em vez de pressioná-lo, apenas perguntei:

— Está tudo bem com você?

— Eu acho que sim — respondeu ele. O que não era, depois me dei conta, absolutamente uma resposta.

Pensei a respeito daquilo no dia seguinte, quando entrei em seu estúdio e ele bateu o telefone desligando. Rápido demais.

— Com quem estava falando? — perguntei.

— Com aquela mulher em Seattle — respondeu ele.

— Está querendo dizer aquela, em casa de quem você ficou?

— É — disse ele. — Era ela. Tem um outro projeto que quer discutir comigo. Talvez eu tenha que ir para lá de novo.

— De novo? — perguntei.

— Ela está interessada em minha carreira — explicou.

— Então você vai viajar mesmo?

— Vou sim — disse ele. — Mas só vou ficar uma semana.

— Doug está em Seattle de novo? — perguntou minha mãe. — Isso não deixa você preocupada?

— E deveria? — perguntei.

— Se meu marido vivesse desaparecendo — respondeu ela secamente —, eu ficaria preocupada.

— Ah, mamãe — argumentei —, ele está apenas cuidando de sua carreira.

— Ouça o que estou lhe dizendo — insistiu ela —, a vida sem um homem é solitária. Se eu fosse você, estaria cuidando dele. Tente salvar seu casamento antes que seja tarde demais.

— Não sou eu quem está em Seattle — retruquei.

— Talvez devesse estar — disse ela. — Já pensou a respeito disso?

Eu tinha pensado. Mas o que eu iria dizer quando chegasse lá? "Você se lembra de mim? Sou sua esposa"? Enquanto isso, tentei arranjar uma boa desculpa para ligar para Michael. Ela chegou sob a forma de um cartão-postal de M. F. K. Fisher. "Seria um enorme prazer ver você de novo", escrevera ela em sua letra fina e elegante. "Venha almoçar comigo. Traga um amigo, se quiser."

Michael aceitou o convite para me acompanhar, mas eu podia dizer que ele estava incomodado com relação ao fato de ter sucumbido à sedução de um almoço com uma escritora famosa. Ficou sentado em um silêncio hostil enquanto seguíamos para lá. Eu tagarelei sem parar, falando demais, tentando encher o espaço entre nós. "Apenas trate de calar a boca", ficava dizendo a mim mesma.

Então comecei a me preocupar com a possibilidade de ter um ataque de pânico na ponte. Quando afinal entrei no acesso à ponte Golden Gate, as palmas de minhas mãos estavam molhadas e eu mal conseguia respirar. Não vou conseguir fazer isso, pensei. Mas então vi que eles tinham fechado a pista mais próxima do parapeito para pintura e me dei conta de que se as coisas corressem mal eu poderia encostar ali. Era como uma cláusula de fuga, e era tudo de que eu precisava.

O dia estava lindo do lado do condado de Marin, as colinas pareciam corcovas suaves e escuras acima da baía, e ficou ainda mais bonito à medida que prosseguíamos rumo ao norte. Quando finalmente saímos da autoestrada, seguindo em direção ao delta, o ar estava cálido e abrimos as janelas. Quando olhei de relance para Michael, as linhas duras em seu rosto haviam desaparecido e ele parecia jovem, até vulnerável.

— Como você a conheceu? — perguntou.

— Foi uma coisa que desejei — respondi —, desejei tão profundamente que acabei fazendo com que de fato acontecesse. Leio M. F. K. Fisher desde pequena. Durante anos, quando mais ninguém tinha nenhum interesse inteligente sobre cozinha e gastronomia, ela sempre esteve lá. Isso fazia com que eu me sentisse bem com relação a mim mesma, sabe como é?

Ele assentiu, mas não disse nada.

— Ela consegue fazer com que você sinta o gosto das coisas só pelo fato de escrever a respeito delas, mas esse não é o ponto mais importante. Ela realmente faz com que você preste atenção à sua próxima refeição, faz com que você se sinta mais vivo porque está fazendo isso. Quando você lê o que ela escreve, compreende que precisa respeitar a si mesmo o suficiente para se concentrar nas pequeninas coisas da vida. Ela celebra cada dia ao fazer com que ele pareça imensamente importante.

Eu me dei conta de que estava dando o melhor de mim para fazer com que o tema de meu interesse parecesse digno de respeito para aquele radical que havia aberto mão de tanta coisa por uma questão de princípios. Mas tudo o que Michael disse foi:

— Você fica muito bonita quando se entusiasma assim.

— Eu sabia que ela morava em Sonoma, mas nunca teria simplesmente telefonado e pedido para conhecê-la. O que quero dizer é que isso parece uma tamanha intrusão. Mas ficava me perguntando como iria fazer isso quando a revista *Ms.* me perguntasse se eu escreveria o perfil dela.

— A *Ms.* — disse Michael, parecendo impressionado. Senti uma onda de orgulho. — Como correram as coisas com eles?

Eu hesitei. Será que deveria dizer a verdade? E então precipitadamente segui adiante.

— Não tão bem quanto poderia ter corrido. Quando fui me encontrar com Mary Frances, ela disse que poderia entrevistá-la com a condição de que eu a deixasse ler a matéria antes que eu a entregasse para publicação.

— Você concordou? — perguntou ele parecendo chocado. — Deixou que ela lesse antes de ser publicada?

Fiquei envergonhada.

— Eu não sabia que não se devia fazer isso. Meu editor ficou horrorizado. Mas eu tinha dado a minha palavra.

— O que aconteceu? — perguntou ele, novamente muito distante. Michael ficou na defensiva e lamentei ter-lhe falado naquilo.

— Ela foi muito gentil. Disse que a matéria estava ótima. Não pediu uma única alteração. E, mais tarde, depois que o artigo foi publicado e ela viu as mudanças que a editoria da revista tinha feito, escreveu para dizer que gostara mais de meu artigo original do que o que eles haviam publicado. Eu também gostei mais.

— Por quê?

— Porque eles me obrigaram a incluir todo aquele discurso feminista idiota.

Ele pareceu achar graça naquilo.

— Você não é feminista?

— Parecia tão tolo obrigá-la a falar sobre todas aquelas coisas que não a interessam. Ela é uma mulher que realmente gosta de homens. E gosta de ser mulher. De uma maneira que as pessoas de nossa geração não apreciam. Se fosse para falar a respeito de seu posicionamento político, eu teria preferido falar sobre o ano que ela passou no Mississippi.

— O ano que ela passou no Mississippi? — perguntou ele, agora francamente interessado. — Que ano foi esse?

— Mil novecentos e sessenta e quatro.

— Sessenta e quatro? — Michael girou no assento de modo a me encarar bem de frente. — Você tem certeza? Sessenta e quatro foi o ano em que Schwerner, Chaney e Goodman foram assassinados. Isso é realmente interessante. Por que ela foi para lá?

— Ela me disse que passou aquele ano trabalhando na Piney Woods School. Já ouviu falar dessa escola?

— É claro que ouvi — respondeu ele como se eu o tivesse insultado com a pergunta —, é uma instituição famosa. — Eu não lhe contei que nunca tinha ouvido falar do lugar antes que Mary Frances o mencionasse, que havia sido obrigada a fazer uma pesquisa sobre o estabelecimento. Fundada em 1909, a escola era dedicada a dar instrução séria, de bom nível, a crianças negras.

— Tentei fazê-la falar sobre essa experiência — contei-lhe — , mas toda vez que eu falava em Piney Woods ela mudava de assunto.

— Eu vou tentar — declarou ele. — Eu realmente quero saber como foi.

Mary Frances mostrou-se diferente na presença de Michael, de alguma forma mais gentil. Sentamo-nos no sofá, comendo o que ela chamava de "biscoitinhos benne" e bebendo pequenas taças de vinho gelado. Ela o examinara de alto a baixo, muito francamente, quando eu o apresentara e a partir daquele momento havia dirigido todos os comentários a ele. Era realmente uma mulher que gostava de homens.

E Michael era um homem que sabia deixar as pessoas à vontade para falar. Quando ele perguntou sobre o Mississippi, Mary Frances não disse, como fizera comigo, "Talvez, depois que eu morrer, parte do que eu escrevi a respeito daquele ano difícil seja publicada." Ela se abaixou e pegou no colo Charlie, o gato, alisou-lhe o pelo suavemente, acomodou-se na cadeira e disse:

— As crianças já tinham todas saído de casa, e meu pai estava morto. De modo que fui para lá para ensinar. — O tom de sua voz estava frio, sem emoção, como se um *a* mais um *b* fosse igual a um *c*, como se aquilo fosse uma saída para ir até a quitanda, algo que todo mundo fizesse.

— Como ficou sabendo da existência da escola? — perguntou Michael. A voz dele acariciava as palavras, como se o simples fato de saber de sua existência fosse algo digno de se orgulhar. Ela caiu direitinho na armadilha.

— Eu soube de sua existência a minha vida inteira! Nos anos 20, um grupo veio a La Jolla e fez um concerto de *gospel* para angariar fundos.

Depois disso, comecei a enviar-lhes livros e roupas. Fiz isso durante anos. Quando aconteceu o movimento de direitos civis, decidi que deveria descobrir se o Sul era tão ruim quanto as pessoas por aqui achavam que era.

Michael olhou para ela com admiração.

— E era?

— Era pior. — Ela mergulhou em si mesma por um momento, caminhando pelas ruas do Mississippi, e depois disse, como se de uma grande distância: — Eu não fui à cidade o tempo todo em que estive lá.

— De modo que suas batalhas foram combatidas na escola? — perguntou ele.

Ela deu-lhe um olhar prolongado e inamistoso, então disse:

— Deus do céu, não. Não fui para lá para lutar contra nada. Eu simplesmente fui.

— Mas os assassinatos aconteceram em 1964! — argumentou Michael, como se fosse impossível para ele acreditar que enquanto os cavaleiros da liberdade estavam chegando em bandos ao Mississippi ela tivesse ido apenas para lecionar.

— Sim — concordou ela em tom moderado. — Na verdade, eu cheguei a Piney Woods no dia 19 de junho. Depois descobri que tinha sido o mesmo dia em que ocorreram os assassinatos.

— Houve muita agitação na escola por causa dos assassinatos?

— Ah, não — respondeu ela. — Levávamos uma vida muito isolada. Tínhamos televisão e rádio, mas todos nós trabalhávamos tanto que não havia tempo para mais nada. Lembro-me de escrever a uma amiga dizendo que era como estar grávida com um tornado do lado de fora da sala de parto. Você sabe que ele está lá, mas não pode parar por causa disso. — Fez uma pausa por um momento, passando em revista o passado e seu rosto se alterou. — Deus, como eu odiava aquele lugar — declarou com veemência.

— Por quê? — perguntou Michael, tão baixinho, que eu mal consegui ouvi-lo. Era como se ele quisesse que ela pensasse que estava fazendo a pergunta a si própria. E ela respondeu exatamente dessa maneira, como se estivesse muito, muito distante de nós.

— Por toda parte havia cartazes que diziam coisas como "O trabalho é a mãe do contentamento". As trepadeiras *kudzu* cresciam tão depressa que você podia vê-las ir subindo e destruindo tudo. Eu me levantava às cinco, encerrava minha última aula às nove e meia da noite e vivia exausta o tempo todo. — Ela se sacudiu ligeiramente, como se despertando. E a expressão de seu rosto tornou-se mais calorosa. — Mas os alunos eram maravilhosos. Foi preciso que se passassem seis meses antes que reunissem coragem para me olhar olho no olho. Mas depois disso eu não tinha cor, nem eles.

— A senhora depois conseguiu chegar a uma conclusão sobre o verdadeiro motivo por que foi para lá?

— Não — respondeu ela. — Tudo o que sei é que não fui convidada a voltar. Porque eu era uma criadora de casos. — Então ela parou de falar. O assunto estava encerrado.

Depois ela nos serviu o almoço, e ficamos sentados, languidamente conversando sobre seus anos em Hollywood. Era uma companhia encantadora, mas depois de uma hora ela se levantou e retirou uma pequena cesta da geladeira. Entregou a cesta a Michael e disse:

— Agora, vou mandar vocês fazerem uma caminhada.

Ela nos levou até a porta e apontou para uma trilha serpenteante que se afastava da casa.

— Apenas sigam o caminho até chegarem a um lugar especial. Saberão qual é quando chegarem lá. Guardem o que está dentro da cesta até esse momento. Não espero ver vocês de volta antes de algumas horas. — Empurrando-nos delicadamente, ela nos encaminhou para a trilha e entrou na casa. Nós nos viramos, para ver se ela estava acenando, mas é claro que não estava. Isso não seria de seu feitio.

— Que mulher maravilhosa! — exclamou Michael, segurando minha mão, enquanto íamos caminhando pela trilha no campo. Os passarinhos cantavam e podíamos sentir o aroma do feno, adocicado como mel, que se costuma sentir no campo quando ele está mais dourado do que verde.

— Da primeira vez em que vim visitá-la, Mary Frances olhou para fora pela janela e exclamou de repente: "Adoro meus morros amarelos tostados" — contei a ele. Michael se virou e olhou para trás.

— É verdade — observou —, parecem grandes leões preguiçosamente deitados ao sol.

Eu estava feliz seguindo pela trilha e tinha consciência de que estava feliz. Tinha visto como seria estar com alguém cujos interesses fossem os mesmos que os meus, com alguém que se interessasse mais por livros do que por arte. Via a possibilidade de um futuro que era uma longa conversa. Mas naquele momento não conversamos muito. Apenas seguimos de mãos dadas, caminhando e nos perguntando como seria o lugar para onde ela nos havia mandado.

— Você acha que realmente saberemos quando chegarmos lá? — perguntei. — A que distância você acha que fica? Como imagina que vai ser?

Michael deu uma gargalhada, uma grande gargalhada, gostosa, baixa e preguiçosa, e eu o amei só pelo som de seu riso.

— Acho que vamos saber — respondeu ele. — E quanto ao resto, não sei. — Então ele começou a cantar, a voz grave e bonita. Passou o braço em volta dos meus ombros e pude sentir o início de cada canção, um ressoar baixo dentro de seu peito.

O caminho se afastava das colinas douradas e entrava na floresta e, de repente, ficou quase escuro e muito frio. As árvores acima de nós cresciam muito juntas, formando um túnel de ramagens e folhas, e o aroma mudou, tornando-se mais sombrio, um cheiro de terra, folhas e cogumelos. Gravetos estalavam sob nossos pés. Fios de luz penetravam, filtrados pelas folhas, fazendo o caminho cintilar.

— É como estar dentro de uma catedral — disse Michael, sua voz inesperadamente reverente. — Como caminhar sob vidros coloridos. — Ele estava quase sussurrando quando prosseguiu: — Eu adoro igrejas. Às vezes, quando estou realmente triste, entro e acendo velas. Adoro a escuridão e o cheiro de cera e o sentimento de esperança no ar. Se Deus estivesse em algum lugar, ele estaria em um lugar como este, não acha?

Mas tudo o que eu disse foi:

— Olhe! — Porque tínhamos encontrado o lugar. As árvores acabavam um pouco mais adiante e começamos a correr, rindo, encantados. Era um lago profundo de águas represadas ao final da floresta e bem diante de nós havia uma cachoeira. Justo no momento em que chegamos, um passarinho começou a cantar, bem alto, em um galho acima de nossa cabeça.

E finalmente eu respondi:

— Sim, se Deus estivesse em algum lugar, ele estaria aqui.

Havia uma garrafa de vinho na cesta, uma garrafa longa e verde, e nós a pusemos no lago para refrescar, antes de tirarmos as roupas e mergulharmos. A água era macia, como a que só se encontra em lagos cujas águas vêm de nascentes, como uma carícia ao tocar na pele, e nadamos em círculos, conversando. Quando chegamos à cachoeira, descobrimos que havia uma plataforma escondida atrás dela, uma projeção de rocha lisa na qual podíamos nos deitar, escondidos até dos esquilos e passarinhos que eram nossos únicos vizinhos. Ali nos aninhamos juntos, depois emergimos para a luz do sol para beber o vinho e comer os sanduíches frescos de pepino que Mary Frances havia embrulhado em guardanapos de linho. E enquanto estávamos deitados ao sol, uma frase de Mary Frances passou como um cometa em minha mente.

— Chexbres estava lá, é claro. E celebramos com o primeiro de dez mil drinques, absolutamente maravilhosos... Tudo ficou bem depois disso.

Estava escuro quando chegamos de volta à casa de Mary Frances, e ela olhou para nós e sorriu.

— É mágico, não é? — comentou.

Não voltamos para casa naquela noite. Nem na noite seguinte.

O curry de camarão de Channing Way

Depois daquilo, eu soube com certeza que deveria me mudar de Channing Way e passar algum tempo sozinha. Tinha a sensação de estar apaixonada por Doug e por Michael, e não acreditava que isso fosse possível. Eu nem sabia se algum dos dois me queria.

Havia chegado a hora de Doug e eu contarmos a verdade um para o outro, por mais difícil que isso pudesse ser. Mas Doug estava sempre viajando e era mais fácil me manter calada: depois que tudo fosse dito, não haveria como voltar atrás. Nesse meio-tempo, eu me agarrei ao conforto de minha comunidade. Sentia-me segura em Channing Way, e muitas vezes fui para a cozinha para fazer curry *de camarão. Era minha maneira de dizer obrigada.*

Este é um clássico curry *americano e é muito um produto de sua época. Também é um alimento comunitário perfeito: é delicioso, ótimo para um grupo grande e fácil de duplicar ou triplicar.*

INGREDIENTES

1 cebola, picada
2 cabeças de alho, descascadas e socadas
¼ de xícara de manteiga sem sal
4 colheres de sopa de pó de curry
½ colher de chá de gengibre ralado
½ colher de chá de cardamomo ralado
¼ de colher de chá de canela
¼ de colher de chá de cúrcuma
½ colher de chá de pimenta-malagueta vermelha em pó ou a gosto
1 colher de sopa de farinha de trigo
½ xícara de creme de leite grosso
1 xícara de leite de coco bem mexido
2 xícaras de caldo de galinha
2 colheres de chá de casca de lima acabada de ralar

900 gramas de camarão grande, sem casca e limpo
2 colheres de sopa de caldo de lima fresco ou a gosto
sal e pimenta a gosto

Acompanhamento: arroz branco e mango chutney
Guarnições: passas, amendoins tostados salgados, gengibre cristalizado picado

Cozinhe a cebola e o alho na manteiga numa panela grande, com capacidade para seis litros, em fogo moderado, mexendo, até que a cebola esteja macia, cerca de quatro minutos. Acrescente as especiarias e a farinha e deixe cozinhar, mexendo constantemente, durante um minuto. Acrescente, batendo, o creme de leite, o leite de coco, o caldo de galinha e a casca de lima ralada e deixe começar a subir a fervura. Deixe a mistura cozinhar em fogo brando, mexendo constantemente, até começar a engrossar, cerca de dois minutos. Acrescente os camarões e deixe ferver em fogo brando até os camarões ficarem rosados e estarem todos cozidos, cerca de quatro minutos. Acrescente, mexendo, o suco de lima e tempere com sal e pimenta a gosto.

Sirva os camarões ao curry *com uma concha sobre o arroz e cubra com as guarnições. Sirva o* mango chutney *separadamente.*

Rende seis porções.

8

Cinco receitas

Inverno: Torta de Batata-doce

Então, como se as coisas não estivessem confusas o suficiente, fui assaltada. Depois disso, comecei a assar tortas de batata-doce, passando horas de pé na cozinha de Channing Way, misturando a farinha na manteiga, vendo a gordura desaparecer no pó branco e macio. Encontrei consolo na precisão dos gestos: encher um copo com cubos de gelo até que a água estivesse tão fria que fizesse meus dedos doerem, gotejar o líquido gelado na farinha até ela se aglomerar em cachos arredondados. Gostava da maciez quando os juntava na mão, gostava de amassá-los formando uma sugestão de bola.

Batatas-doces não teriam sido o recheio de minha escolha, mas era inverno e elas estavam baratas.

Abrindo a massa com o rolo, repassei o assalto, revivendo-o uma vez após outra. Eu ia sair para jantar com um colega, um crítico de vinhos. Tínhamos ido para a sua garagem e entrado em seu carro. Ouvi uma voz dizer "Pare" e então vi as luvas pretas se erguerem contra a janela do carro e o corpo alto dobrado para a frente para olhar o interior do Porsche. Vi a arma, com seu cano longo, e a mira na ponta do cano como um focinho feio. Não vi um rosto, em momento nenhum.

Ouvi, vagamente, como se de uma grande distância, uma voz nos dizendo para abrir a porta. Vi Jeffrey estender a mão para abrir, sua voz entrecortada de medo. E então o longo corpo de couro preto se dobrar, enfiando-se no carro, sentando ao meu lado, e a arma, fria, metálica, vir se apoiar contra a minha cabeça.

Mas do que me lembro melhor era Jeffrey tremendo e chorando, e enfiando a mão na jaqueta para tirar a carteira. Lembro-me de ter pensado que ele não deveria fazer isso — eles pensariam que estava tentando puxar uma arma — mas ainda mais de me perguntar por que ele estava tão assustado. Eu não estava com medo.

Eu não estava com nada. Podia sentir a arma contra minha cabeça, mas minhas emoções haviam desaparecido. Eu parecia feita de gelo. Nem sequer me perguntei por que eles queriam que Jeffrey fechasse a porta da garagem, nem considerei quais poderiam ser as intenções deles.

De uma grande distância, ouvi Jeffrey dizer, toda sua bravata de jovem contemporâneo desaparecida, que a porta da garagem não podia ser fechada por dentro. E então me senti ser puxada para fora do carro, para fora da garagem, ouvi me dizerem para andar depressa.

Eu ouvi: "Não faça barulho e ninguém vai se machucar."

Ouvi: "Ande logo, filha-da-puta."

Ouvi: "Trate de andar, cachorra."

Ouvi: "Agora, vamos entrar na casa."

E então ouvi o bater metálico e o chocalhar forte das chaves de Jeffrey enquanto ele as atirava para o meio dos arbustos.

Senti, mais do que ouvi, sua queda no chão, e senti a pancada da arma batendo contra sua cabeça, como um tiro, uma vez após outra. Senti o ar se deslocar quando o braço segurando a arma desceu, senti Jeffrey suspirar cada vez que ela golpeou sua cabeça.

E então o homem que me segurava pressionou a arma fundo em minha têmpora e disse: "Me dê a sua bolsa." Enquanto eu obedecia, ele largou meu braço e, sem saber que eu ia fazê-lo, fugi, saí correndo como se tivesse sido empurrada, gritando e correndo tão depressa quanto podia.

Será que ele vai atirar em mim, perguntei-me, agachando-me atrás do carro mais próximo em busca de proteção, enquanto gritava: "Socorro, socorro, por favor, me ajudem!" Ninguém estava me seguindo, e continuei correndo até o meio da rua, sentindo-me ridícula.

Depois vieram guardas e ambulâncias e médicos — todo o triste aparato que se segue ao crime. Mas passaram-se meses antes que eu compreendesse o que me mantinha ancorada em minha cozinha, assando infinitas tortas.

Eu havia corrido e deixado Jeffrey caído na rua, sem pensar duas vezes. Provavelmente aquilo salvou nossas vidas e ele era apenas um conhecido. Mas eu sabia que ele nunca me perdoaria.

Assei as batatas-doces e as amassei com um garfo. Acrescentei açúcar, ovos e rum. Ouvi a voz do policial, enquanto ele acabava de tomar os últimos depoimentos. "Você tem sorte de estar viva", dissera ele. "Deus quis que você tivesse uma segunda chance."

Para quê?, eu me perguntei, enquanto punha a torta no forno.

Torta de batata-doce

2 batatas-doces médias
¼ de xícara de manteiga sem sal
¾ de xícara de açúcar
¾ de xícara de leite integral
3 ovos grandes
1 colher de chá de baunilha
½ colher de chá de canela
¼ de colher de chá de noz-moscada ralada na hora
¼ de colher de chá de sal
1 colher de sopa de rum escuro
1 colher de sopa de farinha de trigo
1 forma de massa de torta pronta não-assada de 25 centímetros

Preaqueça o forno a 175°C.

Espete as batatas-doces com um garfo e asse-as numa forma rasa no meio do forno até ficarem bem macias, cerca de 1h15. Deixe esfriar até ficarem em temperatura ambiente.

Aumente a temperatura do forno para 205°C e ponha uma forma rasa na grade do fundo.

Com a colher, retire a polpa das batatas, ponha numa tigela e jogue fora a casca. Amasse as batatas-doces com um garfo até obter uma pasta lisa. Derreta a manteiga numa frigideira pequena e vá acrescentando o açúcar, mexendo. Acrescente a mistura de manteiga às batatas-doces com o leite e os ovos e bata com um batedor de ovos até obter uma pasta lisa. Acrescente, batendo, o restante dos ingredientes (o recheio deve ficar bastante líquido). Ponha o recheio na forma de massa pronta crua.

Cuidadosamente transfira a torta para a forma rasa na última grade do forno e deixe assar até o recheio endurecer ligeiramente, cerca de 40 minutos. Retire a forma e deixe a torta sobre um tabuleiro de madeira para esfriar.

Rende oito porções.

Primavera: Torta de Abricós

Em busca de segundas chances, optei pela honestidade. Naquela primavera, finalmente reuni a coragem para dizer a Doug:

— Vamos conversar.

Contei a ele sobre Colman. Contei a ele sobre Michael. Doug ficou sentado olhando para mim como se nunca tivesse me visto antes e pronunciou estas três palavras:

— Não é possível.

Eu sabia que ele estava apenas começando a compreender o que já sabia há bastante tempo: nós não éramos mais as pessoas que tínhamos sido quando nos casamos. Por um momento ele me viu como alguma nova e excitante criatura, e pareceu entusiasmado com as possibilidades. Então seu rosto caiu e ele começou a fazer todas as perguntas óbvias — quando, onde, por quê? Contei a ele tanto quanto podia, tanto quanto eu mesma sabia.

Disse-lhe que agora ambos eram apenas amigos, que eu estava tentando dar uma segunda chance ao nosso casamento. Disse-lhe que sabia de duas coisas com certeza: eu sempre o amaria e queria ter um filho.

E então chegou a vez de Doug. Ele me contou tudo sobre suas mulheres. Não fiquei surpresa com o fato de que elas existissem, mas fiquei chocada que tivessem sido tantas e por tanto tempo. Eu havia desconfiado que houvesse uma mulher em Omaha, e tivera quase certeza de que ele estava dormindo com alguém em Seattle. Mas não havia previsto as amantes em Chicago e em Nova York. Ou em Berkeley. Ele tinha dormido até com uma pessoa do The Swallow. Aquilo foi um golpe e, de repente, lembrei-me da maneira como havia me sentido naquela primeira manhã em Los Angeles, quando acordei na cama de Colman e me perguntei onde estaria Doug, e com quem. Mas, de tudo, a parte mais dolorosa foi ouvi-lo dizer que não queria filhos. Pelo menos, por enquanto.

Mais tarde, quando havíamos dito tudo o que havia para ser dito, olhei para ele e vi que seu rosto estava banhado de lágrimas.

— Estou com tanto medo — disse ele. — Desfizemos tudo em pedaços e nunca mais conseguiremos reconstruir.

— Eu também estou com medo — respondi.

Doug tinha trabalhos encomendados e saiu de viagem, para Minneapolis, para Seattle, para Nova York. "Se ele realmente se importasse", eu disse a mim mesma, "ficaria em casa e tentaria acertar as coisas, fazer a relação dar certo." Mas agora estávamos com raiva um do outro, com raiva porque havíamos crescido e nos tornado pessoas diferentes das que havíamos previsto. Nenhum de nós dois havia contado com isso.

Quando Doug voltou, fui ao aeroporto buscá-lo, pronta a me mostrar dura com ele. Mas Doug entrou no terminal parecendo tanto com o meu marido que estendi os braços abertos e disse:

— Bem-vindo de volta a casa!

— Você é minha casa — respondeu ele. Meu coração se derreteu e fizemos um passeio de carro a Point Reyes, para assistir ao pôr-do-sol.

O céu estava de um azul néon espetacular e, enquanto a bola incandescente mergulhava no mar, Doug me abraçou e disse:

— Nós nascemos para ficar juntos. Você é minha família. — E encostei a cabeça no seu ombro e pus os braços ao redor de sua cintura e concordei.

Mas então ele viajou de novo. Estava indo para Buffalo, para construir uma obra e conhecer uma mulher. Na noite em que Doug partiu, assei uma torta de abricó. Era a sua torta favorita, e ele ficou parado por muito tempo me vendo abrir a massa com o rolo. A massa se abriu com facilidade sobre o balcão, com pedacinhos de manteiga nas camadas desiguais, reluzindo em meio à farinha.

— Eu não quero perder você — disse ele.

— Eu também não — respondi.

— Você faz uma outra quando eu voltar? — perguntou ele.

Fiz que não com a cabeça.

— Quando você voltar — expliquei —, os abricós não estarão mais na época.

Torta de abricó

1 massa de farinha para uma torta (receita ou massa pronta)
900 gramas de abricó
½ xícara de manteiga sem sal
¾ de xícara de açúcar
¾ de xícara de farinha
½ colher de chá de noz-moscada ralada na hora

Abra a massa com um rolo e encaixe numa forma de 25 centímetros de diâmetro. Acerte as pontas pregueando e ponha a forma no congelador por 15 minutos.

Preaqueça o forno a 205°C.

Lave e seque os abricós. Não os descasque. Abra-os ao meio com seus dedos e retire os caroços.

Derreta a manteiga em fogo médio. Acrescente o açúcar, mexendo. Acrescente a farinha e a noz-moscada.

Ponha os abricós na forma de massa crua. Cubra-os por igual com a mistura de manteiga e açúcar. Ponha a forma no forno, na grade de baixo.

Depois de dez minutos, baixe o forno para 175°C. Deixe assar por 35 minutos, ou até que o centro tenha formado uma crosta e adquirido uma coloração castanha.

Transfira a torta para um tabuleiro e deixe esfriar antes de servir.

Rende oito porções.

Verão: Bolo de Chocolate

Quando Michael perguntou se eu faria um bolo para a festa de aniversário de seus 40 anos, não pude dizer que não. Era o que eu teria feito para qualquer amigo. Mas, à medida que me observei bater em creme quatro quilos e meio de açúcar em três quilos e cem de manteiga, comecei a compreender o que eu realmente estava fazendo. Meu inconsciente havia assumido o comando, eu havia tomado uma decisão. O bolo levou rios de chocolate e dúzias de ovos, e quando afinal ficou pronto precisei de quatro homens para me ajudarem a carregá-lo até o carro.

Michael empalideceu quando viu a minha criação sendo levada em sua direção. Aquilo era mais do que um bolo: era uma declaração de amor diante de 300 pessoas, e nós dois sabíamos disso.

As pessoas na festa beberam demais. Deixaram-se dominar pelo sentimentalismo provocado pela embriaguez e ficaram tristes. Confessaram coisas de que depois se arrependeram, e vomitaram no banheiro. Tínhamos planejado ser jovens para sempre e agora a idade madura havia chegado a cavalo e se instalado entre nós. Estava na hora de fazer escolhas. E eu havia feito uma.

— Vamos para algum lugar — disse Michael na manhã seguinte. — Vamos simplesmente entrar no carro e sair da cidade. — Embalamos o que restava do bolo e seguimos rumo ao norte, pela Rodovia 1, que serpenteava subindo o litoral acidentado da Califórnia.

Dirigimos durante meio dia até chegarmos a um remoto vilarejo varrido pelos ventos onde a terra e o céu convergiam até que era impossível saber onde uma acabava e o outro começava.

— Aqui — disse Michael, parando o carro. Ele entrou e eu fiquei no carro, pensando em como era bom ser levada para os lugares, estar com um homem que tomasse as decisões.

Ele entrou de volta no carro e me jogou uma chave.

— Nós alugamos uma casa — disse ele, estacionando defronte a uma construção de pedregulhos cinzentos na beira de um despenhadeiro. Repousava tão suavemente sobre a terra que parecia desaparecer na paisagem.

Vivemos à base de bolo de chocolate e vinho — isso quando comíamos, o que não era muito freqüente. Era impossível saciar o desejo que sentíamos um pelo outro, e me senti me afogando em sensualidade. Cada poro de meu corpo ansiava por aquele homem e se abria para ele. Eu nunca soubera que sexo podia ser assim: doce, forte, engraçado, terno. Ele olhava para mim e meus ossos se derretiam. Pegava na minha mão e eu sentia seu toque até nos dedos dos pés. Quando ele tocava *blues*, todo o meu ser vibrava com a música.

Mas aquilo era mais do que sexo. Nós conversávamos, incessantemente, e eu podia sentir minha mente se estendendo para ir ao encontro da dele. O cérebro de Michael era rápido e inquieto, e ele era curioso com relação a tudo. Imaginei a vida que teríamos juntos e agora eu nem poderia me imaginar satisfeita com menos que isso.

No caminho de volta, ele disse:

— Quando fazemos amor, eu me sinto como se tivesse chegado em casa. Sinto que estamos juntos numa dança que vem sendo dançada a milhares de anos. Tudo se encaixa e me parece certo. Eu quero ter filhos com você. Deixe o Doug. Case-se comigo. Por que você tem tanto medo?

Mas todos os meus medos haviam retornado e eu não tinha mais certeza de ter feito a escolha correta. Olhando para o futuro, eu não conseguia imaginá-lo sem Doug. Nunca havia me ocorrido que você podia amar alguém e deixar essa pessoa, e sentia-me apavorada.

— É melhor você tomar uma decisão — disse Michael. — E tomar logo.

Enquanto atravessávamos a ponte Golden Gate, eu lhe dei na boca o último pedaço de bolo, migalha por migalha. Quando finalmente chegamos a San Francisco, tinha acabado.

Um grande bolo de chocolate

INGREDIENTES PARA AS CAMADAS DE BOLO

1 ½ xícara de água fervendo

1 xícara mais 2 colheres de sopa de chocolate em pó não-adoçado (não serve o de tipo holandês ou europeu, de sabor mais forte e cor mais escura, alcalinizado com bicarbonato de sódio)

¾ de xícara de leite integral

1 ½ colher de chá de baunilha

3 xícaras de farinha de trigo

2 colheres de chá de bicarbonato de sódio

¾ de colher de chá de sal

1 ½ xícara de manteiga sem sal, macia por estar fora do gelo

1 ½ xícara de açúcar mascavo bem socado

1 ½ xícara de açúcar cristal

6 ovos grandes

INGREDIENTES PARA O GLACÊ DE COBERTURA E RECHEIO

140 gramas de chocolate amargo (sem açúcar) picadinho

¾ de xícara de manteiga sem sal, amaciada fora do gelo

1 xícara de queijo tipo cream cheese *batido*

1 colher de chá de baunilha
2 ½ xícaras de açúcar de confeiteiro
1/8 de xícara de sal

COMO FAZER AS CAMADAS DE BOLO

Preaqueça o forno a 175°C. Unte com manteiga dois tabuleiros de bolo redondos de 35 x 25 centímetros e forre o fundo de cada um com papel encerado. Unte o papel com manteiga e polvilhe as formas com farinha, retirando o excesso.

Misture com um batedor a água fervendo e o chocolate em pó em uma tigela até obter uma mistura homogênea, depois, batendo, acrescente o leite e a baunilha. Peneire juntos a farinha, o bicarbonato de sódio e o sal.

Bata a manteiga e os açúcares na tigela grande de uma batedeira elétrica até obter uma mistura clara, macia e leve, então acrescente os ovos, um de cada vez, batendo bem depois de acrescentar cada um. Em baixa velocidade, vá acrescentando e batendo as misturas de farinha e chocolate em pó alternando e acrescentando aos poucos, começando e acabando com a mistura de farinha (a massa pode ficar com um aspecto grosso de coalhada).

Divida a massa entre os tabuleiros, alisando a superfície. Asse na grade do meio do forno até que, ao espetar, um palito saia limpo e as camadas comecem a se soltar dos lados da forma, de 25 a 35 minutos.

Vire os tabuleiros sobre duas tábuas, retire o papel encerado e deixe esfriar completamente.

COMO FAZER O GLACÊ PARA O RECHEIO E A COBERTURA

Derreta o chocolate em banho-maria, em uma tigela de metal sobre uma frigideira com água, em fervura branda, mexendo bem até estar completamente derretido. Deixe esfriar até a temperatura ambiente.

Misture batendo a manteiga e o cream cheese *até obter uma mistura homogênea, macia e leve. Acrescente os ingredientes restantes e bata até estarem bem combinados.*

COMO MONTAR O BOLO

Ponha uma camada de bolo, com o lado liso virado para cima em um prato de bolo e cubra com 1 ¼ de xícara de recheio. Ponha a segunda camada de bolo, com o lado liso virado para cima e espalhe por igual o restante do glacê sobre o topo e os lados do bolo.

Rende entre 20 e 25 porções.

NOTAS DA COZINHEIRA

Este é um bolo de aniversário clássico, o tipo de bolo de que as crianças gostam. Eu o preparei para o aniversário de Michael porque é uma receita muito generosa e fácil de ser aumentada. O bolo que fiz para Michael tinha dez vezes o tamanho da receita acima.

Se você for dobrar ou triplicar a receita e assar o bolo em formas maiores, terá que ajustar o tempo de cozimento.

Outono: Sopa de Cogumelos

Naquele outono, em Nova York, fiz sopa de cogumelos quase todas as noites para minha mãe. E para mim mesma. É a sopa mais calmante que conheço, sem quaisquer pontas afiadas para abalar o paladar e sem nenhum tempero inesperado para causar surpresa. É a receita perfeita para aqueles que precisam de consolo.

E nós definitivamente estávamos precisadas de consolo. Mamãe estava ficando sem dinheiro e a única solução era vender a casa de campo. Viajei para o Leste para ajudá-la a esvaziar e limpar a casa, mas ela logo achou que isso era tão deprimente que lavou as mãos de toda a empreitada e recolheu-se ao leito.

— É demais para uma senhora de idade — protestou ela, recusando-se a deixar o apartamento. — Você e Doug estão se separando e eu vou perder a minha casa. Você vai ter que fazer tudo isso sozinha.

Eu tomava o trem para South Nortwalk todos os dias, andando da estação até a casa. Carreguei e retirei caixotes do sótão, esvaziei armários, desmontei camas e estantes de livros. O caminhão da Legião da Boa Vontade chegava todas as tardes para apanhar toda a mobília de mais um aposento.

No quarto de meus pais, esvaziei as gavetas da cômoda, acariciando os pijamas de algodão macio que tinham pertencido a meu pai. Encontrei um *short* que me lembrei de minha mãe ter usado quando eu estava no jardim-de-infância e a camiseta sem mangas que fazia par com ele. Descobri o vestido que ela usou em meu casamento.

Pouco a pouco, o quarto de meus pais desapareceu e segui adiante, para o banheiro, onde varri velhos batons, pinças, rolos de cabelo e estojos de pó compacto para dentro de um caixote. Então passei para o meu quarto, reduzindo-o a um outro espaço em branco.

Na sala de visitas, tirei os quadros da parede, enrolei os tapetes, empurrei a mesinha de centro de teca vinda de Copenhague para o meio do piso. Encaixotei as pratarias na sala de jantar, embalei os livros no escritório. A cada dia que se passava, a casa tornava-se mais vazia. Até mesmo seu cheiro começou a mudar.

Todas as noites eu voltava para Nova York e fazia sopa de cogumelos. Depois, eu saía para caminhar pelas calçadas varridas pelo vento, tentando me exaurir de maneira a poder dormir. Mas não podia me impedir de ver a cidade através dos olhos de Doug, reparando no arco de uma curva, no reflexo de um sinal de tráfego, na maneira como fios elétricos começavam a cantar pelas ruas. Eu havia cometido um erro terrível. Quando estava tão exausta que não conseguia mais andar trôpega nem um único quarteirão, fazia meia-volta e retornava para casa e para a cama.

— Doug telefonou — disse minha mãe certa noite, quando abri a porta e entrei em casa. — Ele está em Nova York. Está vindo para cá.

Foi doloroso ver Doug no apartamento de minha mãe, rodeado por todos os livros de meu pai. Foi uma recordação tão pungente do que outrora tivéramos e tínhamos perdido, que nos abraçamos bem apertado entrelaçando nossas mãos, como se nunca mais fôssemos nos separar.

Na manhã seguinte, minha mãe estava furiosa.

— As pessoas não se comportam dessa maneira! — exclamou ela depois que Doug foi embora. — Ele está seduzindo você, lhe dando falsas esperanças. — E então ela olhou para mim e acrescentou: — Eu nunca vi você tão infeliz. Ele está apaixonado por uma outra pessoa e agora vai deixar você.

Era mais fácil ficar com raiva de minha mãe do que de mim mesma e passei o dia no sótão, perversamente jogando fora coisas que eu sabia que ela gostaria de guardar: velhas cortinas, roupas de cama feiosas, uma mesa horrenda que ela sempre, de maneira inexplicável, havia adorado. Aquilo me deu uma certa satisfação. Quando a Legião da Boa Vontade tocou a campainha da porta para recolher a encomenda do dia, gritei feliz da vida:

— Pode entrar.

Mas não era a Legião da Boa Vontade.

— Vim de carro até aqui para ver você — disse Doug. — Hoje é noite de lua cheia e pensei que talvez pudéssemos ir ao The Pier para jantar. Para recordar os velhos tempos.

Comemos camarões e lagosta recheados e torta de lima da Flórida. Conversamos a respeito de meu pai e bebemos demais. E então voltamos para a casa vazia, tiramos um colchão da pilha da Legião da Boa Vontade e o pusemos no meio do salão. A lua brilhava fulgurante na janela, transformando o assoalho de madeira em um mar de prata. Deitamos abraçados no colchão, velejando em um vasto oceano de luz cintilante.

Mas em algum ponto durante a noite, depois que a lua se pôs, senti Doug estremecer e despertar. Estava escuro como breu.

— Que foi que houve? — perguntei.

— Tive um sonho muito estranho — disse ele. — Eu estava segurando uma ferramenta elétrica e ela explodiu em minhas mãos.

Eu acordei tendo a certeza de que estava realmente acabado. Fiz café e torradas na cozinha vazia; o caminhão já havia recolhido todas as panelas. Sentamo-nos no chão da sala de jantar e pusemos as mãos em volta das duas xícaras que eu havia deixado separadas para a última entrega.

— Nunca haverá um dia em que não sentiremos falta um do outro — declarei, saboreando o melodrama do momento. Ele me levou de carro até a estação de trem e ficamos parados ali, na plataforma, como acontece em todos os filmes, esperando que o trem chegasse.

— É bom demais o que temos juntos — respondeu ele —, temos que salvar isso.

— Daqui a uma semana — retruquei — você não vai se sentir assim.

O trem chegou. Eu embarquei. Eu estava voltando para a cidade, ia fazer sopa de cogumelos.

Sopa de cogumelos

250 gramas de cogumelos
¼ de xícara de manteiga sem sal
1 cebola pequena cortada em cubinhos
4 colheres de sopa de farinha
1 xícara de caldo de carne
2 xícaras de mistura de leite com creme de leite
sal e pimenta a gosto
¼ de colher de chá de noz-moscada ralada
1 folha de louro

Pique bem finos os cogumelos.

Derreta a manteiga numa caçarola grande. Quando a fervura baixar, acrescente as cebolas e frite ligeiramente até dourarem. Acrescente os cogumelos e frite rapidamente até ficarem marrons.

Mexendo, acrescente a farinha e depois, lentamente, acrescente o caldo, mexendo constantemente.

Aqueça a mistura de leite com creme de leite numa frigideira pequena ou no forno de microondas. Acrescente aos cogumelos, junto com o sal, a pimenta, a noz-moscada e a folha de louro. Deixe cozinhar em fogo baixo por dez minutos. Não deixar ferver.

Retire a folha de louro e sirva.

Rende quatro porções.

Novamente Inverno: Abóbora Suíça

Na noite em que Doug se mudou de Channing Way, eu fiz abóbora suíça. Enquanto cozinhava, recordei-me de um famoso aforismo de Brillat-Savarin: "A invenção de uma nova receita faz mais pela humanidade do que a descoberta de uma nova estrela."

Eu inventei a abóbora suíça.

Assistir Doug fazer as malas tinha sido insuportável.

— Você também devia se mudar daqui — comentou ele, enquanto cuidadosamente arrumava seus desenhos uns sobre os outros em caixas. — Devia arranjar um lugar só seu, tentar morar sozinha durante algum tempo, sem a rede de proteção de Channing Way. — Quando não respondi, ele prosseguiu em tom amargo: — Você está planejando ir direto morar com Michael, não está?

— Não sei o que estou fazendo — respondi. Era verdade. Em certos dias, eu saía para procurar apartamento com Michael. Em outros, ia procurar apartamento sozinha. Paralisada pela indecisão, continuei morando em Channing Way. Doug estivera viajando tanto que se eu me esforçasse para não reparar que seus pertences não estavam mais lá, a casa não parecia muito diferente. Era a mesma grande bagunça que sempre havia sido, cheia de gente demais e com quartos de menos. Era fácil enganar a mim mesma e me induzir a pensar que Doug apenas havia partido para mais uma viagem.

Então fui visitar sua casa nova. Era igualzinha a ele: calma, frugal, silenciosa. As paredes eram de velhos tijolos aparentes, o pé-direito era alto e Doug havia pintado as vigas de madeira de um verde enegrecido. O espaço era amplo, aberto, com alguns belos objetos estrategicamente posicionados para capturar o olhar.

Andei um pouco pela casa, tocando as coisas que um dia haviam pertencido a nós dois. O pássaro de pedra que tínhamos comprado na Itália estava empoleirado em sua prateleira na cozinha, o edredom de retalhos com padrão de cores fundamentais de nossa cama agora cobria a cama dele. Doug havia feito, ele mesmo, uma pequena mesa redonda para a sala, com pernas de Charlie Chaplin que lhe davam um aspecto humano. A casa não se parecia com lugar nenhum em que algum dia tivéssemos vivido juntos.

Havia cartas sobre a mesa no vestíbulo. Quando vi que eram endereçadas a ele, finalmente tomei consciência do fato. Ele agora morava ali, ele estava em casa. Eu tinha feito isso. Eu havia despedaçado minha vida. Nunca, mas nunca mais em minha vida eu estaria segura novamente.

Doug moeu grãos de café e me abraçou enquanto esperávamos que a água fervesse.

— Nós tomamos a decisão correta — disse ele. — Nosso relacionamento nos deu força para sermos capazes de viver um sem o outro. Nós nos tornamos mutuamente independentes.

Palavras, pensei. Tantas palavras. Meu homem silencioso estava se tornando um conversador, e eu não sabia mais nem se estava sendo sincero no que dizia. Então ele me beijou e acrescentou:

— Para mim o nosso relacionamento é mais importante do que o nosso casamento. É por isso que quero deixar que o casamento acabe.

— Hum-hum — suspirei, virando-me para ir embora. Quando cheguei à porta, ele disse:

— Acho que vou assar uma galinha. Você podia me ensinar como fazer a galinha?

— Não se preocupe — respondi —, vai descobrir como se faz.

E então desci a escada e saí pela porta. Eu estava indo para casa para assar uma abóbora.

Abóbora suíça

1 abóbora, com cerca de 2 quilos
1 baguete de 35 centímetros cortada em fatias de
5 milímetros, depois ligeiramente tostadas
120 gramas de queijo Gruyère, ralado
1¾ de mistura de leite com creme de leite
2 ovos grandes
1 ½ colher de chá de sal kosher
1 colher de chá de pimenta-do-reino moída na hora
¼ colher de chá de noz-moscada ralada

Preaqueça o forno a 175°C.

Cuidadosamente corte uma fatia de 2,50 centímetros do topo da abóbora. Reserve a fatia cortada, com uma colher retire e jogue fora as sementes e as fibras. Faça três camadas separadas, cada uma de torrada e de queijo dentro da cavidade da abóbora, alternando as camadas e acabando com o queijo. Bata com um batedor a mistura de creme com leite, os ovos, o sal, a pimenta e a noz-moscada e lentamente ponha essa mistura dentro da abóbora. Recoloque a fatia cortada da parte de cima da abóbora e asse em uma forma rasa na grade do meio do forno até a abóbora ficar macia, cerca de duas horas. Sirva retirando com uma colher a polpa da abóbora junto com o pão e o queijo.

Rende quatro porções.

9

Chovendo camarões

CRÍTICA DE GASTRONOMIA ENGASGA E
MORRE SUFOCADA EM RESTAURANTE

A manchete passou num clarão em minha cabeça. Se pudesse ter achado graça, teria rido. Mas não podia. Eu não conseguia engolir, não conseguia respirar, não conseguia falar e parecia incapaz de fazer qualquer das pessoas ao meu redor compreender que estava em séria dificuldade. Eu estava em um pequeno restaurante, rodeada por 20 de meus melhores amigos, mas, em meio à exuberância coletiva, meu silêncio passou despercebido.

Eu estava acomodada no canto do fundo, com uma parede atrás de mim e uma do lado, sem conseguir me libertar de meu assento. A passagem do tempo tornou-se mais lenta e comecei a compreender que se não fizesse alguma coisa muito depressa, realmente iria morrer. A ironia da situação não deixou de me ocorrer: eu havia acabado de me apaixonar por comida tailandesa e ela estava prestes a me matar.

Não havia esperado muito daquele pequeno restaurante vagabundo de Berkeley. Quando o primeiro prato demonstrou ser uma sopa de cor carmesim brilhante, fiz cara de pouco caso para a tigela de sopa e sentenciei:

— Corante de comida — em minha voz mais depreciativa de crítica de restaurante. Então me dignei a tomar uma colherada.

Minha cabeça explodiu. Senti minhas faces se aquecerem e se ruborizarem e os olhos ficarem úmidos. As palmas de minhas mãos formigavam. Calafrios sucessivos desciam por minha espinha. Subitamente, estava em tamanha sintonia com as sensações que podia sentir o relógio tiquetaqueando em meu pulso. Nenhuma comida jamais fizera isso comigo antes.

A sopa picante carmesim estava salpicada com folhas rendadas de coentro, como pequeninas rajadas de brisa por trás do calor. Pequenos pompons de tofu frito, tão sem substância quanto nuvens, flutuavam no líquido. Tomei mais uma colherada da sopa e senti um gosto cítrico, como se limões outrora tivessem planado através dela e deixado ficar para trás seus espíritos.

Depois disso, vieram bolinhos de peixe tropical, temperados com coco e rajadas de gengibre. E depois *curries* — verdes e vermelhos — explodiram em minha boca. Eu estava ficando eufórica, meu corpo inteiro inundado por uma sensação de bem-estar.

E aquilo foi a minha perdição. Inebriada e ávida pela sensação seguinte, havia ficado tão silenciosa que, quando o *satay* se colou em minha garganta, ninguém reparou.

Quando minha respiração cessou, comecei a entrar em pânico e a agitar os braços em círculos. Jules, que estava sentado ao meu lado, perguntou despreocupadamente:

— Você quer alguma coisa? — e me passou sua cerveja. Tomei um gole e o observei ficar olhando a cerveja escorrer e pingar da minha boca, lentamente me dando conta de que eu não conseguia engolir.

Naquele momento Michael saltou sobre a mesa, afastou todo mundo com um empurrão e me agarrou. Ele passou os braços abaixo de minha caixa torácica e apertou empurrando para cima com tamanha força que o pedaço de carne que estivera entalado em minha garganta voou longe até o meio do salão. O ar entrou jorrando de volta em meus pulmões, a cor retornou às minhas faces. Eu ia viver!

— Obrigada — disse-lhe. — Você salvou a minha vida.

— De nada, foi um prazer — respondeu ele.

— Eu tenho que ir à Tailândia — declarei a seguir.

— Entendi — disse ele. — Quando você estava morrendo sua vida inteira passou diante de seus olhos. Você teve uma epifania. Se deu conta de que tinha que ver a Tailândia antes de morrer.

— Foi alguma coisa parecida com isso — respondi.

Todos os homens tailandeses, disse-me a mulher da Agência Nacional de Turismo da Tailândia, tornam-se monges aos 20 anos de idade. Pensei a respeito disso enquanto voava. Havia, dissera ela, mais de 300 templos só em Bangcoc, e eu me imaginei caminhando em meandros por ruas silenciosas, observando monges passarem em filas, vestindo trajes cor de laranja-açafrão, entoando baixinho cânticos melodiosos.

Eu havia conseguido organizar a viagem com uma rapidez incomum ao implorar a todos os editores que conhecia que me encomendassem uma matéria especial para fazer. Numa questão de dias, três deles haviam concordado e eu tinha trabalho suficiente para tornar a viagem uma realidade.

— Você não está indo para a Tailândia — comentou Michael —, está apenas fugindo. Isso é mais fácil do que decidir o que fazer de sua vida. Está se deixando levar sem direção, esperando que alguma coisa aconteça de modo que não tenha que tomar uma decisão. — Ele tinha uma visão muito clara de meu futuro: queria que eu entrasse com o pedido formal de divórcio e que fosse viver com ele. Queria se casar comigo e ter filhos.

Doug também achava que eu estava sendo irresponsável. E ele também tinha um plano para mim.

— Você precisa viver sozinha durante algum tempo — afirmara. — Você devia encontrar um apartamento para morar.

Embora nós não vivêssemos mais juntos, nenhum de nós fizera nenhum movimento para pedir o divórcio e, quando estávamos juntos, conversávamos como se tivéssemos um futuro pela frente.

Ir para Bangcoc, eu sabia, era uma opção covarde, mas queria me afastar dos dois. O sudeste da Ásia parecia exótico e desconhecido, o lugar perfeito para um encontro com o destino.

Enquanto o avião começava a aproximação de Bangcoc, olhei para baixo e vi campos verdejantes inundados, pontilhados por pequenas choupanas de teto de palha e rios serpenteando por toda parte. O tempo estava enevoado e me lembrei de uma outra coisa que a mulher da Agência Nacional de Turismo tinha comentado: "Nossa terra é tão luxuriante que na estação das monções dizemos que está chovendo camarões."

Mas não choveu nenhum camarão enquanto o táxi seguia lentamente em meio ao tráfego pesado em direção ao hotel. E, enquanto avançávamos aos solavancos e freadas através da paisagem industrial, nenhum templo se elevou em meio ao negrume. O céu estava escuro, as ruas inundadas, o ar tão poluído que era difícil enxergar os prédios feios pelos quais estávamos passando. Buzinas tocavam com estridência, motores roncavam e tubos de sucção de bombas cuspiam fumaça. Minha cabeça doía, meus olhos ardiam.

— Bem-vinda a Bangcoc! — gritou o motorista.

— O quê? — gritei em resposta.

— Noventa e cinco por cento de todos os carros da Tailândia estão aqui em Bangcoc — berrou ele.

— Pensei que as pessoas andassem de barco pelos canais — gritei.

— A senhora provavelmente também pensou que fizéssemos compras no mercado flutuante — gritou ele por sobre o ombro.

— E não fazem? — eu tinha que escrever uma matéria sobre o mercado flutuante de Bangcoc, encomendada pela revista *Cuisine*.

— Aquilo é só para turistas — berrou ele. — O mercado central é muito mais prático.

— O senhor já foi monge? — perguntei, de repente desconfiada.

— É claro — respondeu ele em tom solene. — Fui estudar as escrituras sagradas e me purificar. É nossa tradição.

— Fico contente por ouvir o senhor dizer isso — retruquei.

— O quê? — gritou ele. Bangcoc podia ter a maioria dos carros da Tailândia, mas não parecia ter um único amortecedor de som.

— Fico muito contente — berrei, fazendo um megafone de minhas mãos.

— Não se preocupe — urrou o motorista. — Seu hotel é como um templo. É muito tranqüilo.

Uma mulher de pele muito lisa, com cabelos até a cintura e orquídeas no pescoço estava postada na entrada do hotel. Ela se inclinou numa reverência quando entrei. Uma outra beldade vestida em um sarongue me conduziu por corredores silenciosos. Ela abriu as portas de meu quarto e entrei, caminhando sobre grossos tapetes brancos até um banheiro de mármore branco. O quarto estava cheio de flores. Uma garrafa de champanhe repousava em um balde de gelo, uma cesta transbordava de mangostões e rambotãs. A mulher me conduziu até a porta de vidro do terraço e para fora até o parapeito. Abaixo de nós o sol rebrilhava nas águas do rio, como se a cortina de poluição pairando sobre a cidade tivesse sido aberta. Em Bangcoc, pensei, o sol brilha somente para os ricos. A mulher sorriu novamente, juntou as mãos em um gesto de prece e saiu pela porta, andando de costas.

Eu desabei na cama, exausta e zonza com a diferença de fuso horário e já oprimida pela estranheza de tudo aquilo. Meus olhos se fecharam. Estava de volta a San Francisco, perdida, tentando ir me encontrar com Doug para jantar. Eu estava atrasada, estava nua, estava correndo. Toda rua em que entrava era um beco sem saída e em todas Michael sempre aparecia saindo de umbrais de porta, sorrindo perversamente, como um joão-teimoso de máquina de jogo de tiro ao alvo. Sinos tocavam e eu corria, tentando me cobrir enquanto os sinos tocavam cada vez mais alto. Longe, lá embaixo no final da rua, eu podia ver Doug, mas quanto mais corria na sua direção, mais distante ele ficava. O ruído estava se tornando insuportável...

E então acordei, suando e desorientada, e os sinos eram a campainha do telefone. Agarrei e atendi.

— Ruth? — disse uma voz grave de sotaque francês. Era Jacques, meu único amigo na Tailândia. Ele passaria para me apanhar dentro de uma hora.

Jacques era o personagem mais romântico que jamais aparecera em Channing Way. Era um amigo de Nick, um homem corpulento, de cabelos castanhos vigorosos e um rosto muito marcado e maltratado que fazia com que parecesse um ex-lutador de boxe. Na verdade, Jacques era o correspondente de um jornal francês em Bangcoc, e eu o conhecia porque em suas horas vagas ele compunha música eletrônica. Era um homem agradável, apaixonado por vinhos e, segundo se dizia, amigo tanto de John Cage quanto do príncipe Sihanouk. Nenhum de nós jamais conhecera ninguém que estivesse à altura de Jacques e, quando não tínhamos nada de melhor para fazer, sentávamo-nos numa roda e ficávamos tecendo especulações sobre se ele seria um espião. Encontrá-lo ali, parado à minha espera na recepção do hotel, foi como descobrir um pedacinho de Berkeley no meio de Bangcoc.

— Esta noite — disse Jacques, dando-me um sorriso enviesado —, vamos comer como tailandeses. — Ele me conduziu para a noite quente, úmida e barulhenta de Bangcoc. — As pessoas aqui comem aos bocadinhos, indo de um restaurante para outro. Espero que você goste de comida picante, gosta?

— Nunca provei nada que fosse picante demais para mim — gabei-me. Os olhos de Jacques brilharam.

— Bravo! — exclamou ele. — Então vamos começar pelo restaurante que fica perto do ringue de boxe.

— Eu adoro morar aqui — comentou, enquanto o manobrista vinha trazendo sua lambreta. — Mas é preciso ser meio maluco. — Montamos na lambreta e mergulhamos no redemoinho de tráfego.

Imediatamente ficou claro que Jacques não tinha nenhuma intenção de me levar a lugares para turistas. Likit era um pardieiro sujo, um enorme salão vazio, com centenas de galinhas assando em leitos planos de carvão em brasa na frente. Ventiladores circulavam acima de nossas cabeças numa vã tentativa de dispersar a fumaça. O aroma era delicioso.

— Eles são famosos pela galinha na brasa — disse Jacques, chutando alguns papéis no chão. Os papéis subiram esvoaçando e tornaram a se assentar nas ripas de madeira. — No Ano-novo, as pessoas fazem fila durante horas para comprá-las para levar para casa.

A galinha estava crocante e suculenta, bem temperada e fragrante. Estava ensopada, gotejando, com um molho ralo de pimenta-malagueta que ardeu agradavelmente no fundo de minha garganta.

— Isto é uma delícia — comentei, lambendo os dedos, enquanto a garçonete punha uma travessa de carne de porco frita com alho e pimenta sobre a mesa. Olhei em volta em busca de talheres.

— Onde estão os pauzinhos de comer? — perguntei.

— Na Tailândia, os pauzinhos só são usados para comer macarrão — respondeu Jacques, servindo arroz em seu prato com uma concha. Ele pegou uma colher com a mão direita e um garfo com a esquerda. — Os tailandeses comem com colheres — disse ele, dando-me uma demonstração. — O garfo serve para empurrar. — Ele apontou para pratos de pequenas pimentas sobre cada mesa, e travessas cheias de repolho, alface, manjericão, vagens e coentro. Garrafas de molho picante e vinagre ficavam de sentinela atrás das travessas. — Aqui, quando você come, também tem que ser um pouco cozinheiro — prosseguiu ele, borrifando o molho picante sobre sua carne de porco. Jacques acrescentou um pouco de coentro e uma pequena quantidade de vinagre. — A comida é sempre servida acompanhada por condimentos e você tempera cada prato a seu próprio gosto. — Eu segui seu exemplo e comi um pedaço. Os sabores saltaram ao redor de minha boca, sobrepostos, intensos. Havia um, muito verde e com gosto de terra, que não consegui identificar.

— O que é esse sabor que vai para o lado da boca? — perguntei. Jacques pareceu ficar muito satisfeito.

— Raiz de coentro — respondeu. — É muito, muito usada na Tailândia e quase nunca no resto do mundo.

— Está delicioso — comentei, um pouco desapontada com o fato de que nenhum dos pratos fosse picante.

A garçonete pôs sobre a mesa uma grande tigela cheia de caranguejos. Estavam fragrantes com pimenta-malagueta e perfumados de cerveja.

— "Beliscadores" cozidos no vapor — disse Jacques, acrescentando mais pimentas-malagueta e manjericão a seu prato.

Eu segui seu exemplo, mas mesmo assim o prato não ficou bastante picante e comecei a pensar que a comida tailandesa de verdade fosse diferente da que me havia sido servida na Califórnia.

Então a garçonete colocou uma outra travessa sobre a mesa.

— *How dong* — anunciou ela.

— Carne de caça — explicou Jacques. — Não tenho muita certeza de que tipo. *How dong* pode ser muitas coisas, mas é sempre alguma coisa da floresta.

— Ah, eu adoro caça — declarei, servindo-me de uma grande porção. Com ostentação, salpiquei uma boa dose de molho picante em cima, acrescentei algumas folhas de manjericão e um par de pimentas-malagueta, então comi uma colherada.

Aquilo foi um erro. O prato era incendiário. Estendi a mão para o copo de água.

Jacques deu uma gargalhada e tomou o copo de minha mão.

— Água só vai fazer ficar pior — disse ele, passando-me uma pequena bola de arroz pegajoso. — Isto deve ajudar. — Dei uma mordida e a dor começou a ceder.

— Mas o que *é* isso? — perguntei.

— *How dong* — respondeu ele. — É sempre barato e é sempre muito picante. É feito de carnes variadas, poderia ser qualquer coisa: cobra, rato almiscarado, filhote de leão. A receita requer montes de pimenta-malagueta, pimentão e especiarias para mascarar o sabor da carne. Se você quiser comer algo bem picante, peça *how dong*. Está pronta para a próxima aventura?

Seguimos em alta velocidade pelas ruas vibrantes, cantando pneus nas curvas, ultrapassando carros, raspando nas calçadas, até chegarmos ao mercado noturno. Serpenteamos passando por barraquinhas com altas pilhas de pratos, parando para comprar espetos de lula grelhada e trouxinhas bem-feitas embrulhadas em folhas de bananeira. Abrindo o envelope verde, descobri um retângulo de arroz pegajoso tão saturado de leite de coco que quando o cheiro doce e tropical subiu, apagou o aroma circundante de *curry*, gengibre e limas.

Seguimos adiante entrando em bares, onde bebemos uísque tailandês e onde as mulheres se atiravam em cima de Jacques como se eu não estivesse presente. Por volta da meia-noite, começou a chover e Jacques me levou a um lugar numa das pequenas ruelas de terra batida que saíam das avenidas principais. Pouco mais que um casebre com um teto de latão corrugado, tinha uma churrasqueira primitiva nos fundos, onde um homem estava postado grelhando moluscos como berbigões e amêijoas: nós os tirávamos rapidamente do fogo, encharcávamos com suco de lima e pimentas e os virávamos na garganta. A chuva caiu pesada, com estrondo, como se fossem tambores, como música, e Jacques jogou a cabeça para trás e gargalhou. Bebemos mais uísque misturado com água mineral engarrafada e Jacques me mostrou as panelas de comida em fogo baixo em um fogão.

— Você apenas aponta o que quer — disse ele, pedindo alguma coisa que veio submersa em um molho da cor de Tabasco.

O estrondo no telhado cessou, abruptamente, e o silêncio foi surpreendente, tão alto quanto a música. Jacques agarrou minha mão e me puxou para fora.

— Está na hora do próximo prato — declarou.

As ruas ainda estavam cheias de gente. Mulheres com vestidos inacreditavelmente justos convidavam para entrar, paradas em vãos de portas. Atrás delas, podíamos ver homens sentados ao redor de mesas jogando dados, bebendo cerveja. A música flutuava no ar em nossa direção, em meio à escuridão.

Seguimos na lambreta em meio ao ar pesado e úmido. De quando em quando, uma brisa acariciava nossas faces. Um templo assomou diante de nós e Jacques reduziu a velocidade. Em meio à escuridão, eu consegui apenas distinguir o contorno do teto pontudo e uma velha sentada no chão, no vão da porta de entrada, de pernas cuzadas. Jacques desmontou da lambreta e foi se agachar ao lado dela. Ele sussurrou alguma coisa em tailandês e fez sinal para que eu me aproximasse.

A velha deu uma palmadinha no chão e me sentei de frente para ela. Ela estendeu a mão direita, eu pus a minha mão na dela. Ela passou a mão esquerda sobre o dorso de minha mão, mal tocando-a, como se pudesse ler meus pensamentos através de minha pele. Então virou-a para cima, pegou uma vela e ficou sentada esquadrinhando a palma de minha mão por muito tempo.

— Devo fazer perguntas? — consultei Jacques.

— Não é necessário — respondeu ele. — Ela falará quando estiver pronta. — A velha se manteve praticamente imóvel, calada, observando minha mão e depois começou a falar.

— Você é forte e bem-sucedida — traduziu Jacques. — Ela diz que você faz um trabalho incomum e que isto sustenta sua família. — A velha calou-se por mais um momento.

— Ela diz que você não tem filhos, mas que quer ter um.

Eu assenti.

— Ela diz — continuou ele — que está separada de seu marido. Diz que a pergunta que você quer fazer é se deve voltar para ele.

A velha se manteve em silêncio durante alguns minutos. O vento fazia farfalhar as folhas acima de nós. Então ela começou a falar, lenta e cuidadosamente.

— Sim — disse Jacques. — A resposta é que deve sim. Há apenas um homem em sua mão. Ela diz que seu destino é com ele.

A mulher abruptamente deixou cair minha mão. A leitura estava acabada. Estendi um punhado de *bahts*. Ela pegou cada moeda individualmente, olhou para o meu rosto, depois assoprou a vela e desapareceu na escuridão.

— Preciso de um drinque — anunciei.

Voltamos a montar na lambreta e partimos em grande velocidade. Subitamente, Jacques fez uma curva abrupta, entrou numa ruela e parou defronte a um outro casebre de teto de latão.

— É o melhor lugar de Bangcoc depois de uma longa noitada bebendo — disse ele, levando-me para dentro. O lugar era pequeno e mal iluminado. — Eles são especialistas em *congee.* O arroz é bom, absorve o álcool. E depois você come aquilo ali, com mais um pouquinho de uísque, para levar você de volta ao ponto de partida.

Ele estava apontando para travessas cobertas com pequenos caranguejos lindamente translúcidos, as carapaças ligeiramente azuladas contrastando com as ovas de cor vermelho-vivo.

— *Pu dong* — disse ele. — São marinados, crus. — Peguei um e o enfiei na boca, perguntando-me apenas por um segundo se seria aconselhável comer caranguejos crus na Tailândia. Mas já estava na minha boca, o pensamento foi apagado e eu estava saboreando a sensação da carne escorregadia. Era suculenta e muito picante, mas por trás do sabor picante havia uma doçura surpreendente e agradável.

Jacques me mostrou como raspar a ova do caranguejo e mastigar as cascas, que eram tão macias que se dissolviam deixando apenas sabor. Minha boca era o frescor do mar, a luz do sol na pimenta, o gosto do arroz crescendo nos campos alagados. Minha cabeça estava girando. Tomei mais uma dose de uísque puro. Comi outro caranguejo. E então meus olhos estavam se fechando.

Eu me segurei em Jacques, mal conseguindo me manter desperta enquanto evitávamos o tráfego. O ar noturno estava quente e carregado de umidade, você podia sentir o cheiro da chuva que ainda estava por cair. Luzes néon passavam em clarões, buzinas berravam.

E então, de repente, o ruído parou. As árvores balançavam, refrescando a noite. Flores se abriram para perfumar o ar. Portas giraram silenciosamente em gonzos bem lubrificados. Uma mulher de cabelos longos trançados com orquídeas estava me convidando a entrar com uma mesura. Eu desabei na cama.

Naquela noite eu não sonhei e, quando acordei, estava calma, como se um grande peso tivesse sido tirado de meu peito: depois de todo aquele tempo, foi bom saber meu destino. Eu iria para casa, empacotaria minhas coisas e iria morar com Doug. Se ele me aceitasse de volta. O futuro parecia claro. Envolta nesse casulo de confiança, circulei pela Tailândia, concentrada apenas em comida.

Os sabores mudavam, dramaticamente, enquanto eu viajava. No norte, em Chiang Mai, o próprio ar era perfumado de alho, que era comido com tudo. De manhã, até o desjejum chegava salpicado com alho em conserva.

— A comida do norte é muito melhor do que a que eles comem em Bangcoc — disse uma mulher em Chiang Mai. Ela apontou para o arroz pegajoso que era servido numa cesta em todas as refeições, depois me mostrou como enrolá-lo para formar uma bola com apenas três dedos e então embebê-lo no molho.

Eu me descobri memorizando os pratos de que gostava: as pequeninas abóboras recheadas com flã de coco; a carne crua picadinha, *larb*; as minúsculas espigas de milho salpicadas de pó de pimenta-malagueta.

Em Chiang Rai, sentei-me em uma barraquinha na beira da estrada e fiquei vendo os búfalos labutarem nos alagados campos de arroz, enquanto as crianças pescavam com redes de argolas, e patinhos amarelos nadavam ao seu redor. A especialidade local, *kang kee lek*, era um mingau cremoso bem picante feito de carne de porco, leite de coco e sementes de acácia que eu achei absolutamente irresistível.

Em Phuket, onde nas placas ao longo da praia de Patong lia-se: MARINHA DOS EUA, PATONG LHES OFERECE VINHO, MULHERES E MÚSICA, as pessoas eram malucas por conservas em salmoura tipo picles; em minha primeira visita ao mercado, provei conserva de abacaxi em salmoura, conserva de goiaba em salmoura e conserva de olivas em água doce. As olivas de água doce tinham um gosto tão estranho, que fiz uma careta e a mulher ao meu lado caiu na gargalhada.

— Você não gostou disso? — perguntou. Eu sacudi a cabeça. — Eu também não gosto — disse ela. — De onde você vem?

Eu respondi e ela pareceu ficar impressionada.

— Homens americanos, vemos muitos — comentou. — Mulheres, nenhuma. — Eu lhe disse que tinha visto as placas e que tinha achado as praias decepcionantes.

— Você já esteve na praia de Karon? — perguntou ela. Quando respondi que não, ela insistiu em se encontrar comigo, no dia seguinte, de modo que pudesse me mostrar a praia. Tomamos um ônibus até o fim da linha, onde homens puxavam barcos cheios de peixes sobre uma extensão de areia límpida, muito branca. Você escolhia o que queria e eles cozinhavam ali mesmo, em uma pequena fogueira à beira-mar.

Comendo aquele peixe de pele crocante com uma estranha simpática, pensei em Doug, desejando que ele estivesse ali para dividir aquele momento comigo. Ao longo das semanas seguintes, apanhei-me em flagrante registrando pequeninos detalhes que sabia que ele apreciaria. Eu mal pensei em Michael: ele era a minha velha vida, ficara para trás. Eu estava seguindo adiante.

Voltei para o calor úmido e sensual de Bangcoc para passar minhas últimas noites na Tailândia.

— Senti falta de você e de sua verba de despesas — disse Jacques quando telefonei. — Descobri um restaurante que você tem que conhecer. — Ele deu uma grande risada e acrescentou: — É caro.

O tal restaurante era um supermercado com caixotes cheios de todos os tipos imagináveis de peixes e verduras revestindo as faces laterais. No meio, onde deveriam ter estado os corredores de circulação, havia mesas. Gente chique passeava pelo espaço, enchendo seus carrinhos de compras com cavaquinhas e aipo, pargos e tríbulos-aquáticos — as ervas aquáticas e suas nozes —, lagostas e caranguejos.

— Você tem que inventar seus próprios pratos — disse Jacques, empilhando camarões grandes como o seu punho e talos claros e delicados de broto de aipo no carrinho —, e depois de pagar, você leva os ingredientes para os *chefs* e diz a eles como quer que preparem o que você comprou. Há um custo separado de cozinha.

Nós inventamos três pratos e depois de vermos os *chefs* prepará-los sobre as chamas flamejantes, eu disse:

— Leve-me de volta até aquela mulher que leu minha mão.

— Não censuro você por isso — comentou ele. — Quer saber quando vai voltar aqui.

Ele não havia feito uma pergunta, de modo que não tinha que dizer a ele que havia uma outra pergunta para a qual eu queria resposta. Eu queria ter certeza de estar tomando a decisão correta.

A velha senhora ainda estava sentada diante do templo, como se não tivesse se movido durante o mês que se passara desde que eu a vira pela última vez. Sentei-me diante dela. Mais uma vez ela pegou minha mão.

— Você é forte e bem-sucedida — traduziu Jacques. — Ela diz que você faz um trabalho incomum e que isto sustenta sua família. — A velha calou-se por mais um outro momento.

— Ela diz que você não tem filhos, mas que quer ter um.

Eu tinha ouvido tudo isso antes. Ele continuou a traduzir:

— A pergunta que você quer fazer é se deve voltar para seu marido. — E então, sem fazer uma pausa, ele prosseguiu: — Ela diz que há dois homens em sua mão e que seu destino está com o segundo.

Olhei para o alto e comecei a rir de mim mesma. Eu estava numa rua de aparência enganosa, numa cidade estranha, procurando por respostas mágicas.

— Pelo menos a comida estava boa — comentei, dando algumas moedas à velha.

Miang Kam

Talvez a velha soubesse exatamente o que estava fazendo. Porque ela fez com que eu me desse conta da absoluta estupidez de meu comportamento, fez com que eu visse que tinha ido longe demais para voltar atrás. Durante todo o caminho de volta para casa, pensei em Michael, senti falta de sua companhia e me dei conta de como eu tinha sorte por estar com um homem que era sempre interessante para mim.

E então desembarquei do avião e o vi parado junto ao portão, conversando com uma mulher alta, de cabelos louros, de um tom amarelo-tostado. Os cabelos dele pareciam muito negros contrastando com sua pele morena, os dentes muito brancos. A mulher se inclinou, chegando-se mais junto dele por um momento, e eles faziam um par tão bonito, tão atraente, que todos os olhos se viraram para admirar. Eu me atirei nos braços dele, senti o calor subindo de seu corpo.

— Ela está contente por me ver! — exclamou ele, rindo.

Voltamos para a casa de Michael e preparei este prato para ele, a partir de uma receita que me foi dada por um chef *tailandês chamado Boonchoo Pholatawarna. É comida de rua, o tipo de coisa que é vendida em todos os mercados tailandeses. É um prato de salgadinhos fantástico para servir em um coquetel, mas também é um petisco maravilhoso para servir a seu amante.*

INGREDIENTES PARA O XAROPE

½ xícara de água
½ xícara de açúcar mascavo castanho-claro de pacote
2 colheres de sopa de molho de peixe asiático
2 colheres de chá de gengibre fresco, descascado e picado bem fininho
2 colheres de sopa de amendoins salgados e tostados, picados bem fininhos
¼ de xícara de coco ralado (desidratado) tostado

INGREDIENTES PARA AS TROUXINHAS

¼ de xícara de camarão miúdo seco

½ xícara de coco ralado (desidratado) tostado

¼ de xícara de cebolinha ou cebola vermelha bem picadinha

¼ de xícara de gengibre fresco, descascado e picado bem fininho

¼ de xícara de amendoins salgados e tostados, bem picadinhos

¼ de xícara de pimentas asiáticas, tipo malagueta, frescas, bem picadinhas, ou pimentas vermelhas mexicanas tipo chili serrano, sem sementes se preferir, picadas bem fininhas

1 lima, cortada em meias rodelas finas

1 cabeça de alface romana, separada em folhas

COMO PREPARAR O XAROPE

Misture batendo a água e o açúcar numa pequena caçarola e ferva, mexendo de vez em quando, até estar reduzida a meia xícara, cerca de cinco minutos. Retire a panela do fogo e mexendo acrescente o molho de peixe, o gengibre, os amendoins e o coco ralado. Transfira para a tigela onde será servido.

COMO MONTAR AS TROUXINHAS

Arrume todos os ingredientes restantes em montes separados em uma grande travessa.

Para comer, cada pessoa deve encher o centro de uma folha de alface com um pouco de cada um dos condimentos, então espremer o suco de limão em cima e colocar um pouco do molho com uma colher antes de dobrar a folha até formar uma trouxinha bem-feita.

Serve quatro porções (rende cerca de 16 trouxinhas).

10

Pato da meia-noite

Quando o portão girou nos gonzos e se abriu, prendi a respiração. Tudo que eu conseguia ver eram quatro degraus de pedra, subindo em curva em direção a um gramado. Michael segurou minha mão e começamos a subir. Depois do primeiro degrau, muros verde-escuros surgiram à vista, cobertos de hera e tão antigos que eu sabia que seriam macios quando os tocasse. O segundo degrau revelou uma passagem de treliça coberta com pés de jasmim, que conduzia ao chalé propriamente dito, pequenino e vermelho, com a chaminé inclinada, posicionada em um ângulo gracioso. Mas foi só no último degrau que o cenário inteiro tornou-se visível.

Estávamos em um jardim fechado, escondido do mundo por muros cobertos de musgo. Um carpete de grama se estendia sob nossos pés e, não muito longe, em um recanto, um sapo saltou dentro de uma minúscula fonte com um discreto ruído de água. Margaridas aglomeravam-se sob a luz do sol, diante do chalé, e me parecia que cada raio de sol de San Francisco devia estar concentrado ali. O silêncio era tão profundo que, a despeito do tráfego na rua lá fora, podíamos ouvir o canto de um pisco-de-peito-ruivo nos dando as boas-vindas do alto do muro.

— É difícil acreditar que estamos em San Francisco — sussurrei. — Parece que estamos numa daquelas aldeias nas montanhas da Toscana.

— Você não precisa sussurrar — disse Michael. — É nosso.

— Como você o encontrou? — Eu ainda estava sussurrando, temerosa de quebrar o encantamento.

Michael sorriu e segurou minha mão. Por um momento ele permaneceu calado. Finalmente disse:

— Eu sabia que tinha que encontrar, de modo que encontrei.

— Acho que eu deveria chamar você de Rumpelstilskin — comentei, pois ele havia conseguido fazer o impossível. Depois de Bangcoc, eu dissera a Michael que iria morar com ele quando encontrássemos um lugar perfeito. Aquilo soava como uma decisão, mas na verdade ainda estava me protegendo de qualquer risco: imóveis para alugar na região da baía eram praticamente inexistentes, especialmente para pessoas com pouco dinheiro.

Mas Michael não era como eu nem como Doug; ele corria atrás das coisas que queria e sabia como transformar um não em um sim. Naquele momento, ele me conduziu ao interior da casa, dizendo:

— Por favor, não me obrigue a matar um outro dragão.

Por dentro, o chalé era ainda melhor. A sala era espaçosa, com uma grande lareira numa das extremidades e uma parede de janelas com vista para o jardim na outra. A cozinha era compacta, mas tinha uma grelha a lenha e uma churrasqueira elétrica. Um dos quartos tinha uma varandinha, e do outro se podia ver um pedacinho de mar da baía, entre dois prédios. Eu me sentia como se Michael tivesse balançado uma varinha mágica e feito o chalé aparecer do ar, como que por encanto.

Mas, depois de dez anos em Channing Way, a absoluta perfeição do lugar era difícil de aceitar. E, comparada com a camaradagem descontraída da vida em comunidade, eu achava que viver com apenas uma pessoa era extremamente estressante.

— Agora você vai ver como não é fácil — comentou Doug, quando veio fazer uma visita. Havia uma nota de satisfação na sua voz que me fez desconfiar que Doug estava tão assustado quanto eu. — Ainda sonho com você toda noite — confessou ele.

— Eu também sonho com você — admiti, confessando que me mudar para o chalé havia me deixado deprimida. Eu tinha tentado esconder o sentimento de Michael, mas, sem nenhum bando de gente para me rodear, sentia-me exposta, nua. Morar com uma porção de gente era bem mais seguro.

E então, para piorar ainda mais as coisas, minha mãe anunciou que estava planejando uma visita no feriado do dia de Ação de Graças. A idéia de estarmos os três juntos no chalé era quase insuportável. Michael ficou ainda menos entusiasmado do que eu.

— Será que sua mãe não pode deixar para vir estragar o Natal ou alguma outra coisa? — exclamou ele. — O dia de Ação de Graças é meu feriado predileto e estava fazendo planos para celebrar o primeiro que passamos juntos, só nós dois, em nossa casa. Além disso, você sabe que ela vai me detestar. Ela vai passar o tempo todo dizendo a você como vivia muito melhor com Doug.

— Se isso for tudo o que acontecer, estaremos com sorte — resmunguei.

— O quê? — perguntou ele.

— Ah, nada — respondi apressadamente. — Vou ver se consigo convencê-la a vir no Natal.

Minha mãe não ficou nada satisfeita.

— Deixe-me ver se compreendo o que você está dizendo — retrucou ela, em tom gelado, quando sugeri a troca. — Você não quer que eu vá no feriado do dia de Ação Graças.

— É só que pensei que talvez fosse melhor se você viesse no Natal — respondi cautelosamente. — Sabe como é, você não é muito uma pessoa de comer e também não gosta muito de peru. Mas passar o Natal sozinha pode ser muito deprimente.

— Se é apenas com *isso* que você está preocupada... — disse mamãe, a voz se derretendo —, não tem nenhum motivo para se preocupar. É muito gentil de sua parte, mas vou passar o Natal na Índia. Já comprei os bilhetes de avião. E também já comprei a passagem para San Francisco.

— Você deveria ter perguntado antes — objetei.

— E pedir permissão à minha própria filha para ir visitá-la? — questionou ela. O tom gelado estava de volta. — Quando ela está vivendo com um homem que eu ainda nem sequer conheci? Quando ela arruinou a vida que tinha ao abandonar o marido mais maravilhoso que uma boa moça poderia ter?

— Você não preferiria se hospedar com Doug? — sugeri. Eu não consegui me controlar.

— Meu psiquiatra — aparteou ela, mudando de assunto de repente — afirma que eu tenho ciúmes de você. Você tem uma vida glamourosa, um homem que a ama, um trabalho interessante. Você é jovem. Imagino que ele tenha razão, mas nunca pensei que mães pudessem sentir esse tipo de coisa com relação a seus filhos.

— Eu também não — respondi, aceitando a derrota. — Diga-me qual é o número de seu vôo. Vou apanhar você no aeroporto.

Era difícil deixar de ver minha mãe. A pleno vapor, ela entrou com seu andar rebolado no terminal, vestindo todas as cores do arco-íris. Um enorme chapéu de palha empoleirado na cabeça, as papoulas vermelho-vivas que o enfeitavam vibrando a cada passo.

— Minha Gatinha! — exclamou ela, abaixando-se para me beijar. Ela se levantou e começou a acenar, gritando: — Até a vista! Até a vista, vou telefonar, prometo — enquanto soprava beijos para seus novos amigos. Estranhos absolutos estavam me observando com olhares de que me conheciam bem. Que teria ela contado a eles?

— Havia umas pessoas tão *simpáticas* no avião! — comentou ela com satisfação enquanto seguíamos para casa, embarcando num relato sobre os detalhes íntimos da vida de pessoas que nunca mais voltaria a ver.

— Eu vou precisar trabalhar enquanto você estiver aqui — avisei, depois que ela sossegou um pouco. — Estou escrevendo uma matéria sobre um sujeito que acredita que se pode saber tudo a respeito de uma pessoa ao fazer apenas uma pergunta.

— Qual é a pergunta? — mamãe quis saber.

— O que sua família come no jantar do dia de Ação de Graças?

— Ridículo! — declarou ela.

— Ele é um bocado impressionante — observei.

— Então, o que ele disse a respeito de você? — perguntou ela.

— Ah, eu fui fácil. Ele levou cerca de um minuto para dizer que pelo menos um de meus pais não era nascido na América. Perguntei como ele podia saber uma coisa dessas e ele respondeu que a principal pista indicando isso era que você de vez em quando se esquecia de fazer o molho do caldo de carne.

— Eu nunca me esqueci de fazer o molho do caldo de carne!

— Ah, mamãe, você se esquecia sim. Algumas vezes. Uma vez você se esqueceu de fazer o jantar inteiro!

— Mas eu estava doente! — retrucou ela. — Estava deprimida. Isso não conta.

— Na verdade, não foi o molho de carne que chamou a atenção dele. Foi a parte dos "de vez em quando". Para americanos de verdade, isto é uma tradição e nada deve ser "de vez em quando". Na opinião dele, nossa família não havia aprendido a semiologia interior dos símbolos.

— Qual era a outra pista? — perguntou ela.

— Não tinha torta de passas e frutas cristalizadas. Por algum motivo, e ele não sabe por quê, judeus nunca servem a torta.

— Isto é interessante — admitiu ela. — Mais interessante do que a maioria das coisas a respeito de que você escreve.

— Ah — retruquei —, fica melhor ainda. Ele disse a uma amiga minha que sabia que a mãe dela se arrependia de ter se casado com um homem de posição social inferior à dela por causa de um sorvete de uva-do-monte que ela sempre fazia.

— Como é possível que ele pudesse saber disso? — perguntou mamãe.

— Elise contou a ele que ninguém nunca comia o tal sorvete e ele disse que era porque não combinava com o resto da comida. Tudo está nos detalhes. Elise disse que ele estava absolutamente correto: que todo mundo se ressentia daquele sorvete, que pertencia ao passado refinado da mãe deles. Eles não comiam, mas ela insistia em servir de qualquer maneira, e o sorvete ficava lá, derretendo.

— Pistas no sorvete de uva-do-monte — comentou ela enquanto estacionávamos defronte ao chalé. — Continua sendo apenas comida, mas é interessante.

Abri o portão e a conduzi até o jardim. Estava muito verde e silencioso. Os esquilos corriam uns atrás dos outros no gramado e as trepadeiras floridas que se fechavam em arco sobre a porta exalavam um perfume adocicado.

— Que diferença de Berkeley! — comentou mamãe, e eu comecei a ter alguma esperança.

Enfiei a chave na fechadura e rezei, sem ter certeza do que encontraria quando abrisse. Michael estava tão irritado com aquela invasão que eu não teria ficado surpreendida se descobrisse roupas espalhadas pela casa inteira, que eu havia limpado e arrumado tão cuidadosamente. Mas quando a porta se abriu, vi um vaso de flores que não estivera lá quando eu saíra. O vestíbulo cheirava a lustrador de móveis, o piso reluzia e não havia uma única peça fora do lugar. Michael tinha até posto um bilhete no travesseiro de mamãe dizendo-lhe que estava louco para voltar do trabalho para casa para conhecê-la.

Ele entrou em casa apressado e todo animado uma hora depois, cheio de bom humor e esbanjando charme. Deu um beijo no rosto dela e declarou atrevidamente:

— A senhora é muito mais bonita em pessoa do que nas fotografias!

Meu corpo inteiro foi inundado pelo alívio: naquele estado de espírito, ele era irresistível para qualquer mulher. Fui para a cozinha buscar queijo e biscoitos salgadinhos, e quando saí ele estava se inclinando na direção de minha mãe, caçoando e implicando com ela em tom brincalhão sobre ter esperado tanto tempo para vir conhecê-lo. Voltei para buscar o vinho e, enquanto estava na cozinha tirando a rolha, o ouvi comentar com ela como estava feliz da vida.

— Quem jamais teria imaginado que eu um dia viveria assim? — declarou ele. Mesmo da cozinha eu sabia que ele estava balançando a cabeça na direção do jardim. — Eu não tinha nada quando conheci Ruth — confessou ele. — Meu melhor amigo me disse que se realmente quisesse viver com ela, teria que crescer, abandonar a profissão de escrever como *freelance* e arranjar um emprego de verdade.

— E como foi que você fez isso? — perguntou minha mãe.

Eu não o ouvira falar a respeito daquilo antes. Parei para escutar.

— Um belo dia me sentei e fiz uma lista de minhas opções — respondeu ele. — Trabalhar em televisão parecia ser a escolha evidente.

— Mas você nunca tinha trabalhado em televisão!

— Eu era jornalista. Tinha feito filmes. Não achei que pudesse ser assim tão diferente. Escolhi onde eu queria trabalhar e me apresentei como candidato em todas as outras emissoras. Quando afinal fui à KRON, já havia descoberto o que fazer para passar no teste, e eles me contrataram como redator substituto de jornalismo. Dois meses depois, tinham me contratado para um emprego de tempo integral.

Michael não havia me contado nada disso. Ele simplesmente havia me ligado um dia e dito: "Arranjei um emprego. Agora você vem viver comigo?"

— Depois de ter sido contratado — prosseguiu ele —, foi fácil me tornar produtor de notícias.

— E você gosta? — perguntou mamãe.

— É o trabalho mais empolgante que já fiz — respondeu ele.

— Ah, sim — comentei, voltando para a sala e oferecendo um copo de vinho à minha mãe. — Muito empolgante. Há alguns dias eu atendi o telefone e uma voz grave disse: "Diga ao metido de seu namorado que nós sabemos onde ele mora. Diga a ele que é melhor parar de meter o nariz em assuntos que não são da conta dele."

— Seu trabalho é perigoso! — exclamou mamãe feliz da vida.

— Na verdade, não — respondeu Michael. — Estou fazendo uma matéria sobre corrupção policial numa cidadezinha perto daqui. Eles fazem ameaças, mas não matam repórteres.

— Corrupção policial — comentou mamãe, numa voz entusiasmada. Eu quase podia ouvir a história que ela estava inventando para seus amigos: "O novo namorado de Ruthie faz um trabalho realmente útil..."

Levamos mamãe para jantar no Chez Panisse. Alice tinha posto pequenos ramalhetes de flores silvestres ao redor de nossa mesa, e nos mandou uma garrafa de champanhe como oferta da casa. Enquanto as pessoas se viravam para ver quem estava recebendo todo aquele tratamento especial, mamãe ficou toda prosa, inchada de orgulho.

— Nada de bife esta noite, mamãe. — Eu sorri para ela. Ela sorriu de volta e então, simultaneamente, nossos sorrisos se apagaram. Uma nuvem desceu sobre a mesa enquanto nós duas nos recordávamos da última vez em que tínhamos comido juntas no Chez Panisse, e com quem.

Michael valentemente quebrou o silêncio.

— Viva! À nossa! — disse ele, tocando em nossas taças com a sua. — Desejo-lhe uma estadia maravilhosa! — O champanhe tinha um aroma de primavera e um gosto de gelo borbulhante. As ostras estavam geladas, com aquele sabor profundo, misteriosamente antigo que elas têm quando acabam de sair do oceano.

Alice tinha preparado uma sopa de cogumelos tão rica, intensa e indomada que era excitante em vez de calmante, como fazer um passeio na floresta. Eu estava em algum outro lugar, perdida nos sabores, quando Alice apareceu de repente junto à mesa para perguntar se tínhamos gostado do pato selvagem com pêras cozidas.

— Fabuloso — suspirou mamãe. Alice sorriu radiante e se virou para mim.

— Eu hoje almocei em um restaurante que quero levar você para conhecer. Eles cultivam toda a comida que servem!

— Tudo? — perguntei. — De que tamanho é o quintal deles?

— Enorme — respondeu ela, com um tom de inveja. — Estão cultivando amoras, favas, cardos-do-coalho e alcachofras-bravas. Plantaram nove tipos diferentes de pimenta. Você precisa ver as ervas aromáticas! E criam coelhos e galinhas, ordenham suas próprias cabras para fazer o queijo.

— Onde fica? — perguntei.

— Longe — admitiu ela. — Em Boonville.

— Mas isso é quase em Mendocino! — comentei.

— É verdade — respondeu ela em tom sonhador. — Mas hoje eu comi o sanduíche BLT mais incrível de minha vida.

— Você dirigiu durante três horas para comer um sanduíche de *bacon*, alface e tomate? — perguntei.

— Era um sanduíche perfeito! — exclamou ela, com tamanha paixão que todos nós descansamos os garfos e paramos para ouvir, realmente ouvir enquanto ela falava.

— Imagine o seguinte — disse ela, no mesmo tom que você poderia usar com crianças quando está se preparando para ler um conto de fadas. — Eles assam o pão, lá mesmo, pela manhã, de modo que na hora em que você come está pronto há apenas algumas horas. Eles fazem a maionese que usam também, com ovos postos pelas galinhas que criam. Vocês alguma vez já provaram um ovo que acabou de ser posto?

Nunca tínhamos provado.

— Um ovo fresco tem um gosto diferente de qualquer coisa na face da terra — disse ela. — É realmente uma dádiva: depois que você prova um, não dá para voltar a comer dos outros. Só vendo a cor das gemas! Cor de laranja, bem viva, o que faz com a que maionese seja absolutamente dourada. Os tomates são colhidos assim como as alfaces, no último momento possível, de modo que quando você come o sanduíche ainda estão quentes do sol.

— E o *bacon*? — perguntei.

— Não — admitiu ela e percebi que aquilo fora difícil para ela. — Eles queriam fazer seu próprio *bacon*, mas não acertaram com os porcos, escolheram o tipo errado. De modo que têm que comprar o presunto e o *bacon* de um fazendeiro um pouco mais adiante na estrada. Mas quando é servido em fatias com aqueles tomates maduros e mornos... você não pode imaginar como é gostoso. — Eu podia.

— Conheço o Vernon há muito tempo — prosseguiu ela, a voz ficando mais grave. — Vernon tem um gosto excelente. Houve um ano em que ele fez um jantar para mim de presente de aniversário...

Um antigo namorado!, pensei, enquanto ela começava a descrever uma refeição que era ao mesmo tempo simples e elegante.

— Ele serviu uma salada de carne crua acompanhada por um vinho Margaux branco envelhecido com dignidade, o que ainda é uma de minhas combinações favoritas — disse ela. — E agora, ele está planejando fazer esse jantar especial de Ação de Graças que parece tão interessante. Vernon descobriu uma receita medieval em que você mata o peru, depena realmente bem depressa e o põe para assar no forno antes que se inicie o *rigor mortis*. Ele me mostrou os desenhos de um antigo manuscrito. Eu adoraria prová-lo.

— Acho que deveríamos ir amanhã! — anunciou minha mãe.

— Ótima idéia — respondi. Isso nos daria alguma coisa para fazer. — Parece ser um lugar a respeito do qual eu deveria escrever.

— Não invejo esta sua viagem — comentou Michael, enquanto saía para o trabalho, na manhã seguinte. — Três horas para ir e três horas para voltar, trancada em um carro com ela. Prefiro mil vezes passar meu tempo com policiais corruptos.

— Bem, pelo menos ela não quer me matar — observei.

— Não engane a si mesma, querida — disse ele, já na porta.

— Você não acha que Doug poderia querer vir conosco? — perguntou mamãe, quando estávamos de saída.

— Ah, eu não acho — comecei a dizer.

— Não precisamos contar a Michael — acrescentou mamãe travessamente e, antes que eu pudesse impedi-la, tinha discado o número de Doug e estava fazendo o convite.

— Eu disse a ele que passaríamos para apanhá-lo — anunciou depois de desligar. — Estou morta de curiosidade para ver a casa dele.

— Ah, que bom — retruquei. — Assim você vai poder me dizer que é muito melhor do que a minha.

— Não, querida — respondeu ela, com aparente sinceridade —, não poderia ser.

Doug tinha deixado a porta de baixo destrancada. Seu apartamento ficava em cima de uma velha loja de ferragens e, enquanto subíamos as escadas, inalamos o aroma limpo de tinta e madeira cortada.

— Isso me faz lembrar daquele lugar em Bowery, onde vocês moraram logo depois que se casaram — comentou mamãe. Eu respirei fundo e me dei conta de que o cheiro era exatamente o mesmo. Aquilo me deu um sentimento estranho, como se Doug tivesse simplesmente apagado o tempo que passamos juntos e começado de novo.

Mas quando Doug abriu a porta, senti a onda de alegria instantânea que sempre me dominava quando o via. Ele estava vestindo calça *jeans* azul e a camisa de listras azul-esverdeadas que eu lhe tinha dado de presente de aniversário quando fizera 33 anos. Suas faces estavam muito coradas. Ele beijou mamãe com naturalidade e depois me beijou com menos facilidade.

Observei Doug mostrar à minha mãe as plantas do projeto de Sound Garden, a obra que estava construindo em Seattle. Ele agora conseguia se expressar melhor e ela ficou visivelmente impressionada.

— E você vai passar o dia de Ação de Graças em Seattle? — perguntou ela, enquanto entrávamos no carro.

— Ah, não — respondeu ele. — Minha namorada e eu vamos fazer um jantar aqui, no meu estúdio. — Eu senti uma pontada de dor física quando ele disse isso, e mamãe me lançou um olhar de esguelha, tentando ver como aquilo me havia afetado. — Na verdade — prosseguiu ele, e eu podia sentir os seus olhos se voltarem para mim —, eu vou cozinhar. Vai ser o meu primeiro peru.

Eu me esforcei para não revelar nada.

— O que vai preparar? — perguntei.

— O habitual — respondeu ele —, apenas o jantar tradicional de Ação de Graças. Você sabe: o peru, o recheio, molho de carne e batatas.

— E vai fazer a torta de passas e frutas cristalizadas?

— Talvez, é possível que eu faça — respondeu.

Visto do exterior, o The New Boonville Hotel não era grande coisa: uma construção revestida de dois andares, de tábuas de madeira pintada de branco, nos dois andares, com amplas varandas que lhe davam um ar de pensão do século XIX.

— Não vejo nenhum jardim — comentou mamãe, parecendo desapontada.

— Dê-lhes uma chance, Miriam — disse Doug. — Deve ficar nos fundos.

No interior, a primeira impressão que se tinha era de luz do sol e de madeira nova, mas, à medida que se parava no vestíbulo, os detalhes começavam a entrar em foco. Apesar das jarras de geléias e de flores silvestres colocadas ao longo dos peitoris das janelas, o restaurante possuía uma elegância sóbria. O fogo ardia numa lareira de pedras e as paredes eram cheias de obras de arte. Olhando mais de perto, descobri pequenas surpresas entre os quadros: um relógio de parede feito por um artista, um trabalho de caligrafia emoldurado, assinado por Gregory Corso.

— Muito agradável — comentou Doug.

— Obrigado — respondeu um homem desalinhado, entrando na sala a passo lento, os longos cabelos negros cobertos de fiapos de feno.

— Você deve ser Vernon — comentei, enquanto refletia que ele não parecia bonito o suficiente para algum dia ter sido namorado de Alice.

— Estou com fome — anunciou minha mãe em tom petulante. — Foi uma longa viagem.

— Por que vocês não se sentam e me permitem servir-lhes alguma coisa para beber — sugeriu Vernon, conduzindo-nos a uma mesa. Ele sorriu insinuantemente para ela e comecei a ver o que Alice tinha visto. — Vou lhes trazer um pequeno tira-gosto, enquanto lêem o cardápio. Depois poderão sair e ir ver o jardim. — Ele puxou a cadeira para minha mãe e ela sorriu, com uma expressão quase namoradeira.

Vernon trouxe uma garrafa comprida, fina e encheu nossos copos com um vinho gelado, de cor clara.

— Apreciem seu aroma, antes de dar o primeiro gole — instruiu ele. — Enfiei o nariz no copo e o perfume delicado de flores primaveris subiu flutuando.

— Gewürztraminer! — exclamei. — O vinho perfeito para se tomar de tarde.

— É de Navarro — disse Vernon. — Eles são nossos vizinhos. Adoro poder servir o vinho no próprio lugar onde as uvas são cultivadas. Vocês verão, combina perfeitamente com a nossa comida.

Vernon desapareceu por um minuto e, quando voltou, trazia três travessas.

— Tudo é feito aqui — declarou ele. Uma continha fatias de pão quente com uma camada de queijo de cabra fresco, cremoso, salpicado com ervas frescas. Ele pôs a segunda sobre a mesa, dizendo: — Colhi estes tomates ainda agora e os temperei com um pouco do vinagre que fazemos. — O cheiro do vinagre se elevou, vivo, picante, só um pouquinho doce. — E estes — disse ele, pondo a terceira travessa na mesa — são fígados de pato grelhados. Os patos também são de nossa criação.

A comida era simples, bem-feita e saborosa. Doug comeu um pedaço do fígado aveludado e comentou de repente:

— Não sei por que, mas isto me faz lembrar daquela primeira refeição que fizemos em Creta. — Ele tocou em minha mão.

— É verdade — respondi sonhadoramente, enchendo a boca com o queijo fragrante. — Tem o gosto da terra.

— Por que vocês, crianças, não vão lá olhar o jardim? — sugeriu minha mãe. — Estou muito satisfeita de ficar sentada aqui.

Nós saímos, seguindo o ruído dos patos. Eles estavam se refrescando no fundo do jardim, andando empertigados em meio às folhas prateadas das alcachofras-bravas. Os canteiros se estendiam até longe na distância, todas as verduras e legumes intercalados com flores ao longo das beiradas.

— O que é isso? — perguntou Doug, apontando para grandes plantas de cor purpúrea com as folhas erguidas em direção ao sol. Quando ele baixou o braço, segurou minha mão. Um arrepio me percorreu o corpo e depois me acomodei, ancorada nele.

— Amaranto — respondi. As ervas emprestavam sua fragrância ao ar. Abelhas zumbiam sonolentamente. O sol estava muito quente. Um preguiçoso caracol de fumaça de lenha de macieira se espalhou bem devagar pelo jardim. Eu semicerrei os olhos e arco-íris dançaram diante de mim. Encostei o corpo contra o de Doug e disse:

— Vamos ficar aqui e nunca ir embora.

— Hmmm — disse ele, me abraçando apertado.

Não estamos tornando isso fácil, pensei, enquanto ficávamos parados ali, sonhando com o passado. E então tive uma visão de Michael, de pé no alto da colina, olhando para nós, e uma nota de culpa ressoou em meu peito.

Voltamos pela cozinha, um aposento grande, arejado e aberto que cheirava a levedura e a framboesas. Copos cheios de ervas e flores dançavam em meio às prateleiras que estavam repletas de fileiras de potes de frutas em conserva. Grandes barris de vinagre de fabricação caseira repousavam debaixo de um balcão coberto por grandes pilhas de verduras e legumes. Uma torta esfriava na janela. No interior, junto da porta havia um gato deitado, enroscado e ronronando feliz da vida.

— Eu poderia viver aqui — declarei.

— Seja bem-vinda — disse uma mulher de cabelos pretos curtos. Nós dois nos sobressaltamos; não a tínhamos visto de pé junto ao fogão. — Eu passo 18 horas por dia aqui, de modo que tento tornar o lugar agradável.

— Dezoito horas por dia? — perguntei.

— Sou Charlene — ela se apresentou, limpando as mãos no avental e estendendo uma. Examinei-a enquanto apertava sua mão: o cabelo parecia ter sido cortado com um facão de carne, e as mãos estavam ásperas, rachadas. Ela vestia uma camiseta verde que emprestava uma palidez nada atraente a seu rosto e seus pés estavam enfiados em tamancos de madeira gastos. Charlene parecia uma mulher que há meses não se olhava num espelho. Ela parecia exausta.

— Quando você tira uma folga? — perguntei.

— Nunca — respondeu ela em tom indiferente. — Não saio da propriedade há um ano e meio.

— Talvez devêssemos reconsiderar aquele plano — sussurrou Doug em meu ouvido.

De volta à mesa, minha mãe era toda sorrisos

— Andei me divertindo *muitíssimo* — anunciou ela. — Vernon esteve me contando tudo a respeito do restaurante. É uma história absolutamente fascinante. — Ela piscou o olho para Vernon sedutoramente. — Posso contar a eles? — Vernon inclinou a cabeça.

— Era uma vez — começou ela — um casal chamado Vernon e Charlene que se conheceu numa festa no Chez Panisse. Eles descobriram que tinham exatamente o mesmo sonho. E estão juntos desde então. Não é romântico?

— Hum, deixem-me ver como está o almoço de vocês — disse Vernon, pedindo licença.

— Eles são totalmente auto-suficientes! — exclamou minha mãe. — Acho que este restaurante é realmente maravilhoso.

— Mas tudo o que você comeu foi um pouquinho de queijo de cabra! — comentei.

— Eu tenho certeza de que a comida vai estar maravilhosa — exclamou ela. — Simplesmente tenho certeza.

E, é claro, estava. Começamos com um purê de verduras escuras salpicado com ervas. Foi seguido por um prato de massa que parecia uma pintura de Jackson Pollock feita em um prato: os fios de talharim tinham a cor viva de malmequeres e estavam misturados com manteiga de leite de cabra e mesclados com flores de hissopo de cor roxa-escura. Depois foi servida uma salada aquecida ao sol, seguida por um pato grelhado até ficar da cor de mogno encerado, rodeado por uvas Pinot Noir. Um prato de batatinhas ligeiramente fritas na manteiga com maçãs ácidas e folhas de menta acompanhava separadamente.

Depois tomamos um sorvete de framboesa que era da cor de um pôr-do-sol renascentista. Eu o mantive na boca, sem engolir, para impedir que o sabor desaparecesse. Acabado de ser batido, não tinha o sabor de que tivesse sido feito por mãos humanas. O creme parecia ter saído direto da natureza, de vacas felizes que passavam a vida lambendo framboesas e açúcar.

— Esta foi a melhor refeição que já fiz na minha vida — disse mamãe.

— Obrigado — respondeu Vernon, que não sabia que mamãe achava que toda boa refeição era a melhor que ela jamais havia feito. Ele nos ofereceu uma travessa de minúsculos pastéis de forno de maçã. — Charlene acabou de preparar. — Ainda estavam quentes e se desmanchavam na boca quando você mordia.

— Não foi *maravilhoso*? — mamãe ficou repetindo sem parar no caminho de volta para casa.

— Foi — respondi, ainda de volta ao jardim com a mão de Doug na minha. — E você nem sequer chegou a conhecer os jardineiros. Eles saem à noite com lanternas de mão para catar lesmas, não acreditam em pesticidas e não acreditam em plantas híbridas, e fazem coisas espantosas com as plantas. Como os tomates, por exemplo, depois que começam a brotar folhas, os jardineiros os enterram de novo no solo de modo que formem um sistema de raízes duplo. Dizem que os tomates têm um sabor melhor assim.

— E têm mesmo — disse mamãe, verdadeiramente convertida. — Aqueles foram os melhores tomates que já comi. — Mas a lembrança do jardim estava se apagando, estava começando a chover, e quando começamos a ver a silhueta de San Francisco, toda a luz do sol havia se evaporado.

Deixei Doug em frente à sua casa e nos beijamos, de leve, um roçar de lábios. Por cima da cabeça de minha mãe fizemos caretas de saudades e tristeza um para o outro e, de repente, lembrei-me de Doug comentar que sua namorada sempre sabia quando tínhamos estado juntos.

— Verei você em meus sonhos esta noite — disse ele. — Nos meus sonhos não estamos separados.

— Nos meus também não — murmurei, pensando mais uma vez em como tornávamos as coisas difíceis para nós mesmos. Devia ser tão mais simples quando as pessoas se detestavam depois que se separavam.

Doug levantou o colarinho e virou-se para enfrentar a chuva.

— Acho que vou comprar uma garrafa de *bourbon* para espantar o frio — disse, enquanto se encaminhava para descer o quarteirão.

— Escute isso — disse Michael.

— O quê? — perguntei, virando-me na cama, sonolenta. Espiei o relógio. — São três horas da manhã. Vá dormir.

— O que é esse som estranho?

Fiquei imóvel por um minuto, ouvindo um som etéreo de água corrente fluindo pela casa. Era muito familiar. Eu me esforcei, tentando me lembrar de onde o havia escutado antes. E então me lembrei de que mamãe estava conosco.

— Ela está tomando um banho — respondi.

— A esta hora?

— Ela não dorme como pessoas normais. Quando eu era menina, estava sempre se levantando para tomar banho no meio da noite. Ela gosta de deixar o ralo da banheira destampado e deixar a água descer de modo que a água na banheira fique sempre bem quente. É isso o som que você está ouvindo.

Michael gemeu.

— Psiu, calado — sussurrei. — Não fale. Se ela nos ouvir falando, vai querer um desjejum, alguém para conversar ou alguma coisa. Apenas trate de ir dormir. — Michael gemeu mais uma vez. Eu adormeci novamente. E acordei com ele me sacudindo.

— Levante-se, levante-se, alguma coisa terrível aconteceu.

Voltei à tona lentamente, nadando em meio a camadas de sonho. Pisquei com a luz.

— Que horas são? — perguntei, sentando-me ereta.

— Cinco e meia. Eu acordei sentindo que alguma coisa não estava certa e fui dar uma olhada pela casa. A porta da frente estava escancarada, batendo por causa do vento, e sua mãe sumiu.

— Não se preocupe — respondi. — Ela provavelmente saiu para dar uma caminhada e se esqueceu de fechar a porta.

— A esta hora? No escuro? Ela é uma senhora de idade. É perigoso.

— Tenha pena de qualquer pessoa que tente detê-la — respondi, virando para o outro lado e mergulhando de volta no sono. Mas então (quando?), Michael estava me sacudindo de novo. — E agora, o que é? — perguntei.

— Sua mãe está no telefone. Ela quer falar com você. — Ele me passou o fone.

— Bom dia, Gatinha — cantarolou minha mãe em sua voz mais insuportavelmente alegre. — Está na hora de você se levantar. Fiz um passeio muitíssimo agradável, mas agora gostaria que, por favor, você viesse me buscar.

— Onde você está? — perguntei. Mamãe se virou e ouvi o som de uma outra voz. Alguém estava bem ao seu lado na cabine telefônica. — Ela diz que o lugar se chama Jones and Turk.

— Não é possível — respondi. — Isso fica bem no meio de Tenderloin. E você teria que caminhar subindo ladeiras a maior parte do caminho.

— Não foi fácil — admitiu ela. — As calçadas pareciam ser verticais. Nunca vi ladeiras *tão* íngremes. Houve um momento em que eu estava quase chegando ao alto daquela rua em que você mora... como é mesmo o nome?

— Leavenworth.

— Leavenworth, em que eu não conseguia mais seguir adiante. Mas um homem extremamente gentil apareceu e se postou atrás de mim e literalmente me empurrou até o alto.

Eu dei uma gargalhada: podia imaginá-la perfeitamente, subindo arquejante até o topo, no escuro, empurrada por um estranho.

— Não tem graça nenhuma! — reclamou ela. — Mas depois daquilo, é claro, foi tudo ladeira abaixo. Foi meio cansativo para meus joelhos, mas segui adiante.

— E agora você está tendo uma conversinha agradável com uma prostituta?

— É *isto* o que ela é? — perguntou mamãe. — Eu bem que achei. Venha me buscar, por favor. Estou muito cansada.

Michael tinha ido embora quando nós voltamos. Mamãe foi dormir um pouco e eu me sentei para trabalhar em minha matéria sobre o dia de

Ação de Graças. Só saí de meu estúdio quando ouvi um gemido alto vindo da sala de visitas. Fui correndo para lá e encontrei minha mãe energicamente empurrando o sofá para o outro lado do piso.

— O que você está fazendo? — perguntei.

— Estava pensando que o sofá ficaria muito melhor se ficasse do outro lado da sala — respondeu ela.

— Não entendo muito de decoração — objetei. — Nem você.

Aquilo, contudo, nunca antes fora argumento para deter minha mãe. E não foi naquela ocasião. Antes que eu me desse conta, estávamos saindo para fazer uma excursão à Macy's. Compramos novas cortinas, novas toalhas, um novo tapete. Ao final da tarde, minha casa tinha um aspecto completamente diferente. Mamãe estava extremamente satisfeita consigo mesma.

— Michael vai ficar muito feliz! — exclamou ela.

Mas quando Michael chegou em casa a felicidade não pareceu ser sua emoção dominante.

— Diga que você gosta — cochichei.

— Mas não gosto! — rebateu ele.

Eu o puxei para dentro do banheiro.

— Podemos botar tudo de volta como estava depois que ela for embora — argumentei. — Ela se divertiu tanto fazendo isso. Não crie um caso.

— Mas é *nossa* casa. Eu gostava dela exatamente como estava. Ela não tinha o direito de fazer isso.

— Você tem razão — respondi. — Mas ela é minha mãe.

— Ela é impossível.

— Você sabia disso antes que ela viesse. Que importância tem? É apenas por alguns dias. Será que não pode deixar ficar como está?

Ele não podia. Fiquei no quarto, ouvindo-o empurrar a mobília de volta para onde tinha estado.

— Não mude, não mude — eu a escutei dizer enquanto o sofá deslizava para o outro lado da sala. — Fica tão melhor onde eu botei.

— Não fica, não em minha opinião — respondeu ele furioso. Uma poltrona arranhou o piso. Uma mesa bateu.

— Eu estava planejando dar uma festinha para as pessoas que conheci no avião — disse ela. — Simplesmente, não podia convidá-los com a casa do jeito que estava.

— Imagino que também gostaria de pintar a banheira de dourado — retrucou ele, enquanto eu saía para tentar manter a paz.

— Seria uma grande melhora — rebateu ela.

Michael saiu pisando duro em direção a nosso quarto e fui deixada na sala. Minha mãe estava parada no meio do assoalho, torcendo as mãos.

— Tinha ficado tão bonito — ficou a repetir várias vezes.

— Bem, a casa *é* dele — tentei consolá-la.

— Não — argumentou ela — , também é sua casa. E se me perguntar, você deixa que Michael mande em você. Ele parece aborrecido pelo fato de que eu vá ficar aqui tanto tempo.

A coisa certa a fazer era tranqüilizá-la, dizer-lhe que não era verdade, que ele teve um dia difícil no trabalho. Em vez disso, me ouvi dizer:

— É uma casa pequena. Para ele *é* difícil.

Minha mãe ficou como se tivesse levado um tapa na cara. Ela se manteve em silêncio por um segundo.

— Ora, mas isso não é mesmo uma coisa horrorosa! — ela finalmente conseguiu retrucar. — Tenho muita pena dele. — Reunindo forças para fazer uma comunicação importante, ela declarou: — Não se preocupe em fazer jantar para mim. Perdi o apetite. — A porta do quarto dela bateu, com força, às suas costas. Ela ficou de porta fechada a noite inteira.

— Céus, por que você escolheu justo este momento para ter uma crise de honestidade? — exclamou Michael furioso. — Por que não podia dizer alguma coisa conciliatória? Você passa a maior parte de seu tempo pondo panos quentes, tentando agradá-la e de repente decide dizer a verdade? Por quê? Agora ela vai fazer campanha contra mim.

Ela o teria feito de qualquer maneira, pensei, deitada na cama, odiando os dois. Desejei que Doug estivesse ali. Com ele, eu sempre tinha um aliado. Agora me sentia como uma peteca sendo arremessada de um lado para outro por duas forças enérgicas que eu não conseguia controlar. Como eu tinha criado tamanha confusão em minha vida?

Fiquei ouvindo as horas passarem. O relógio tiquetaqueava. A geladeira tilintou. As janelas chocalharam. Minha mãe se levantou, foi ao banheiro e voltou para a cama. A bomba começou a funcionar. Uma buzina soou. Michael roncava baixinho. Era insuportável.

Eu me levantei e fui pé ante pé até a sala para tentar pôr em ordem meus sentimentos.

— Ah, Gatinha — ouvi minha mãe sussurrar. Eu me virei, ela não estava lá.

— Este é um apelido e tanto — disse uma voz e me sobressaltei, assustada. De onde tinha vindo? Olhei ao meu redor, mas estava sozinha. — Um apelido e tanto — disse a voz, agora rosnando dentro de minha cabeça.

— Quem é esta Gatinha bonitinha? — cruzei os braços apertados contra o peito, abraçando a mim mesma. — Eu? — perguntei.

— Ah — disse a voz dentro de minha cabeça —, seja adulta.

Não era uma voz agradável, mas por algum motivo ela me acalmou. Voltei para a cama e mergulhei num sono profundo.

Quando acordei, mamãe estava sentada à mesa, com o chapéu de papoulas vermelhas e rodeada por suas malas.

— Não posso mais ficar aqui — declarou ela majestosamente. — Não consigo deixar de me sentir mal recebida.

— Por favor, não vá embora — Gatinha tentou dizer. Mas eu a empurrei para fora do caminho, cruzei os braços e disse: — Eu lamento que você se sinta assim. Levo você de carro até o aeroporto.

Mamãe pareceu ficar tão abalada que me dei conta de que ela estivera esperando que Gatinha respondesse. Ela sempre estava esperando que Gatinha aparecesse.

— Você vai se arrepender — fungou ela enquanto íamos para o aeroporto. — Fico feliz por seu pai não estar mais aqui para ver o que você fez com a sua vida. Estava muito melhor com Doug. Você deveria implorar que ele a aceitasse de volta. Você fez uma péssima escolha.

— Talvez — respondi. — Mas a escolha é minha. O que você vai fazer do dia de Ação de Graças?

— Acho que vou comer uma tigelinha de cereais — respondeu ela numa voz patética. — Pense em mim quando você e aquele Michael estiverem jantando um belo peru no chalé simpático de vocês. Eu estarei completamente sozinha, fazendo uma refeição fria, em meu apartamento solitário.

— Mamãe — pedi, pondo minha mão sobre a dela —, não vá embora. Nós convidamos você para passar o dia de Ação de Graças. Gostaríamos que ficasse.

— Eu não poderia ficar, agora — respondeu, ainda fungando. — Prefiro ficar sozinha.

— Você não vai ficar sozinha — declarei, de repente, me dando conta da verdade. — Vai receber mil convites. — Enquanto dizia aquilo, me dei conta de que era eu quem ia ficar sozinha. Sozinha com Michael. E, subitamente, descobri o que tinha que fazer.

— Você não vai preparar o jantar de Ação de Graças? — perguntou Michael. — Minha refeição favorita? Meu dia de festa favorito? Não podemos comer em casa?

— Não este ano — respondi. — Comeremos em casa no ano que vem, prometo. Convidarei 100 pessoas, se você quiser. Mas este ano vamos sair para comer.

Michael não parecia nada contente. Mas, uma vez que ele tinha posto minha mãe para fora da casa, não estava numa posição moral muito defensável.

— Você vai adorar Boonville — declarei. — É um lugar maravilhoso para passarmos o dia de Ação de Graças. Espere só até ver o jardim. E tem uma lareira enorme na sala de jantar. Podemos passar a noite em Mendocino. Vai ser perfeito.

San Francisco estava encoberta pela neblina quando partimos, envolta numa bruma suave que abafava os sons e impedia a visão. Estávamos abrigados num casulo, seguindo rumo ao norte, com a sensação de que éramos as únicas pessoas na estrada naquela manhã. Em toda a América, mulheres estavam se levantando da cama sonolentas, acendendo o forno para assar as tortas, derretendo a manteiga para o recheio.

A neblina ficou pior quando chegamos à ponte Golden Gate e não melhorou depois que passamos pela saída para Point Reyes. Ainda nos acompanhava quando chegamos a Petaluma, e eu estava começando a me desesperar. Então, subitamente, o sol começou a aparecer de vez em quando. Quando afinal entramos na saída para a Rodovia 1, a neblina havia se dissipado, deixando um daqueles dias límpidos e luminosos que fazem com que você se sinta feliz por morar na área da baía.

— Provavelmente está nevando em Nova York — comentei, segurando a mão de Michael.

— Está com pena de sua mãe? — perguntou ele.

— Não. Neste exato minuto ela está contando à sua amiga Dorothy como eu sou uma pessoa terrível, que filha insensível ela tem. Estará dizendo que arruinei a minha vida. E, por extensão, a dela. Mas eu sei que isso não é verdade. Ela vai jantar com amigos. Não terá nenhuma louça para lavar. Ela poderia ter ficado. Preferiu ir embora. — Ia dar tudo certo. Eu podia sentir que ia.

O New Boonville Hotel estava especialmente bonito, cheio de gente e todo enfeitado com as folhas de outono. Toras de madeira ardiam na lareira, estalando e brilhando. A sala tinha cheiro de pau de macieira, promessas de leitões e perus, maçãs e cebolas pairavam no ar. Acima de tudo aquilo, como o soar de um clarim, erguia-se a nota aguda, intensamente terrena, do perfume de canela. As mesas cheias de pratos com nozes, tigelas de molho de maçã e de molho picante de uva-do-monte, de cor vermelho-viva, que reluziam como jóias. Vernon serviu o vinho em taças de cristal. Nós nos acomodamos.

— Você estava certa — comentou Michael —, é perfeito para o dia de Ação de Graças. E eu nunca estive tão faminto. — Ele me beijou e disse: — Mal posso esperar para descobrir como é o gosto do peru medieval.

Meia hora depois, todas as nozes haviam acabado e Michael estava começando a atacar o molho de maçã. As pessoas ao nosso redor estavam impacientemente brincando com as facas, batucando na mesa com as colheres, mexendo nos guardanapos. Nenhuma comida havia aparecido.

— As pessoas na outra sala de jantar comeram mais pão do que havíamos esperado, de modo que Charlene está assando outra fornada — explicou o garçom em tom de desculpa. — Deve estar saindo a qualquer minuto. Ela está inclusive batendo manteiga fresca.

— Eu preciso de mais do que pão com manteiga. Passamos três horas na estrada. Estou morto de fome — declarou Michael.

Quando finalmente mais outra meia hora havia se passado, ele mudou de conversa.

— Pão, um biscoito salgado, qualquer coisa — implorou, enquanto o garçom passava apressado. Ele estava toda hora consultando o relógio, batendo os pés no chão. — Já se passou uma hora. Vai nos servir alguma coisa para comer?

— Daqui a pouco — prometeu o garçom. — Não vai demorar.

Quando o pão chegou ao salão, um grito de viva se elevou e nós caímos sobre o pão como pessoas famintas. Uma sopa foi servida logo em seguida. O purê de abóbora era de um laranja-vivo, com adocicado sabor natural. Estava mesclado com fios de creme de leite, desenhando padrões. Havia cebolinhas picadas salpicadas em cima.

— O.K. — declarou Michael. — Admito. É a melhor sopa que já provei. Seria capaz de tomar dez tigelas de sopa. — Ele olhou para o garçom. — Tem mais?

O garçom sacudiu a cabeça pesarosamente. Ele retirou os pratos. Do lado de fora estava escurecendo. Nós esperamos, inquietos, ouvindo os sons alegres que vinham do salão ao lado.

— Acho que ouvi alguém falar sobre um leitão de leite! — disse Michael. — Vou lá olhar.

Michael voltou com uma expressão desanimada.

— Eles estão comendo leitão na outra sala. Estão comendo batatas doces assadas e tigelas de couves-de-bruxelas com alguma coisa que parece muito com um molho. — Ele olhou para seu prato vazio e exclamou: — Que somos nós, os vietcongues?

Um garçom passou apressado, de cabeça baixa, carregando uma tigela. Ele estava tentando evitar nosso olhar, mas Michael o fez parar.

— Será que, por favor, nós poderíamos comer um pouco do leitão que está sendo servido lá no outro salão? — perguntou em sua voz mais educada. O garçom estendeu a tigela com uma expressão de culpa.

— Isto foi tudo o que sobrou — disse ele. — Misturamos com o recheio para aumentar a quantidade, tentar fazer render mais, mas apesar disso não rendeu grande coisa. — Com uma concha ele serviu um minúsculo monte em cada prato.

— Está uma delícia — comentei esperançosa.

— Isso é apenas uma garfada — disse Michael. — Eles comeram toda a couve-de-bruxelas e as batatas-doces também?

O garçom assentiu com uma expressão infeliz.

— Mas não se preocupe — disse ele. — Vamos servir o peru aqui primeiro. E Charlene está preparando um purê de batatas para vocês. E um maravilhoso repolho Savoy. E, é claro, temos a salada. Isso sem falar em todas aquelas tortas.

— Será que podemos ter esperança de ver alguma coisa antes de amanhã? — perguntou Michael.

— Espero que sim — respondeu o garçom fervorosamente, preparando-se para escapulir. — Vou até lá um instante, só para ver como as coisas estão andando.

— Da próxima vez que você decidir vir ao restaurante perfeito para comer, lembre-me de trazer um saco de tabletes de chocolate — disse Michael melancolicamente.

— Eu sei que isto é decepcionante — comentei. — Mas tenho certeza de que o peru vai ser incrível. Vai valer a pena.

— Não poderia valer — retrucou ele.

O garçom voltou trazendo duas grandes tigelas como se fossem as jóias da coroa. Ele as apresentou orgulhosamente. Uma continha um monte fofo de purê de batatas coroado com riachos de manteiga derretida, pequenas nuvens de vapor pairavam ao redor do topo. Crespos cachos de tiras de repolho Savoy ligeiramente perfumado com cebolinha e vinagre enchiam a outra.

— Quanto o senhor gostaria que eu servisse? — perguntou o garçom procurando agradar.

— Tudo — rosnou Michael. No final, acabou se contentando com cerca de um terço.

— O peru vai sair a qualquer minuto — disse o garçom, servindo os legumes e verduras em nosso prato. — Acabamos de tirar as aves do forno, e estão com um aspecto delicioso. Tão douradas. E o perfume! Eu volto já.

Mas quando voltou ao salão de jantar, ele estava de mãos vazias.

— Não me diga — comentou Michael. — As pessoas comeram todo o peru na outra sala?

— Não — respondeu o garçom.

— Estão apenas afiando as facas para fatiar? — sugeri alegremente.

O garçom sacudiu a cabeça.

— Os cachorros roubaram o peru? — perguntei.

O garçom parecia a ponto de explodir em lágrimas.

— Sabe aquela receita antiga que Vernon queria experimentar?

Eu assenti.

— Bem, parece que existe um motivo pelo qual eles pararam de usar aquela receita há 800 anos. Temos os perus e estão prontos. Ficaram bonitos. Estão castanho-dourados. O perfume está maravilhoso. Temos apenas um pequeno problema. Estão tão duros que não só é impossível fatiá-los, mas a faca quica e não consegue cortar a ave.

Michael ficou visivelmente abalado. E então começou a rir. Eu também caí na gargalhada. E então todo mundo no salão desandou a rir e a bater os copos fazendo brindes.

— Mais uma coisa pela qual tenho que me sentir grato — observou Michael.

— E qual é? — perguntei.

— Nós nunca, mas nunca mais mesmo, teremos que voltar aqui.

Comemos torta de maçã, torta de nozes e torta de abóbora com cobertura de sorvete feito em casa e seguida por vinho do porto e nozes frescas. Comemos pêssegos em calda e queijo de cabra caseiro. Em algum momento, por volta da meia-noite, Charlene apareceu trazendo uma travessa de pato.

— E o que a sua família come no jantar de Ação de Graças? — perguntei a Michael.

— Pato da meia-noite — respondeu ele. — Vai ser uma velha tradição de família.

O New Boonville Hotel foi um sonho ambicioso que não durou. Embora houvesse desastres espetaculares como o peru medieval, também houve sucessos espetaculares. As receitas a seguir, que são adaptadas das que incluí no artigo sobre o restaurante na revista *Metropolitan Home*, definitivamente estão entre os sucessos.

A receita de Charlene de talharim de semolina e ovos com presunto defumado, aspargos, cebolas e alho

Charlene Rollins fazia o talharim a seu modo muito particular; nunca vi uma receita que se parecesse com esta. Mas é delicioso, a massa é muito fácil de preparar e a abundância de gemas de ovos dá a ela uma cor amarelo-dourada surpreendente. É desnecessário dizer que, quanto melhor for a qualidade do presunto que você usar no molho, mais delicioso ficará o prato.

INGREDIENTES PARA A MASSA

2 xícaras de farinha de trigo
½ xícara de farinha de semolina, mais uma adicional para polvilhar
½ colher de chá de sal

18 gemas de ovos grandes
3 colheres de sopa de azeite de oliva

INGREDIENTES PARA O MOLHO

1 cebola vermelha grande, picadinha
sal e pimenta
½ xícara de manteiga sem sal
2 colheres de sopa de alho picadinho bem fino
¼ de xícara de salsa de folha lisa picadinha bem fina
½ xícara de água
350 gramas de presunto defumado fatiado, cortado em tiras de 2,50 centímetros por 6 milímetros
450 gramas de aspargos médios, limpos e cortados na diagonal em pedaços de 1,30 centímetros de comprimento

COMO FAZER A MASSA

Misture as farinhas e o sal em um multiprocessador na posição pulse. *Acrescente as gemas e o azeite e bata apenas até a mistura formar uma bola de massa. Divida a massa em seis pedaços e amasse de modo a formar um disco com cada um deles. Embrulhe cada disco de massa em filme de plástico e deixe descansar em temperatura ambiente durante uma hora.*

Polvilhe três assadeiras com farinha de semolina.

Desembrulhe um pedaço da massa e abra-o com um rolo passado na farinha sobre uma superfície ligeiramente polvilhada com farinha até ficar fina como uma folha de papel, fazendo um retângulo de 28 por 33 centímetros. Corte a massa na transversal, com um cortador de pizza *ou um facão bem afiado, em tiras de 28 centímetros de comprimento por 1,30 centímetro de largura. Cuidadosamente transfira a massa cortada para a travessa para descansar à temperatura ambiente, virando delicadamente de vez em quando, durante cerca de duas horas. Repita o processo de abrir a massa com o rolo e cortar com os outros pedaços da massa.*

COMO FAZER O MOLHO

Cozinhe a cebola com sal e pimenta, em quatro colheres de sopa de manteiga, numa frigideira grande, em fogo moderado, mexendo até estar macia.

Acrescente o alho e a salsa e cozinhe, mexendo, durante dois minutos. Cubra e mantenha quente.

Misture a água, o presunto, os aspargos e as quatro colheres de sopa restantes de manteiga em uma frigideira grande e cozinhe em fogo brando, mantendo a frigideira coberta até os aspargos estarem crocantes e macios, cerca de dois minutos. Acrescente, mexendo, a mistura de cebola e tempere com mais sal e pimenta. Mantenha o molho aquecido e coberto.

COMO MONTAR O PRATO

Cozinhe a massa em uma panela grande com oito litros de água salgada fervendo, até ficar levemente macia, cerca de um minuto. Escorra em um escorredor. Ponha a massa de volta na panela, acrescente o molho e misture. Tempere com sal e pimenta a gosto.

Rende entre quatro e seis porções.

Salada quente

Você não precisa ter uma horta para fazer esta salada. Também não precisa de verduras aquecidas ao sol e queijo de cabra caseiro. Mas eles ajudam.

INGREDIENTES

1/3 de xícara de azeite de oliva
130 gramas de bacon *fatiado*
1 xícara de nozes ligeiramente picadas
1 dente de alho, bem picadinho
8 xícaras de verduras sortidas picadas em cubinhos, como por exemplo, endívias de folha frisada, escarola ou brotos de couve galega
2 colheres de sopa de suco de limão fresco ou a gosto
115 gramas de queijo de cabra fresco, suave, em migalhas
sal e pimenta.

Aqueça o azeite em uma frigideira grande em fogo moderado até estar quente, mas sem fazer fumaça, e cozinhe o bacon, *virando de vez em quando, até estar crocante. Use pinças para transferir o* bacon *para toalhas de papel absorvente para secar, reserve a gordura na frigideira. Desmanche o* bacon *em migalhas. Acrescente as nozes e o alho na frigideira e cozinhe, mexendo em fogo médio até as nozes e o alho estarem dourados. Com uma escumadeira, transfira as nozes para uma saladeira grande e funda e tempere-as com sal.*

Acrescente as verduras, o bacon, *o suco de limão e o queijo de cabra e misture ligeiramente. Borrife com um pouco da gordura quente da frigideira e misture novamente, acrescentando sal e pimenta e mais gordura quente e suco de limão a gosto.*

Rende quatro porções.

Sorvete de amoras silvestres

Charlene não usou tanto limão quanto eu incluí nesta receita, mas creio que o suco de limão ressalta a doçura das amoras. Como todo sorvete, este fica mais gostoso quando é servido logo depois de preparado.

INGREDIENTES

4 xícaras de amoras silvestres frescas
2 ½ xícaras de açúcar
¼ de xícara de aguardente de framboesa
3 colheres de sopa de suco de limão feito na hora
4 xícaras de creme de leite grosso gelado

Bata as amoras em um liqüidificador até fazer um purê homogêneo e liso. Para retirar as sementes, passe o purê numa peneira fina com uma colher e ponha numa caçarola grande com capacidade para dois litros.

Mexendo, acrescente o açúcar e deixe a mistura ferver. Cozinhe, mexendo de vez em quando até o açúcar estar todo dissolvido. Continue deixando ferver a mistura até um termômetro de confeiteiro marcar 105°C (cerca de 15 minutos).

Transfira a mistura para uma tigela grande e funda e deixe esfriar, mexendo de vez em quando, até ficar em temperatura ambiente (a mistura vai engrossar à medida que esfria). Acrescente batendo com um batedor a aguardente e o suco de limão, depois acrescente batendo lentamente o creme de leite, delicadamente, mas até estar bem misturado.

Congele a mistura numa sorveteira. Transfira o sorvete pronto para um recipiente vedado e ponha no congelador até endurecer.

Rende cerca de dois litros.

11

Peixes Dalí

Barbara Lazaroff me contou uma dúzia de histórias diferentes sobre seu passado. Nunca soube quais eram aquelas em que deveria acreditar. Na terça-feira, ela dizia que tinha sido química. Na quarta, dizia que fora aceita para cursar a faculdade com uma bolsa para estudar música aos 15 anos. Certa vez ela me disse que tinha sido especialista em terapia de inalação. Numa outra ocasião, ela falou a respeito de sua vida no teatro. E eu não seria capaz de contar o número de vezes em que ela comentara que ia ser médica. Aquela bela mulher fazia virar cabeças onde quer que passasse, mas queria ser respeitada por seu intelecto. Barbara falava sem parar a respeito de seus feitos. Infelizmente, parecia esquecer, de um dia para o outro, quais eram eles. Será que alguma coisa em tudo aquilo era verdade?

— Que importância tem? — retrucaram meus editores quando ressaltei isso. — Queremos que você escreva sobre Wolfgang Puck quando ele inaugurar o novo restaurante. Queremos todos os detalhes sórdidos. Passe tanto tempo por lá quanto precisar. Você deveria passar *semanas* e incomodar tanto quanto puder.

— Mas Barbara é não só sua noiva como sócia dele no negócio — protestei. — O restaurante Chinois também é dela.

— Ele é quem é famoso — responderam. — Ele é quem nos interessa. Você vai ter que se meter na vida de todo mundo, mas se concentrar nele.

Eu tentei. Segui o *chef* favorito da América enquanto ele entrava e saía de mercados. Acompanhei Wolfgang enquanto ia visitar fazendas de criação de patos, barraquinhas de frutas e o bairro da cidade onde se vendiam verduras por atacado. Estive com ele enquanto testava novos equipamentos. Quando o representante do cartão American Express veio lhe pedir para que aceitasse seu cartão de crédito, eu estava lá. Descobri que Wolfgang engordava quando tinha preocupações financeiras e, à medida que os atrasos se estendiam interminavelmente, vi o Chinois chegar muito perto de deixá-lo gordo.

No começo, Michael gostou da idéia de que eu estivesse indo para Los Angeles para escrever sobre a inauguração do restaurante mais ansiosamente esperado da cidade, mas, a cada vez que a inauguração era adiada, ele se tornava um pouco mais impaciente.

— Você vai para Los Angeles *de novo*? — exclamava.

Eu não podia culpá-lo: o Chinois deveria ter sido inaugurado em março, mas em agosto o restaurante ainda estava em construção.

— Você não anda se encontrando com Colman novamente, anda? — perguntou Michael quando eu me preparava para ir para Los Angeles mais uma vez.

— É claro que não — respondi.

Ele me lançou um olhar penetrante.

— Será possível que você esteja me escondendo mais um outro *rendez-vous* com um criminoso? — interrogou ele.

Eu enrubesci de vergonha, aquele era um ponto sensível. Quando o *chef du jour* de Los Angeles, Joachim Splichal, começou a cozinhar no exclusivo Regency Club, eu fiz tudo o que podia para arranjar um convite. Por fim, o editor que publicava a revista me convidou para acompanhá-lo em um almoço com um amigo e fiquei radiante. Aceitei antes que ele me dissesse o nome do amigo.

— Nós vamos almoçar com H. R. Haldeman — disse-me.

O que estou fazendo aqui, pensei, sentada em um salão sossegado, cheio de homens de terno. A conversa era entediante, a comida transformou-se em serragem em minha boca. Sentada defronte àquele corpulento homem louro, lembrei-me de ter assistido às audiências dos envolvidos no escândalo Watergate no aparelho de televisão de imagem ruim de Channing Way e me senti nauseada.

— Ótimo — disse Michael, quando contei a ele. E isso foi tudo o que ele disse durante uma semana inteira, e passou-se mais uma outra semana antes que ele olhasse para mim sem uma expressão de censura.

Mas eu não estava escondendo um almoço com o inimigo, e não tinha nenhum encontro clandestino. Contudo, Michael estava certo: eu, de fato, estava escondendo um segredo.

Durante uma de minhas viagens a Los Angeles, um editor do *Los Angeles Times* havia me localizado e me pedido que fosse ao jornal para uma entrevista. Era um homem magro, com cabelos grisalhos crespos, uma pele atraentemente marcada e uma expressão irônica. Parecia-se tanto com Richard Boone que toda vez que eu olhava para ele a música-tema de *Have Gun Will Travel* tocava em minha cabeça.

— Estamos procurando por uma nova crítica de gastronomia.

— Eu detesto Los Angeles — respondi. — Nunca me mudaria para morar aqui. Por que vocês não ligam para Colman Andrews? Ele mora aqui e seria perfeito.

— Sim — concordou Robert Epstein — , já pensamos nisso. Mas ele substitui o nosso crítico de vez em quando e estamos procurando uma voz nova, diferente.

— Não a minha — respondi.

Robert Epstein prosseguiu como se eu não tivesse falado.

— Pense um pouco, leve o tempo que precisar — disse ele —, não estamos com pressa. Estamos lhe oferecendo o melhor emprego da América. O *Times* é o jornal mais poderoso da costa Oeste. Você não vai recusar esta oportunidade.

Embora a sua segurança fosse irritante, fiquei interessada. Os novos donos da *New West* tinham mudado o nome da revista para *California* e me dado um contrato, mas, aos 35 anos, eu ainda era escritora *freelance*. Não tinha seguro-saúde, nem fundo de aposentadoria e minha verba de despesas era duas vezes maior do que a soma modesta que eu recebia. Aquela era a primeira vez que me ofereciam um emprego de tempo integral que pagasse um salário de verdade e oferecesse benefícios. E havia mais uma coisa a respeito da qual devia refletir: eu estava surpreendida de que o *Los Angeles Times* me considerasse uma profissional da mesma categoria que Colman. Eles evidentemente não se davam conta de que ele sabia muito mais a respeito de comida do que eu jamais saberia. Como era possível que acreditassem que eu tivesse a experiência necessária para o cargo?

— Você sabe muito mais do que pensa que sabe — disse Colman quando liguei para ele pedindo seu conselho. Com o passar dos anos, nosso relacionamento havia se transformado numa amizade ligeiramente competitiva e eu ainda adorava estar na sua companhia. — É claro que você deve aceitar o emprego — prosseguiu ele. — Por que motivo não aceitaria?

Eu podia pensar em muitos motivos. Não queria deixar meus amigos. Não queria deixar nosso pequeno chalé vermelho. Eu detestava Los Angeles. Estava com medo. E, muito embora Michael e eu estivéssemos vivendo juntos já há dois anos, não havia me divorciado. Só de pensar em viver numa cidade diferente da de Doug me tirava o fôlego.

Aqueles mesmos motivos, eu sabia, fariam com que Michael ficasse encantado com aquela oportunidade inesperada. Poderíamos começar de novo, sem nenhuma bagagem. Ao contrário de mim, ele adorava mudanças e, com sua determinação e energia, encontraria outro emprego com facilidade. Quando Michael queria alguma coisa, ele fazia com que acontecesse. Contar a ele sobre a oferta do *Los Angeles Times* seria a mesma coisa que aceitá-la. Assim, não disse nada e fiquei remoendo a questão, sozinha.

Enquanto isso, ia para Los Angeles regularmente em intervalos de algumas semanas e observava enquanto Wolfgang criava uma nova cozinha *crossover*. Estava postada a seu lado quando ele reinventou o *tempura*, acrescentou *glace de viande* a receitas chinesas tradicionais, e fez *dim sum* com queijo de cabra. Diligentemente fiz anotações e registrei tudo o que ele fazia.

Mas, em retrospecto, percebo que a maioria de minhas anotações diziam respeito a Barbara. Eu escrevia, obsessivamente, cada palavra que ela dizia, como se estivesse tentando descobrir a verdade a seu respeito.

Eu sabia que era importante, mas levei algum tempo para compreender por quê.

O escritório em cima do Spago não parecia um lugar onde um *chef* famoso cuidasse de seus negócios. A sala era bastante pequena e muito antiga, com janelas inconvenientes. Parecia o sótão de sua avó e era cheia de escrivaninhas modernas e gente demais berrando em telefones demais.

— Alô? — gritei antes mesmo de chegar ao topo da escada. De onde eu estava podia ver Wolfgang Puck reclinado para trás até onde podia numa cadeira de escritório esfarrapada: os seus pés estavam sobre a mesa e ele estava retorcendo o dedão através de um buraco na meia. Estava mais corpulento do que na época em que trabalhava no Ma Maison e tinha trocado o chapéu alto de cozinheiro por um boné de beisebol com *Spago* escrito em itálico na frente. Wolfgang sorriu para mim e esfregou um dedo no simpático nariz arrebitado. Parecia ter uns 15 anos.

— Eu lamento — disse ele ao telefone, o sotaque austríaco muito carregado. — Mas o que posso fazer? Dizer a 50 pessoas, com reservas já feitas, que não podem vir? — Ele desligou e disse, falando para a sala, em geral: — Era o David Bowie. Ele queria trazer 50 pessoas para jantar. O telefone tocou novamente e ele atendeu, equilibrando o fone debaixo do queixo enquanto mastigava nozes descontraidamente. — Billy Wilder — explicou ele, depois de desligar. Alguns minutos depois Itzhak Perlman telefonou: será que poderia comer *pizza* com vieiras? — É claro — respondeu Wolfgang. Celebridades não o assustavam. Ele havia começado a descascar batatas aos 13 anos, mas isso era uma lembrança distante. Havia alimentado os famosos, forneceu-lhes as coisas de que precisavam e os havia estudado durante tantos anos que quando a fama viera bater à sua porta, não era nenhuma desconhecida.

Barbara estava sentada do outro lado da sala, revirando os longos cabelos negros com unhas pintadas de vermelho escarlate. Ela estava endereçando os convites para a festa anual do Spago dos Prêmios da Academia e estava sofrendo com as decisões impostas pela tarefa. De cílios postiços, máscara para cílios, delineador, batom e pó-de-arroz, ela parecia ter-se arrumado toda especialmente para se desincumbir da tarefa, como se os astros e as estrelas pudessem vê-la apenas ao olhar para os convites.

— Será que devo escrever Sr. e Sra. Paul Newman? — ruminou. — Quem quer ser a *Sra.* Robert Redford?

Pairando no ar sem ser formulada, havia uma outra pergunta: "Quem quer ser a *Sra.* Wolfgang Puck?".

A casa deles me surpreendeu: eu não havia imaginado Wolf e Barbara morando em um chalezinho de arquitetura meio cafona, todo enfeitado, parecendo uma casinha de bonecas, de telhado pontudo e com uma desordenada mistura de mobília. Em um bairro abarrotado de placas com a advertência RESPOSTA ARMADA, a casa deles não possuía sequer um alarme.

— Wolf nunca tranca a porta — explicou Barbara. — Nem sequer temos água na piscina. Ele quer transformá-la num laguinho para patos. Entre, entre, quero lhe mostrar a cozinha.

Ela me conduziu pela sala de visitas até uma grande cozinha repleta de equipamento profissional de peso.

— Foi meu primeiro projeto de cozinha. Quando conheci Wolf, eu disse "As revistas vão querer tirar fotografias de você em sua cozinha, e não pode fazer isso em um pardieiro. O que vai parecer?". Então escrevi para todas as companhias e disse que a cozinha iria aparecer em todas as revistas, de modo que eles me deram algumas coisas de graça e outras pela metade do preço. E então — anunciou jubilante, apontando para o fogão *wok*, de dimensões profissionais, e para a gigantesca geladeira —, *apareceu* nas revistas.

Mais uma carreira, pensei, examinando o aposento. Meu olho se deteve sobre uma fotografia emoldurada pregada acima do fogão.

— Esta foi da época em que eu era modelo — disse ela despreocupadamente. Eu anotei isso em meu bloco, seguido por um ponto de interrogação. — Eu só pesava 40 quilos — comentou ela, como para tranqüilizar minhas dúvidas. — Mas agora tenho que trocar de roupa. Por que você não sobe comigo?

Barbara me carregou para um quarto atravancado, abriu um armário e parou diante dele, tentando decidir o que iria vestir. Ela apontou para a cômoda e disse:

— Será que você poderia abrir a gaveta de cima e me apanhar um par de meias? — Abri a gaveta e os gatos, Greystone e Alchemy, saltaram dela, meteram o focinho aqui e ali, enquanto eu estendia primeiro um par, depois outro. Havia dúzias.

— As mulheres que vendem meias são sempre umas pessoas extremamente desagradáveis, de modo que compro 500 dólares de meias de uma vez só para me livrar do problema. Pare, pare, essas estão boas.

Eu estava segurando um par de meias soquetes listradas de preto e branco que me pareciam uma escolha estranha para combinar com *short* amarelo de bolinhas pretas. Atirei as meias para o outro lado do quarto, por pouco não acertando o passarinho Wookie em pleno vôo. Barbara enfiou as meias e gritou:

— Ah, meu Deus, temos que ir. Tenho uma hora marcada para ver umas obras de arte. — Soprando beijos para gatos, cachorros e pássaros variados, ela fez uma saída grandiosa, eu segui em sua esteira.

Ela foi dirigindo pela La Brea em seu BMW novo, falando sem parar e examinando os números nas fachadas dos prédios.

— Rauschenberg quer me dar um trabalho, mas eu gosto de mostrar novos artistas — declarou ela. — Tenho um excelente senso de direção — prosseguiu, passando pela galeria, sem ver, três vezes seguidas. Finalmente ela avistou o prédio e uma potencial vaga para estacionar bem na frente. — Precisamos apenas fazer com que o sujeito dentro daquele Jaguar chegue uns cinco centímetros para a frente — declarou.

— Eu vou lá pedir — ofereci-me, estendendo a mão para a maçaneta da porta.

— Não — respondeu ela —, é melhor deixar que eu vá. — Ela viu a expressão em meu rosto, entendeu o que eu estava pensando e acrescentou com delicadeza: — Sou melhor de conversa.

Os homens raramente lhe recusavam qualquer coisa. Ela voltou sorrindo. O BMW ronronou suavemente para o espaço disponível.

Segui Barbara enquanto fazia a ronda das galerias. Ela gritava com estridência cada vez que encontrava alguma coisa de que gostava.

— Adorei esta, vou querê-la — declarou enquanto olhava para uma enorme escultura de cerâmica vermelha. — Eu gosto de arte escandalosa: caso contrário, você põe na parede e ninguém repara que está lá. — Ela se virou para o *marchand*. — Esta aqui tem que ser minha. Esta peça está comprada.

— Mas você nem perguntou o preço! — protestei.

— Não se preocupe — cochichou Barbara em meu ouvido. — Não importa qual seja, conseguiremos baixá-lo.

No caminho de volta para o Spago, ela dirigiu em alta velocidade. Eu roí as unhas e fiz uma pergunta na esperança de que a resposta a fizesse andar mais devagar.

— Como você conheceu Wolf?

— Eu estava numa discoteca com uma amiga — disse ela, ultrapassando um carro à nossa esquerda. — Aliás, sou uma excelente dançarina. — Fiquei esperando que ela me falasse sobre sua carreira profissional na dança, mas esta informação não veio. Uma buzina tocou furiosamente. Barbara acelerou e prosseguiu. — Wolf estava tão lindo, dançando em seu uniforme branco, que fui até lá e o convidei para dançar. E então ele me convidou para assistir sua aula de culinária no Ma Maison no dia seguinte. — O homem no carro ao lado estava gesticulando enfurecido. Barbara o ignorou.

— Eu estava morando com uma pessoa, mas mesmo assim fui. Cheguei atrasada e quando Wolf levantou a cabeça e me viu deixou cair o tablete de manteiga que estava segurando. — Ela finalmente reduziu a velocidade e olhou para mim. — E você? — perguntou. — É casada?

— Mais ou menos — respondi.

— Ou você é casada ou não é — observou ela.

— Bem, sou casada com um homem, mas vivo com um outro.

— Então não tem planos de ter filhos? — A franqueza da pergunta de Barbara me surpreendeu. Eu estava ali para entrevistá-la.

— Eu quero ter filhos — respondi.

— Eu também — disse ela. — Eu seria uma mãe maravilhosa. Quantos anos você tem?

— Trinta e cinco — respondi.

— Então é melhor se decidir — disse ela. — Você não tem mais muito tempo. — Barbara me lançou um olhar de esguelha enquanto começava a subir a ladeira. — Eu sei, eu sei, sou autoritária. — Ela entrou no estacionamento, parou o carro e acrescentou: — Mas em geral tenho razão.

O escritório no Spago estava um caos absoluto.

— Charlton Heston na linha um. Ele vai poder vir à festa dos prêmios da Academia!

— David Bowie na linha dois. Queremos convites para o concerto?

— Janet De Cordova, linha três.

— A Casa Branca na linha quatro! Eles querem saber o que vocês vão preparar para a reunião da cúpula econômica em maio.

Wolfgang reclinou-se na cadeira. Ele não tinha anotações nem papéis e, enquanto olhava fixamente para o espaço, parecia estar tirando as idéias do ar.

— Diga-lhes que será — declarou com autoridade descontraída — caviar americano e depois... não sei. Talvez torradas de queijo de cabra e minha salada de carneiro americana. Maida Heatter vai fazer *brownies* de *cheesecake* para a sobremesa. Os europeus vão adorar.

Ele levantou o olhar como se estivesse reparando em minha presença pela primeira vez.

— Eu sei — observou —, isto é bem diferente da comida que eu costumava preparar no Ma Maison. — Pisquei os olhos surpreendida, ele estava respondendo a uma pergunta que eu não havia feito e eu sempre precisava de um instante para me habituar com sua presciência quase que telepática. — Mas não costumava haver nada para comer por aqui e agora tudo mudou. Com bons ingredientes você pode fazer uma cozinha mais simples. — Ele se levantou da cadeira de um salto, como se eu o tivesse recordado de alguma coisa, e seguiu em direção à escada. — Venha comigo até a cozinha: vou testar alguns pratos para o novo restaurante. É tão divertido porque ninguém conhece os produtos, de modo que você pode incluir qualquer coisa e dizer "Ah, sim, vem de uma província no extremo leste. Meu tio morava lá".

Wolfgang me guiou pela cozinha, enfiando um dedo numa tigela aqui, um outro naquela ali, gritando ordens enquanto ia provando coisas pelo caminho.

— Você está pondo pouco café neste sorvete — disse ele a uma cozinheira. — Não faça isso.

— Você nunca consegue enganá-lo — suspirou ela, acrescentando mais um *espresso*. — Você pensa que ele não vai reparar se fizer uma mudança, mas ele sempre percebe.

— Deixe aquele molho mais azedo — instruiu ele a outro cozinheiro, seguindo adiante para provar outra coisa enquanto as pessoas corriam às suas costas para cumprir suas ordens.

A procissão chegou ao canto do fundo da cozinha e parou diante de um homem alto, magro, com um grande bigode preto. Montanhas de peixes, verduras e mariscos estavam dispostos sobre o balcão diante dele.

— Este é Richard Krause — apresentou Wolf. — Ele vai ser o *chef* no Chinois. O que temos por aqui hoje?

— Dois tipos de camarão — respondeu Richard, mostrando. Na mão direita tinha um espécime pequeno, de cor clara, que pendia meio frouxo no ar. Com a esquerda ele agarrou um que era duas vezes maior, a carne vermelho-escura reluzente sob a casca. Ele balançou o da mão direita. — De Chinatown — declarou. Balançou o da esquerda. — E estes são os camarões tipo pitu de Santa Bárbara.

— Veja só a diferença! — comentou Wolfgang, cortando um pedacinho de carne de pitu crua e enfiando na boca. — Os produtos locais são tão bons. E olhe só essas bonitas pombas!

Olhou fixamente para as aves como se elas estivessem lhe dizendo alguma coisa que ele quisesse ouvir. Depois de escutar por um momento, sentenciou:

— Vamos experimentar fazê-las com grãos de pimenta Szechuan.

— Não temos nem um grão de pimenta Szechuan — disse Richard.

— O.K. — retrucou Wolf, alegremente pegando um punhado de grãos de pimenta-negra e triturando-os com o fundo de um pote. — Usaremos estes. — Ele esfregou a pimenta na carne de ave e estendeu a mão para uma garrafa. — Você se esqueceu do azeite de amendoim! — reclamou. Depois deu de ombros e disse: — Ah, tudo bem, vamos ter que usar azeite de oliva.

Quando ele acabou, enfiou a ave no forno e se virou para o peixe-gato.

— Por que será que um peixe tão bom tem um nome tão feio? — ruminou, torcendo o longo bigode de um deles. Por um instante ele apenas ficou parado ali, dando palmadinhas no peixe, como se fosse encontrar a resposta que estava buscando através do toque. — Deveríamos chamar vocês de peixes Dalí — disse ele. — Assim venderiam mais. Será que devemos assar vocês? — O peixe aparentemente não respondeu, de modo que ele ficou postado ali por mais um instante, esperando pela inspiração. Afinal veio. — Devemos cozinhá-lo muito elegantemente no vapor com tiras de cebolinhas e coentro. Poderíamos servir o caldo do peixe separadamente, para ser bebido, e servir o peixe em uma daquelas caçoletas simpáticas.

— Não temos nenhuma — observou Richard.

Wolf deu de ombros e retrucou:

— Bem, então talvez em uma *wok*.

— Também não temos nenhuma *wok* — declarou Richard.

— Como você pode cozinhar comida chinesa sem uma *wok*? — perguntei.

— Não tem importância — disse Wolf alegremente. — Nós apenas cozinharemos bem ligeiramente em uma frigideira bem grande. A comida chinesa nos parece muito saborosa porque eles cozinham em calor intenso sem permitir que os sucos se percam. Mesmo na cozinha francesa a maioria das pessoas põe coisas demais na frigideira. — A confiança dele era cativante: eu não havia provado nem um pedacinho daquela comida que ele estava ocupado em inventar, mas apesar disso tinha certeza de que iria ser um grande sucesso. Eu o observei arrumar o peixe em uma panela a vapor e começar a criar e preparar um molho de ameixas frescas, vinho de ameixa, gengibre e cebolinhas. Aquilo me deixou com fome.

— Temos que ir à obra — disse Barbara, entrando na cozinha toda alegre e serelepe e puxando-o pela mão. — Prometemos nos encontrar com o empreiteiro. — Antes que ele pudesse responder, ela simplesmente nos arrastou porta afora.

— Bem — ouvi Richard suspirar —, isso é tudo. É quase impossível passar algum tempo com Wolf sem ser interrompido.

O restaurante que um dia seria o Chinois era apenas um grande prédio vazio, cheio de entulho. Wolfgang pareceu ficar angustiado quando o empreiteiro se aproximou andando devagar e descontraído para avisar que iria precisar de mais dinheiro.

— O problema é — disse o homem, abrindo as plantas — que isto não é um restaurante, é um museu. Não há uma única linha reta no lugar inteiro.

Wolfgang se virou para sua namorada.

— Se você trabalhasse mais, Barbara — disse ele, pronunciando o nome dela em três longas sílabas, com o acento tônico na primeira —, agora já teríamos acabado. — Era quase uma brincadeira.

— Ele acha que eu não trabalho muito porque preciso de mais que duas horas de sono — explicou Barbara.

— Eu trabalho melhor quando não durmo muito — disse ele.

— Nem todos nós somos assim — retrucou Barbara. Havia uma ponta de amargura em sua voz e Wolfgang apressadamente baixou o olhar para as plantas. Apontou para uma linha curva.

— O que é isto aqui? — perguntou.

Barbara lançou um olhar superficial para a planta.

— Nós já repassamos estas plantas uma centena de vezes — gritou. — Eu projetei este restaurante. Sei exatamente o ambiente que quero criar. Trate de não se meter nisso.

— Não, não, tudo bem — apaziguou ele. — Afinal, nós vamos sair para almoçar ou não?

Enquanto seguíamos para o almoço, Barbara me fez um desafio:

— Pergunte-nos qualquer coisa.

— Cuidado! — advertiu Wolfgang com nervosismo.

— Deixe que *eu* dirijo o carro — retrucou ela. E então, como eu não havia respondido suficientemente rápido, ela mesma fez uma pergunta. — Ruth quer ter um filho — anunciou. — O que você acha?

— Ter filhos é bom — respondeu Wolf, o que me pareceu uma resposta perfeita.

— Você só quer ter um filho para levá-lo para as quadras de tênis e para ensiná-lo a cozinhar — retrucou ela. — Mas eu seria a mãe mais fabulosa do mundo. É verdade! Eu farei isto em minha próxima vida. — Ela olhou para mim pelo espelho retrovisor e perguntou: — O que você está planejando fazer em sua próxima vida? — Barbara disse isso de maneira casual, como se fosse o tipo de pergunta que as pessoas fizessem umas às outras todos os dias. Respondi no mesmo espírito.

— Tenho pensado a respeito disso — declarei. — O *Los Angeles Times* me ofereceu um emprego. Acho que vou recusar a oferta.

Barbara olhou para mim, sua grande surpresa era visível.

— Recusar o emprego? — perguntou. — Por quê?

— Não gosto de Los Angeles — respondi. — E não creio que eu esteja pronta para ser a crítica de gastronomia de um jornal de cidade grande.

Barbara não disse nada. Nem precisava dizer. Eu sabia o que deveria estar pensando. Ela havia sido música, química, estudante de medicina, decoradora. Eu era apenas fraca e covarde.

Depois de passado um momento, ela quebrou o silêncio.

— Você pode vir a gostar de qualquer lugar — declarou ela — se dedicar energia, esforço e atenção a isso.

O *Los Angeles Times* não estava com pressa: eles estavam apenas fazendo planos com antecedência. A revista *California*, por outro lado, estava em pânico: seis meses haviam se passado e eles queriam o artigo encomendado.

— Afinal, o Puck algum dia vai abrir o Chinois? — reclamou meu editor. Eu não podia censurá-lo: eles tinham gastado milhares de dólares me pagando viagens de ida e volta para Los Angeles e o restaurante ainda não estava pronto.

— Wolf engordou dez quilos antes de o Spago ser inaugurado — expliquei a meu editor — e este poderia ser pior. Tem havido um atraso depois do outro. Mas agora acho que realmente está às vésperas de acontecer. Eles aceitaram abrir para uma festa privada para David Begelman, na semana que vem, e Barbara está decidida a não decepcioná-lo.

Decidida era a palavra errada. Barbara ia inaugurar aquele restaurante mesmo se isto significasse que ela própria iria martelar cada prego. A tensão começou a se tornar visível. Quando a companhia que iria fazer os uniformes perdeu o modelo complicado que Barbara havia encomendado, o dono tentou apaziguá-la com um paletó de cetim preto. Ele havia mandado bordar no bolso *Eu não sou a namorada de Wolfgang Puck — ele é MEU namorado*. Ela não achou graça.

— Simpático — declarou com aspereza —, mas prefiro que me faça os uniformes que eu criei.

A clarabóia chegou quebrada. O inspetor de obras se recusou a aprovar as instalações do prédio. O estado mandou um inspetor especial, que ficou metendo o olho em tudo, examinando as licenças de autorização.

— Eles estão todos contra mim — lamentou-se Barbara.

— Essas coisas acontecem — observou Wolfgang.

Ela se virou contra ele.

— Você pode rir e se divertir — explodiu —, mas sou eu que tenho que agüentar toda a aporrinhação. — Ele deu palmadinhas na mão dela e Barbara disse com fervor: — Nós vamos abrir na data marcada. Não quero saber como. Custe o que custar. Nós vamos abrir.

Então a Edison chegou para ligar a eletricidade e o que já estava mau tornou-se pior. A inauguração do Chinois, anunciou o contramestre, teria que ser adiada. Ele levou Barbara até o lado de fora e apontou para o poste de eletricidade apodrecido atrás do restaurante.

— Não podemos subir nisto, e precisaremos do guindaste de 45 metros para substituí-lo — declarou ele. — Não vou conseguir trazer o guindaste aqui antes de pelo menos duas semanas.

Observei Barbara para ver como ela lidaria com aquela situação. Eu estava esperando por uma explosão, mas Barbara me surpreendeu. Por um instante ela apenas ficou parada ali, vestida em seu *short* roxo de bolinhas amarelas, com as pernas longas parecendo se estender para sempre e os cabelos pretos compridos esvoaçando ao vento. E então ela começou a chorar.

Algumas horas depois, o contramestre voltou, para fazer a operação de resgate, montado em um gigantesco guindaste. Mas o triunfo de Barbara durou pouco.

— Madame — disse ele, entrando no restaurante —, não conseguimos alcançar o poste.

— Mostre-me, eu quero ver — disse Barbara.

Ele a conduziu para fora e apontou para a cerca atrás do restaurante.

— Está vendo — mostrou ele —, o único acesso é através do quintal de seu vizinho. E o sujeito não está em casa. Lamento, madame, mas isto não vai poder ser feito hoje.

— Ah, vai, vai sim — declarou Barbara, girando nos calcanhares. Ela entrou no restaurante e voltou com dois lavadores de pratos. Apontou para a cerca. — Derrubem isso — ordenou.

O homem da Edison assobiou com admiração. Eu devo ter parecido menos impressionada, porque Barbara segurou meu braço e disse:

— Não se preocupe. Depois mando refazer a cerca. Mando pintar. Farei o que eles quiserem. Eles vão ficar *agradecidos*.

Estávamos vendo o último pedaço da cerca cair quando um outro vizinho apareceu. O homem estava tão furioso que mal conseguia falar, mas se controlou o suficiente para fazer um discurso sobre gente arrogante estar destruindo a vizinhança. Barbara ouviu em silêncio a tirada dele. Depois que ele se calou, ela pestanejou com os longos cílios falsos e disse com grande sinceridade:

— Aquele poste estava a ponto de cair sobre a casa. Não podíamos esperar. Tinha que ser feito imediatamente.

Uma expressão de ceticismo surgiu no rosto do homem, mas Barbara o encarou com seriedade até que ele baixou o olhar. Observando-a, eu subitamente compreendi o segredo de seu sucesso. Ela evidentemente acreditava em cada palavra que dizia.

— Onde está Barbara? — perguntou Wolf. — Vamos abrir dentro de 17 horas. — Eram duas da manhã e ele estava no vão da porta com uma caixa de *pizza* e uma sacola de cervejas, vistoriando o caos. Trabalhadores em tripla jornada de hora extra andavam aos tropeções pelo salão, trôpegos de cansaço. As janelas eram buracos abertos nas paredes, a sala ainda não tinha sido pintada, o revestimento de cerâmica dos balcões não fora colocado. O restaurante não tinha mesas, cadeiras, nem lâmpadas. Também não havia eletricidade.

O arquiteto e empreiteiro apontou para um vulto enrolado em um pano salpicado de manchas de tinta, debaixo do bar.

— Ela não conseguia mais continuar acordada — disse ele. — Está virando há dois dias.

Barbara se moveu ao raiar do dia, espreguiçou-se, deu um gritinho de horror. Estava cercada por latas de refrigerante, biscoitos comidos pela metade e sacos de batatas fritas amassados.

— Que horas são? — perguntou. — Temos que fazer uma limpeza neste lugar! — Ela começou a catar o lixo espalhado. — O inspetor estará aqui às oito.

Sob a luz da manhã, o esqueleto do restaurante estava começando a aparecer. Você podia ver que depois de azulejado e pintado, os muitos planos de desenho de estilo asiático ficariam belíssimos. Até o inspetor ficou impressionado. Era um homem grandalhão, musculoso, com um boné estilo Easy Rider, mas, enquanto olhava em volta, disse com admiração:

— A vedação de cobre de vocês ficou bonita. — E então, rapidamente, emendou: — Esses malditos restaurantes estão me deixando maluco. Todos eles têm que abrir para ontem. — Ele ligou as torneiras, checou as juntas, examinou os banheiros. Então saiu para inspecionar o novo poste de eletricidade. Enquanto assinava os papéis, disse para Barbara:

— Agora vocês estão oficialmente autorizados a funcionar comercialmente. — Olhando em volta, acrescentou: — Boa sorte.

Seria necessário sorte — ou um milagre — para transformar aquela bagunça em alguma coisa que se assemelhasse a um restaurante até o anoitecer. A manhã inteira Barbara correu de um lado para outro, retorcendo as mãos, implorando a todo mundo para andar depressa. O empreiteiro aplicou argamassa à frente do balcão e os carpinteiros colocaram as janelas. Ajudantes de garçom e garçons andavam por toda parte implorando instruções. Havia pintores por todo lado.

Ao meio-dia as mesas chegaram, acrescentando mais um nível de caos. Um pintor aplicava uma mão de tinta plástica de secagem rápida quando a mesa entrava pela porta e a passava para seu parceiro, que aplicava uma segunda mão. Montanhas de flores foram entregues e Barbara começou a arrumá-las, interrompendo o trabalho infindáveis vezes depois de alguns minutos para correr pelo salão, agitando orquídeas como se fossem batutas, gritando:

— Mais rápido, têm que andar mais rápido.

Por volta do meio da tarde, Wolfgang irrompeu impetuosamente pela porta. Passou em revista a bagunça com aparente despreocupação.

— Você em algum momento se pergunta se tudo isso vale a pena? — perguntei. — Você nunca deseja ter feito as coisas de maneira mais simples?

— Não — respondeu ele alegremente. Ele esteve a ponto de fazer uma piada, mas mudou de idéia. — A maioria dos *chefs* acredita que se servirem boa comida serão realmente muito bem-sucedidos, mas isso não é verdade. Em L.A. a apresentação é importante. — Ele apontou para Barbara e acrescentou: — Não se preocupe, nossa abertura vai ser um sucesso.

Mas eu reparei que, quando ela veio rodopiando na direção dele como uma pequenina nuvem de tempestade, ele de repente se lembrou de uma tarefa urgente a fazer em outro lugar.

Às quatro horas a eletricidade foi ligada e os cozinheiros começaram a trabalhar para valer, empurrando os operários para fora de seu caminho.

— Vocês deveriam cobrir esta comida. Vou deixar cair poeira em cima dela — avisou um eletricista enquanto subia no balcão para instalar as luzes imediatamente acima dos homens que desossavam codornas. Eles simplesmente deram de ombros e continuaram trabalhando.

Wolfgang voltou às cinco horas vestindo seu uniforme branco. Ele pendurou duas coxas de carneiro sobre a churrasqueira e, quando elas lentamente começaram a assar, o cheiro de comida começou a competir com o de tinta e serragem.

— Wolfgang não fica contente a menos que esteja assando carneiro — comentou Richard por entre os dentes.

Os pintores agora estavam trabalhando mais devagar, como se seus braços estivessem tão pesados que mal conseguissem levantá-los. O eletricista desceu do balcão, apertou os olhos examinando os apliques que havia instalado e começou a guardar suas ferramentas.

Barbara levantou a cabeça para olhar e empalideceu.

— As luzes estão baixas demais! — gritou ela.

— Não estão! — berrou o eletricista de volta. — Estão exatamente onde me disse que deveria botar.

Barbara pôs as mãos nos quadris e encarou o homem fixamente. Ela apontou imperiosamente para as lâmpadas. Era tarde: o homem estava exausto, o primeiro convidado estaria entrando pela porta dentro de menos de duas horas. Ele encarou Barbara. E depois cansadamente abriu a maleta e tornou a subir no balcão. Naquele momento, o sistema de ar condicionado começou a liberar um chuvisco lento, fino e constante. Os cozinheiros e eletricistas continuaram trabalhando, anestesiados, debaixo da chuva.

— O que mais pode dar errado? — perguntou Wolfgang.

— Os uniformes — respondeu Barbara com ansiedade — eles ainda não estão aqui. — Pela primeira vez, ele pareceu ficar nervoso. Ao ver isso, Barbara pôs a mão no braço dele e disse: — Não se preocupe. Vamos abrir hoje mesmo se tivermos que servir vestindo as roupas de baixo.

Às 19h30 um homem abriu caminho em meio à multidão reunida na calçada dizendo ofegante:

— Deixem-me passar, deixem-me passar, eu trouxe os uniformes.

Quando Barbara o viu, suas faces recuperaram a cor. Ela agarrou o embrulho e começou a distribuir os uniformes, empurrando os garçons para fora enquanto o fazia.

— Vocês terão que se vestir lá fora no beco — disse.

Eram 19h45 quando Barbara chegou junto dos pintores e retirou os pincéis de suas mãos.

— O trabalho de vocês acabou — declarou com firmeza. E então, freneticamente, começou a botar latas de tinta, escadas, martelos e serras para fora por uma porta lateral. Quando o assoalho ficou vazio, ela empurrou a porta ainda úmida do banheiro e foi trocar de roupa. Ela emergiu, parecendo uma princesa índia, vestida de couro e lantejoulas, baixou as luzes e abriu os braços. Chamou:

— Wolf!

Por um momento, todos nós ficamos parados onde estávamos, assistindo-os dançar uma valsa, bem no meio do salão do restaurante novo em folha. Então explodimos numa salva de palmas.

Que importância tinha, pensei, o que Barbara havia feito em suas vidas anteriores? Ela podia ter sido uma médica ou uma música, podia ter sido modelo. Mas quando chegara a hora de abandonar aquilo tudo e seguir um novo caminho, ela o fizera sem lançar um olhar para trás. Barbara havia inventado a si mesma, e ela era sua melhor criação.

Se ela podia fazer isso, eu também podia.

Queijo de cabra da Califórnia grelhado com torradas

Esta é uma adaptação da entrada que Wolfgang Puck serviu na Casa Branca durante a reunião da cúpula econômica em 1983. O queijo de cabra era uma escolha óbvia: durante o princípio da década de 1980, era impossível imaginar a cozinha da Califórnia sem queijo de cabra. Contudo, isto não é motivo para fazer pouco dele.

INGREDIENTES

1 cilindro 230 gramas de queijo de cabra macio de sabor suave, cortado na transversal em 16 pedaços iguais

2 colheres de sopa de folhas de tomilho fresco picadas

1 colher de chá de pimenta-do-reino moída na hora

3 colheres de sopa de azeite de oliva extravirgem

1 baguete, cortada em 16 fatias, cada uma com cerca de 1,30 centímetros de espessura.

Arrume as fatias de queijo em um prato raso, com tamanho justo para acomodar todas elas em uma única camada e salpique-as com o tomilho e a pimenta, depois borrife com as duas colheres de sopa de azeite. Deixe o queijo marinar durante uma hora, em temperatura ambiente, coberto.

Preaqueça a grelha.

Grelhe as fatias de pão numa grade de grelha a 10 ou 12 centímetros do fogo, virando-as uma vez, até estarem douradas. Cubra cada fatia de pão torrada com um pedaço de queijo marinado, se necessário, pressionando ligeiramente, para encaixar o queijo na torrada, borrife as torradas com a restante colher de sopa de azeite. Ponha de novo na grelha a 10 ou 12 centímetros do fogo até o queijo estar ligeiramente derretido e quente, um ou dois minutos. Sirva quente.

Serve de quatro a seis porções.

Curry de ostras com molho de pepino e ovas de salmão à moda do Chinois

Esta era uma entrada do primeiro cardápio do Chinois. Eu sempre a adorei. Adaptei a receita a partir de uma que Wolfgang distribuiu no jantar do American Institute of Wine and Food's Cutting Edge of L. A. Cuisine em 1985. O molho de pepino é muito fácil de fazer e infinitamente versátil. Eu às vezes o uso para acompanhar verduras e legumes crus cortados em tiras para aperitivo.

INGREDIENTES PARA O MOLHO DE PEPINO

¼ de um pepino sem sementes picado
¼ de xícara de vinagre de vinho de arroz sem tempero
½ colher de chá de sal
1/8 de colher de chá de pimenta-do-reino moída na hora
2 colheres de sopa de óleo de gergelim asiático
2 colheres de sopa de óleo de amendoim

INGREDIENTES PARA AS OSTRAS AO *CURRY*

1 colher de sopa de curry *em pó*
1 colher de sopa de farinha de trigo
1 pitada de sal
16 ostras retiradas da concha — reservar as conchas
3 colheres de sopa de óleo vegetal
6 colheres de sopa de ovas de salmão

Acompanhamento: rodelas de limão

COMO PREPARAR O MOLHO DE PEPINO

Em um liqüidificador, bata em purê o pepino com o vinagre e o sal e a pimenta até formar uma mistura bem lisa e homogênea. Com o motor ainda ligado, acrescente os dois óleos em fio lento e continue a bater até emulsionar.

COMO PREPARAR O *CURRY** DE OSTRAS

Misture batendo com um batedor o pó de curry, *a farinha e o sal em uma tigela rasa. Passe as ostras na mistura de* curry, *uma de cada vez, sacudindo o excesso de farinha, e transfira-as para uma travessa.*

Aqueça o óleo em uma frigideira grande, de 25 centímetros de diâmetro, até estar bem quente, mas sem fazer fumaça, e frite ligeiramente as ostras em porções, virando-as uma vez, até ficarem ligeiramente crocantes por fora, por um a dois minutos. Transfira as ostras fritas para toalhas de papel absorvente para secar a gordura. Com uma colher, ponha um pouco menos de uma colher de sopa de molho de pepino em cada uma das conchas de ostras e acrescente a ostra frita. Cubra cada ostra com uma colher de chá de ovas de salmão.

Serve de quatro a seis pessoas.

12

Apreciadores de comida

Um passarinho boêmio vivia na árvore atrás da casa que Michael e eu havíamos alugado em Laurel Canyon. Ele dormia o dia inteiro, mas à noite encarapitava-se nos galhos trinando canções horrorosas, aberrantes, que penetravam em meus sonhos como serpentes. Eu acordava me perguntando por que os passarinhos estavam cantando depois do anoitecer, pensando que até mesmo as estrelas eram desonestas em Los Angeles. Eu sabia que o gorjeador da meia-noite estava rindo de mim, zombando de mim por eu ter deixado minha casa.

Então começavam as batidas de automóvel. A curva abrupta no fundo do Laurel Canyon ficava de tocaia, esperando para apanhar em sua armadilha os motoristas incautos. Primeiro ouvíamos o cantar de pneus de um carro entrando na curva depressa demais, depois o grito estridente dos freios, então a medonha pancada do metal chocando-se contra as árvores. Em seguida vinham buzinas, sirenes, as luzes piscando. Não era de espantar que o aluguel tivesse sido tão razoável.

A casa era escura, mesmo durante o dia. Os quartos, com revestimento sombrio de painéis de madeira e pisos pintados de marrom, pareciam repelir a luz do sol, e a cozinha era úmida, com um piso de linóleo arranhado. Havia um número excessivo de portas e, quando Michael tinha que trabalhar até mais tarde, eu as checava e rechecava para me certificar de que estivessem trancadas. O proprietário, uma pessoa abelhuda e desagradável, morava na casa ao lado e aparecia inesperadamente, como se isso fosse um direito seu. Eu às vezes voltava do trabalho e o encontrava na cozinha, fingindo estar consertando uma torneira quebrada.

Nós tínhamos alugado a casa por causa do grande pátio e do espaçoso quintal sombreado. Mais tarde, ficamos sabendo dos coiotes, que também os consideravam sua casa. A gente podia vê-los se esgueirarem pelo buraco na cerca e saírem para a rua, arreganhando os dentes quando corriam, uivando quando paravam.

Os coiotes também rondavam meu escritório no *Los Angeles Times*. Não eram tão visíveis, mas eu podia senti-los andar em passos surdos ao redor de minha escrivaninha, sentir-lhes o bafo quente na nuca, ouvi-los uivando na distância.

— Com que você está tão preocupada? — perguntou Michael, que adorava seu novo emprego na KCBS. — Você está apenas escrevendo críticas sobre restaurante. Não é nada diferente do que fazia na revista.

Mas, sentada diante de meu novo e reluzente computador, eu sabia que ele estava enganado. Mesmo meus amigos pareciam pensar que eu havia me transformado em uma outra pessoa agora que havia me tornado crítica de gastronomia do maior jornal da Califórnia, e as pessoas que me conheciam há séculos de repente sentiam-se temerosas de me convidar para jantar. Michael McCarty não me dava mais socos no estômago. Wolf e Barbara me incluíam na lista de celebridades. E certa vez, em um restaurante elegante, o homem na mesa ao lado se virou para sua companheira, quando ela reclamou da comida, para dizer:

— Quem você pensa que é, Ruth Reichl?

As palavras me golpearam como se fossem um martelo. Quem eu pensava que era? Eu realmente não tinha mais certeza. Mais de um milhão de pessoas estava lendo minhas palavras e metade delas parecia me detestar. Minha predecessora tinha se aposentado depois de quase 20 anos e, durante meses, seus leitores fiéis enchiam a caixa de correspondência.

— Mais um membro do fã-clube de Lois Dwan — comentou Bob Epstein, aproximando-se de minha escrivaninha certa manhã. Ele agitou uma carta acima de minha cabeça e acrescentou: — Ele diz que deveríamos mandar você de volta para San Francisco. Este sujeito — prosseguiu ele, atirando uma segunda carta sobre minha mesa — diz que você é pessoalmente responsável por baixar a qualidade dos restaurantes de Los Angeles. Quer que voltemos a contratar Lois Dwan.

— E este — declarou, com satisfação perversa, acrescentando mais uma carta à pilha cada vez maior — quer saber se temos conhecimento de que há uma louca com uma metralhadora giratória à solta, correndo pela Times Mirror Square. — Ele deu uma gargalhada, feliz da vida. — Nunca recebemos toda esta reação a uma crítica.

— Quem escreve críticas *deve* criar controvérsia — retruquei com desenvoltura fingida. — Se você não deixar as pessoas zangadas, não está fazendo seu trabalho.

Bob não se deixou enganar.

— Não se preocupe, menina — disse com gentileza —, não passo estas cartas para as chefias. — Ele se inclinou sobre a mesa e acrescentou: — Só deixo que eles vejam as cartas positivas. E creia-me, também recebemos muitas que são.

— É, sei — respondi. — Recebi alguns telefonemas simpáticos.

— Alguma celebridade? — perguntou em tom esperançoso. Afinal, estávamos em Los Angeles. — Ajudaria se eu pudesse mencionar alguns nomes.

— Sim — respondi. — Danny Kaye.

Eu havia reconhecido a voz imediatamente: masculina, ligeiramente alta, com o verniz da formação de teatro e apenas um ligeiríssimo sotaque de Nova York. Parecia diretamente saída de minha infância. O simples fato de ouvi-la tinha me feito rir.

— Danny Kaye telefonou para você? — perguntou minha mãe durante sua ligação diária. — Por quê?

— Ele se interessa muito por culinária — respondi. — Disse que gostava muito de meus artigos e me convidou para ir à casa dele, para jantar, na segunda-feira que vem à noite.

— Danny Kaye convidou você para ir à *casa* dele para jantar? — repetiu ela, parecendo sinceramente impressionada. — Dizem que ele é um cozinheiro maravilhoso.

— Ele com certeza parece pensar que é — respondi. — Ele me contou que Paul Bocuse e Roger Verger afirmam que o melhor restaurante da Califórnia é a casa de Danny Kaye.

— Ele devia estar brincando — comentou ela.

— Não, mamãe, ele não estava.

— Que pena que seu pai não está vivo. Danny Kaye era o ator predileto dele. Seu pai ficaria tão satisfeito.

Pensei em meu pai cantando "Hans Christian Andersen" para mim enquanto me punha para dormir. O vi rindo com *Me and the Colonel.*

— Você acha que ele finalmente poderia aprovar o trabalho que estou fazendo? — perguntei, detestando o tom carente de minha voz.

Minha mãe o ignorou.

— Seu pai apenas adorava Danny Kaye — respondeu ela, sem fazer concessões.

De início, a idéia de ir à casa de Danny Kaye foi emocionante. Mas, no último minuto, Michael não pôde vir comigo; três bandidos armados tinham assaltado um banco em Santa Mônica e precisavam dele na emissora. Enquanto dirigia por Beverly Hills, sozinha, procurando a San Ysidro Drive, comecei a ter dúvidas. Deus do céu, a respeito de que nós iríamos conversar? Quando finalmente encontrei a casa e comecei a andar pelo caminho que conduzia à porta, estava tão nervosa que entrei em pânico na hora em que ia tocar a campainha. Fiquei parada ali por um segundo, depois corri de volta para o carro.

— Você está atrasada — observou Danny, quando eu finalmente me recompus o suficiente para fazer uma segunda tentativa. Ele consultou o relógio. — Seis minutos atrasada. Você poderia ter estragado o jantar.

— Prazer em conhecê-lo também — me ouvi gracejar. Ele deixou escapar uma breve e sonora gargalhada, apertou minha mão e me convidou a entrar na casa.

Danny estava com exatamente a mesma aparência que tivera em todos os filmes de minha infância. Ele não parecia tão mais velho e sim mais enrugado, amarrotado, como roupa lavada que não foi passada. O cabelo alourado era um pouco comprido demais e esvoaçava ao redor de seu rosto, e o corpo esguio não se movia mais com a graça elástica de um acrobata, mas, exceto por isso, parecia não ter mudado nada.

O melhor restaurante da Califórnia era enorme — e cheio de ecos. Parecíamos estar sozinhos enquanto atravessávamos um salão silencioso e bem decorado após o outro, e comecei a sentir ódio daqueles bandidos que tinham obrigado Michael a voltar para o trabalho. Foi um alívio quando chegamos a uma alegre sala de estar e a encontramos cheia de outros convidados.

— Não se ponha à vontade — disse Danny para mim enquanto me apresentava a seus amigos — porque eu quero lhe mostrar minha cozinha.

Ele correu com as apresentações, como se fossem uma tarefa desagradável e me conduziu por uma porta. Eu me senti como uma convidada de honra muito especial. Pela primeira vez desde que viera para Los Angeles me senti satisfeita por ter aceito o emprego.

— Puxa vida! — Eu realmente disse isso, depois botei a mão sobre a boca e corei. A cozinha era um teatro e a mesa redonda estava posicionada de modo que as pessoas sentadas ali ficassem de frente para o fogão. O cozinheiro seria o astro daquele espetáculo e, enquanto Danny passeava possessivamente pelo palco, exibindo panelas exóticas e aparelhos caros, vi que a sala inteira havia sido construída tendo isso em mente. Era uma cozinha para um só homem, projetada exatamente para as dimensões de seu corpo: cada balcão e prateleira eram precisamente calibrados para acomodar sua altura, de modo que ele pudesse estar diante do fogão e estender a mão para pegar qualquer coisa de que pudesse precisar.

Danny apanhou um cutelo que repousava sobre um talho de açougueiro e o estendeu para mim.

— Experimente — ofereceu ele. — Eu mando fazê-los à mão, só para mim.

Segurei o cutelo, sentindo o peso confortador do utensílio. Danny me passou uma cenoura.

— Corte-a — instruiu ele e percebi que ele estava me oferecendo um raro privilégio. — Normalmente não gosto que outras pessoas toquem em minhas ferramentas, mas quero que você faça isso. — O cutelo se encaixava bem em minha mão. Eu o girei para baixo e o senti cortar a cenoura de uma só vez, sem dificuldade.

— Magnífico cutelo — comentei, passando-o de volta.

— As facas são importantes — comentou ele, acariciando o gume solenemente.

Danny foi até a grande geladeira e tirou alguma coisa embrulhada em papel branco.

— Espero que você coma fígado — disse ele, abrindo o embrulho e levantando uma peça de carne grossa, marrom.

— É claro que como — respondi. — Sou crítica de gastronomia. Como de tudo.

— Você ainda não comeu um fígado como o que eu faço — declarou confiante. — Espere só. Existe apenas um açougueiro nesta cidade inteira de quem vale a pena comprar. E depois você tem que fatiar a carne da maneira certa, na diagonal. — Ele demonstrou.

Danny me mostrou as verduras, as frutas, os queijos, recitando o *pedigree* de cada um. Quando se ofereceu para me apresentar a seus fornecedores, me dei conta de que minha opinião realmente era importante para ele. Esperei, de todo coração, que Danny cozinhasse tão bem quanto acreditava que cozinhava; não achei que eu fosse ser capaz de mentir para ele.

Danny me conduziu de volta para a sala de estar, e então desapareceu durante algum tempo. Eu e os outros convidados conversamos, distantes e educados, mas a sala parecia vazia sem ele. Subitamente, Danny reapareceu, parado no umbral da porta, chamando imperiosamente:

— Agora, ao jantar! — Todo mundo na sala se levantou de um salto, espalhando migalhas e derramando drinques, acotovelou-se ao entrar no corredor e seguiu rapidamente rumo à cozinha.

Fiquei parada no vão da porta, observando a cena. A mesa tinha sido servida com tigelas de caldo transparente, dourado, que fumegava diante do lugar de cada convidado. A fragrância flutuava de maneira inebriante pelo aposento.

— Capim-limão! — exclamei.

— Sentem-se! — gritou Danny, em tom irritado, de seu posto no fogão. Paramos de andar em círculos e cada um de nós correu para o assento mais próximo, como se aquilo fosse um jogo das cadeiras de crianças. Atiramo-nos nas cadeiras enquanto ele ordenava: — Comam! — Obedientemente pegamos nossas colheres.

Depois da primeira colherada eu soube que não seriam necessárias mentiras. A sopa de Danny era extraordinária, com aquela ressonância que se prolonga infinitamente, como um sino ainda ressoando, muito tempo depois de a última nota ter sido tocada.

Danny não se sentou. Enquanto comíamos, manteve-se de pé diante do fogão, como um cientista louco, envolto no vapor que subia ao seu redor, saído de um enorme caldeirão. Ouvi o chiado de manteiga ao bater numa superfície quente e percebi o aroma intenso e limpo de suco de limão sendo acrescentado na frigideira. Depois veio um perfume mais rico — creme, imaginei — e depois os aromas começaram a se mesclar, de modo que limão, creme e manteiga dançavam no ar.

Água foi escorrida, massa úmida tocou a superfície de uma frigideira com um assobio, e uma tampa caiu com um estrondo. Em seguida, Danny estava correndo para a mesa com um prato na mão e colocando-o na minha frente.

— Coma agora — insistiu ele —, não espere pelos outros. Este é um prato que só pode ser servido a pessoas comendo na cozinha. Dentro de alguns minutos, não estará mais bom. Eu mesmo fiz o talharim.

Enrolei a pasta em meu garfo e experimentei. E então, sem conseguir me controlar, perdi o fôlego. A massa era tão fina que parecia ter desaparecido, deixando para trás apenas uma lembrança. O que restava era simplesmente a sutileza do molho, puro e leve, como se o líquido tivesse de alguma maneira adquirido uma forma sólida. Não era comida: era magia em um prato, e por um momento saí do ar, mergulhada no sabor. Quando voltei à tona, Danny estava de pé ao meu lado, observando-me tão atentamente e com tamanho prazer que tive certeza de que não precisava dizer uma única palavra.

Não ouvi a conversa que se seguiu àquilo, nem pensei grande coisa a respeito de coisa nenhuma. Simplesmente comi, consciente da sorte que tinha de estar ali e confiante de que cada prato seria extraordinário. As iscas de fígado pareciam pequenos travesseiros de veludo entre fatias acetinadas de cebola, e tão doces como se tivessem sido salpicadas de açúcar.

— São as cebolas — disse ele, respondendo à pergunta que eu não havia chegado a fazer. — São plantadas em um terreno especial. E, é claro, a maneira como são cortadas.

A conversa fluía ao nosso redor, música de fundo, mas não tentei participar. Entendi que em sua cozinha Danny vivia desesperado por uma platéia, cozinhar para pessoas que não prestavam atenção destruía seu prazer. Ele era um criador, não um consumidor, e a única coisa que desejava era que se apreciasse suas criações.

De modo que eu não disse nada quando ele rapidamente tirou o suflê de limão do forno e o trouxe para a mesa. Alto, leve, rico e delicado, o suflê murchou, ligeiramente, à medida que era cortado, desabando sobre si mesmo com um suspiro fragrante. Eu o comi bem devagar, saboreando a maneira como se desmanchava em minha boca e tomei o *espresso* que ele me serviu ao final, sem açúcar, apreciando o amargo do café contrastando com a doçura do suflê.

— Creio que foi a melhor refeição que já fiz na vida — comentei ao me despedir. Danny balançou a cabeça, concordando.

— Você tem que voltar — disse ele. Compreendi que o jantar tinha sido um teste e que havia sido aprovada.

Depois daquilo Danny volta e meia me telefonava, regularmente. Havia um *chef* francês chegando à cidade que ele achava que eu deveria conhecer — será que eu estava livre para o jantar? Ele ia ao estádio assistir à partida de beisebol — será que eu gostava de cachorro-quente à moda dos Dodgers? Quando soube que eu havia sofrido um acidente de automóvel, correu imediatamente para o hospital. Ficou furioso ao saber que eu já tinha ido embora.

— Que negócio é esse de sair do hospital antes da hora? — berrou comigo no telefone. — Eu lhe trouxe uma coisinha para comer.

— Você está no hospital agora? — perguntei.

— Estou — respondeu ele. Eu o imaginei lá, esbravejando junto ao leito da pessoa que agora ocupava meu quarto. — Eu provavelmente retardei a recuperação desta pobre mulher em uma semana — comentou ele em tom acusador, como se fosse culpa minha. — Acho que a deixei inteiramente apavorada.

— Bem, deixe a comida para ela, por que não? — sugeri.

Houve um silêncio do outro lado da linha. E então ele disse:

— Não seria a mesma coisa.

Compreendi que aquilo era o que ele considerava um elogio e quis retribuir.

— Eu gostaria que todos os meus leitores fossem como você.

— Como assim? — ele quis saber.

— Há uma nova tribo de gente no mundo — disse-lhe — que vive apenas para comer fora. Formam grupos de seguidores, como fãs de artistas, só que são consumidores obcecados pela experiência de ir a restaurantes. — Refleti por um minuto e depois acrescentei: — São exatamente o oposto de você.

— Obrigado — agradeceu ele, compreendendo imediatamente.

— Você vai gostar desta história — comentei. — Um produtor me disse que tem andado tão ocupado em comer que há dois anos não faz um filme. Mas ele sofre de hérnia, o que torna doloroso comer toda aquela comida. De modo que tem que tomar uma garrafa de Maalox toda noite. Perguntei a ele por que fazia isso, e ele respondeu: "Ah, eu não me importo de sofrer pela minha arte."

Danny deu uma gostosa gargalhada.

— Você deveria escrever a respeito deles — disse ele.

Parecia uma boa idéia. Bob também era da mesma opinião. E assim comecei a entrevistar os branquelas ricos, fanáticos, cuja vida girava em torno de restaurantes. Havia dúzias deles, pessoas que colecionavam refeições como figurinhas de beisebol e *chefs* como troféus, e ficavam felizes da vida por terem uma oportunidade de discutir seu vício.

Um casal veio me visitar no jornal para mostrar sua enorme coleção de cardápios. Fiquei sentada durante horas enquanto eles exibiam um precioso documento após outro, tirando-os de uma maleta.

— Nós achamos que a maioria dos clientes não desempenha seu papel — declarou a esposa. — Não se vai a restaurantes importantes sem antes fazer alguns preparativos para isso. Não é apenas a comida, o ambiente e as pessoas que representam a experiência. Também é o que você leva consigo.

Olhei para ver se ela estava falando sério. Estava. O marido retirou um álbum de fotografias da maleta e disse:

— Vamos mostrar a ela as fotografias do casamento de Wolfgang na França. — Ele enfiou o álbum debaixo de meu nariz. Lá estavam eles, flanqueados por Wolfgang e Barbara. — O casamento foi fabuloso — disse ele e virou a página. — Depois seguimos viagem para a Itália. — Ele apontou para fotos de sua esposa e dele com um sorridente *chef* italiano após outro. — Depois, é claro — prosseguiu ele, virando a página mais uma vez —, seguimos para a Suíça e fomos ao Frédy's.

O casal feliz, com os braços ao redor de um carrancudo Frédy Girardet, estava nas fotografias.

— O problema de ir comer no Frédy's — comentou a mulher em tom saudoso — é que depois de comer lá é difícil comer em qualquer outro lugar.

Enquanto ela falava, recordei-me do que Darrell Corti dissera quando eu o conhecera: "De que adianta ter um grande conhecimento sobre comida se tudo o que você encontra são decepções?" Mas mantive minha boca fechada e tentei aparentar sabedoria. Balancei a cabeça concordando. Mudei de assunto.

— Estava rezando para que eles não me perguntassem o que eu achava de Girardet — comentei com Michael mais tarde, naquela noite, enquanto nos vestíamos para sair para jantar. — Porque é claro que nunca estive lá.

— Você não tinha motivo para se preocupar — respondeu ele. — Pessoas desse tipo não podem imaginar um mundo em que o *Los Angeles Times* pudesse contratar uma crítica de gastronomia que nunca tivesse ido ao Girardet.

— Você provavelmente tem razão. Um homem me disse que seu dia estaria arruinado se ele não pudesse falar aos amigos sobre pelo menos um restaurante que eles não conhecessem. Um outro me contou que estava usando a herança da filha para financiar sua paixão por restaurantes. Mas de todos o meu momento favorito foi quando eu perguntei a uma mulher se ela comia fora porque não sabia cozinhar e ela me respondeu: "Ah, não. Na verdade sou uma extraordinária cozinheira. Mas acredito em fazer as coisas que sei fazer melhor. E sei comer maravilhosamente."

— Bem, eu gostaria que você estivesse levando uma dessas pessoas que comem maravilhosamente para jantar — replicou ele. — Você tem certeza absoluta de que tenho que usar paletó?

— Tenho — respondi. — Quando fiz a reserva eles disseram que não era permitida a entrada sem paletó.

— Vamos ficar em casa — sugeriu ele. — Detesto esses lugares metidos a besta.

— Você prometeu — reclamei — e não pode me deixar na mão agora. Não conseguiria encontrar ninguém para me acompanhar de última hora.

Michael suspirou e vestiu um paletó.

O restaurante era escuro e o ambiente íntimo. As pontas da casaca do *maître d'hôtel* balançavam enquanto ele nos conduzia à nossa mesa. Ele puxou a cadeira para mim com murmúrios melífluos sobre coquetéis e vinho. Abriu meu guardanapo e o colocou em meu colo. Quando finalmente ele se retirou, Michael levantou o olhar para o candelabro e disse em tom sonhador:

— Gostaria de estar em casa assistindo ao jogo de futebol.

Naquele momento nasceu o Gourmet Relutante. "Se puder escolher entre um jantar formal e um cachorro-quente dos Dodgers", escrevi quando cheguei em casa, "o Gourmet Relutante sempre vai preferir o cachorro-quente."

O Gourmet Relutante começou a se insinuar em minhas críticas, esvaziando pretensões, questionando a autoridade, apresentando uma opinião cética sobre o preço alto de comer fora. Ele preferia beber cerveja a beber vinho. Gostava de brigas e recusava com firmeza qualquer convite que pudesse coincidir com o *Futebol de Segunda-feira à Noite*. Ele era inteligente, irreverente e divertido e podia dizer coisas que uma crítica de gastronomia não podia. Los Angeles imediatamente se encantou com ele; não demorou muito para que o G.R. estivesse recebendo mais cartas do que eu.

— Eu gosto do Gourmet Relutante — comentou Danny. — Esse é o seu namorado? Por que você não se casa com ele?

— Ele vive me fazendo a mesma pergunta — respondi.

— Bem, o que você está esperando? — E então ele acrescentou: — Vá em frente e case-se. Eu prometo que irei ao casamento. — Ele parecia achar que isto encerraria a questão.

O sucesso do G.R. me deu coragem para começar a correr mais riscos ao escrever a coluna. Quando alguém reabriu o moribundo Perino's, um velho cavalo de batalha de Hollywood, convidei o glamouroso fantasma de Gloria Swanson para me acompanhar em um jantar. Ela entrou em triunfo pelos salões luxuosamente decorados, apalpando as toalhas, reclamando do serviço dos dias atuais, lamentando a maneira como as coisas tinham mudado. "Na minha época", declarou ela afetadamente, segurando o isqueiro, "as pessoas sabiam como se vestir para sair para jantar." Ela admirou a torrada com queijo, riu dos esforços do chefe com o *steak Diane flambé* e comentou que os suflês de outrora eram, definitivamente, mais altos. Fiquei extremamente satisfeita com a crítica resultante e, quando Bob me chamou ao seu escritório, fiquei esperando que comentasse como eu era brilhante.

Mas ele estava de cenho franzido. Encarou-me, olhos nos olhos, pigarreou e disse:

— Ruth, isto é um jornal.

— Eu sei disso — retruquei, irritada. — E daí?

— Você não pode inventar coisas! — explodiu ele. — O Gourmet Relutante é uma coisa. Eu conheço Michael. Sei que você exagera um pouco o personagem dele, mas pelo menos ele é real. Por outro lado, Gloria Swanson está morta. Ela não esteve com você no restaurante.

— Mas não posso passar o resto da minha vida escrevendo a respeito de comida salgada demais ou do ajudante de garçom tirar o talher pelo lado errado! — argumentei.

— Por que não? — ele quis saber. — Você sabe mais a respeito de comida do que qualquer pessoa que eu conheça. Apenas escreva a respeito disso.

Eu sacudi a cabeça.

— Você não reparou que apenas a comida sozinha é um tema de leitura realmente maçante? — perguntei. — São todas as coisas ao redor, que acompanham a comida, que fazem com que seja interessante. A sociologia. A política. A história.

— Bem — disse ele, devolvendo-me o artigo de Gloria Swanson — , escolha uma dessas coisas. Porque isto aqui não serve. Em jornalismo você tem a obrigação de falar a verdade. Sinto muito.

Voltei para meu computador e fiquei olhando fixamente para a tela. Eu tinha 24 horas para jogar Gloria Swanson no lixo e encontrar alguma coisa real a respeito da qual pudesse escrever. "Uma mesa no Perino's", escrevi, "costumava significar alguma coisa." Não, muito maçante. Tentei de novo.

"Nos anos 30, quando Gloria Swanson entrava em triunfo no Perino's..." Não, isso também não estava bom.

"O cordeiro no Perino's..."

Embatuquei, não saía nada. Juntei minhas coisas, apanhei as chaves e segui para o estacionamento. Estava planejando voltar ao restaurante e rezar para ter alguma inspiração.

Dirigindo pelo Hancock Park observei suas mansões, outrora grandiosas. Aquelas casas imponentes haviam formado a primeira Beverly Hills e, em tempos distantes, no apogeu do Perino's, os gramados eram impecáveis, as garagens viviam cheias de frotas de Bentleys. Tentei imaginar como teria sido aquele bairro naquela época, ouvir os ecos de Carole Lombard e Errol Flynn. Então me dei uma sacudidela: os astros e estrelas tinham feito as malas e se mudado em direção ao oeste, as casas estavam decrépitas e era o presente que importava, não o passado.

Parei o carro no grande e escuro estacionamento do restaurante e entreguei as chaves para o manobrista. Um *maître d'hôtel* estava postado junto à porta do restaurante.

— Bem-vinda de volta — cumprimentou-me em voz baixa, e por um momento ele me pareceu Erich von Stroheim. Será que eu havia detectado um sotaque? Ele me conduziu, passando por espelhos e candelabros de cristal e contornando maciços arranjos de flores até um banquinho recurvado estofado de rosa. Entregou-me um enorme cardápio e se inclinou numa mesura. Eu teria jurado que ele bateu os calcanhares... Não! Esse tipo de coisa não servia!

Espiei por cima do cardápio, examinando meus companheiros clientes da casa, na esperaça de encontrar alguma coisa notável a respeito da qual pudesse escrever. Não vendo nada de interessante, esforcei-me para ouvir fragmentos de conversa que fossem fascinantes. Para meu desespero, as pessoas à minha direita estavam fazendo uma análise do mercado de imóveis e os homens à minha esquerda estavam mergulhados numa séria discussão a respeito dos Dodgers. Nada de útil por ali.

O *maître*, como fizera anteriormente, recomendou o coquetel de camarões, as vieiras, as *pommes soufflées*. Eu havia experimentado todos aqueles pratos e achado perfeitamente aceitáveis. Desesperada, lancei mão de um truque clássico de crítica de restaurante: numa situação difícil, você sempre pode zombar da comida. Tudo o que precisa fazer é pedir o prato mais absurdo do cardápio. Isto funciona às mil maravilhas quando um *chef* é criativamente levado a inventar um salmão trufado com calda de banana, um sorvete de aspargos com passas, ou guacamole com mariscos crus. Mas o ravióli de *radicchio* com molho de *cream cheese* não era nem de longe tão absurdo e, infelizmente, não estava ruim.

E então, enquanto comia uma garfada de salmão grelhado (cozido demais), o momento pelo qual estivera esperando chegou. Ouvi um tumulto na entrada do salão e, quando me virei, vi uma tropa de policiais entrando no restaurante.

— O que aconteceu? — perguntei ao *maître*.

Ele se inclinou e confidencialmente sussurrou numa voz cheia de excitação:

— Um homem acabou de ser assaltado no estacionamento! — Ele parecia entusiasmado com o fato de ter uma história a contar. — Ameaçado com uma arma de fogo — prosseguiu.

Pronto, eu tinha encontrado minha matéria!

Sem desperdiçar tempo com a sobremesa, pedi a conta. Corri de volta para casa e fui direto para a mesa de trabalho. "Comer no Perino's", comecei, "pode ser muito mais emocionante do que costumava ser." Isto era muito melhor do que Gloria Swanson: a matéria agora parecia uma história de detetive. Tinha um enredo, era uma trama de suspense.

— Eu nunca li uma crítica de restaurante semelhante a esta — declarou Bob depois que a apresentei. — Eu sabia que você conseguiria. Bom trabalho!

— Não espere que eu consiga um assalto à mão armada toda vez que for escrever uma crítica sobre um restaurante — adverti.

— Não estou preocupado — disse ele. — Tenho certeza de que você vai arranjar alguma coisa. — Bob sorriu.

Nenhum passarinho cantou quando entrei na cama.

— Você estava certo sobre nos mudarmos — admiti para Michael. — Estou satisfeita por termos vindo. Quando Bob leu minha crítica, disse que eu iria dar nova vida à seção especializada do jornal. E mal posso esperar para ver esta publicada. — Michael bocejou.

— Eu sabia que você finalmente acabaria por ficar feliz pelo fato de termos nos mudado para cá. Mas aquele assalto foi uma sorte grande. — Virando-se para o lado, ele perguntou sonolento: — Você tem o registro da ocorrência feito pela polícia?

— O registro da ocorrência? — perguntei. Os alarmes dispararam em minha cabeça. — Como se faz para pegar um registro da ocorrência feito pela polícia? — Michael não respondeu: já estava profundamente adormecido. Mas eu estava sentada bem ereta, com ondas de adrenalina circulando em minhas veias.

Nunca nem sequer havia me passado pela cabeça verificar a história do garçom. Eu simplesmente tinha escrito o que ele me contara e agora, tarde demais, me dei conta de que poderia não ter sido totalmente verdadeiro. De repente, lembrei-me do rosto ávido do garçom; ele estivera tão excitado. Talvez não tivesse havido assalto nenhum no estacionamento. Os policiais poderiam ter estado lá por outros motivos. Talvez um cliente não tivesse podido pagar a sua conta. Talvez eles tivessem ido lá apenas para interrogar alguém a respeito de alguma coisa que não tivesse nada a ver com o Perino's. Ou... As possibilidades eram infinitas.

Era calúnia ou difamação escrita se você publicasse uma notícia que não fosse verdade? Eu nem sequer sabia. Quais eram as penalidades? Eu também ignorava isso. É claro que perderia o meu emprego, mas será que seria processada? Poderia ir parar na cadeia?

E então tive um momento de esperança louca. Talvez eu não tivesse dito de fato que houvera um assalto. Talvez eu tivesse simplesmente citado o garçom falando sobre o assalto.

Me levantei de um salto da cama e fui para o escritório para ler o artigo. O passarinho piou bem alto. Enquanto eu acendia a luz, um coiote se esgueirou para fora do pátio e furtivamente subiu a rua. Passei a mão na matéria.

"Um cliente, à espera que o manobrista fosse buscar seu carro, foi obrigado a entregar sua carteira durante um assalto à mão armada", li, dominada pelo desânimo. Era pior do que me lembrava: eu, inquestionavelmente, havia noticiado que houvera um assalto no Perino's. Ouvi Bob dizer "Bom trabalho" e me perguntei o que ele diria quando descobrisse que idiota havia contratado. Danny Kaye nunca mais tornaria a falar comigo. Que diabo me fizera pensar que eu era uma repórter?

Eram duas da madrugada e eu estava acordada, girando em círculos, retorcendo as mãos. Estava tão inquieta em minha própria pele que não sabia o que fazer. Sentia-me nauseada e minha cabeça estava zonza. Meus pés coçavam. Não conseguia dormir. Se ao menos fosse algumas horas antes e pudéssemos parar as máquinas de impressão. Será que ainda se paravam as máquinas de impressão? Nem sequer isso eu sabia.

Será que eu deveria telefonar para a polícia e pedir um registro de ocorrência. Não: caso se revelasse que não havia nenhum registro, isto não ficaria bem quando tivesse que me apresentar ao tribunal. Minha única desculpa era minha extrema ingenuidade e total estupidez.

Às três da manhã, eu estava convencida de que havia imaginado o episódio inteiro. Absolutamente nenhum policial jamais estivera no restaurante. "Os senhores empregaram uma mulher seriamente desequilibrada para escrever críticas para seu jornal", escreveriam os donos, enquanto exigiam milhões de indenização.

Às quatro da manhã eu estava começando a duvidar de que sequer tivesse ido ao restaurante. O Perino's existia? Fiquei deitada ali, com minha imaginação girando fora de controle, vendo os ponteiros do relógio se moverem, jurando que nunca mais escreveria uma crítica sobre um restaurante.

— Você está pálida — comentou Michael de manhã.

— Não tive uma noite muito boa — respondi.

— Estava excitada demais para dormir? — perguntou ele, abrindo o jornal. E lá, em preto e branco, estava meu artigo.

— Pois é — comentei, com um sorriso forçado.

Dirigindo para o centro, pensei na infelicidade que estava prestes a enfrentar, em como minha vida iria ser alterada. Quando aquele emprego havia se tornado tão precioso para mim? Fiquei surpreendida ao descobrir que eu gostava de L.A. e que não queria que nada mudasse. Até minha casa horrível de repente parecia menos má.

Parei o carro no estacionamento e me arrastei em direção ao escritório, mostrando meu crachá, que brevemente me seria tomado, ao guarda de segurança. Quem eu pensava que era, Ruth Reichl? Subitamente, eu queria muito ser ela. Depois de todos aqueles meses, a idéia de me mudar de volta para Berkeley não era mais atraente.

O telefone em minha mesa estava tocando. Atendi. Uma voz grave disse:

— Senhora Reichl? Aqui quem fala é Evelle Younger. Sou o ex-procurador-geral do estado da Califórnia. — Deixei o fone cair, enquanto o sangue saía de um só golpe de minha cabeça. Minha vida estava acabada. Eu me abaixei e peguei o fone de volta. Quando o botei de volta na orelha, ele estava dizendo — ... eu estava no restaurante na noite do assalto, e queria cumprimentá-la pela honestidade de sua matéria...

— Muitíssimo obrigada por ter telefonado, senhor procurador-geral — consegui balbuciar. — O senhor nunca saberá quanto isto significou para mim. — E então fui para casa e dormi o resto do dia.

— Teria sido mau — comentou Michael — mas não tão mau quanto você imaginou. Teria sido embaraçoso, o jornal teria que publicar uma retificação. Você provavelmente teria sido demitida. Mas, para entrar na justiça, o restaurante teria que provar que houve má-fé, e não houve nenhuma. Mesmo assim, prometa-me que me fará um favor. Você é uma escritora maravilhosa, mas da próxima vez que decidir dar uma de repórter, deixe-me dar uma olhada antes de entregar o texto para publicação. Eu trabalho com notícias todos os dias e poderia ter poupado você de passar por tudo isso.

— Eu sei — concordei. — Fui burra.

E então, sem saber que eu ia fazê-lo, inclinei-me para ele, dei-lhe um beijo e disse:

— Tenho sido burra com relação a uma porção de coisas. Você quer se casar comigo?

A massa ao molho de limão de Danny

Nunca pedi a Danny Kaye uma cópia de sua receita de massa ao molho de limão — nem de nenhum dos outros pratos que ele preparou para mim. Mas gostava tanto daquela massa que um belo dia simplesmente tentei fazê-la. Levei muito tempo para conseguir aperfeiçoar a receita. A minha não é tão boa quanto a de Danny — nunca poderia ser — mas foi o mais perto que consegui chegar.

INGREDIENTES

¼ de xícara de manteiga sem sal
1 xícara de creme de leite grosso
3 colheres de sopa de suco de limão feito na hora
460 gramas de fetuccini *fresco feito com ovos*
2 colheres de sopa de casca de limão fresco, ralada na hora, bem fininha
sal
pimenta-do-reino ralada na hora
queijo parmesão ralado na hora

Derreta a manteiga em uma caçarola funda e grande de 30 centímetros de diâmetro e mexendo acrescente o creme e o suco de limão. Retire a caçarola do fogo e mantenha-a aquecida e coberta.

Cozinhe a massa em uma panela grande com água salgada até estar al dente, *de dois a três minutos. Reserve meia xícara do líquido de cozimento da massa e escorra-a num escorredor. Acrescente a massa à mistura na caçarola com a casca de limão ralada e duas colheres de sopa do líquido de cozimento e misture bem. (Acrescente mais líquido de cozimento da massa, uma colher de sopa de cada vez, se necessário, para afinar o molho.)*

Tempere a massa com sal e pimenta e sirva com queijo parmesão.

Serve quatro porções.

13

Bananas amassadas

Nós nos casamos em nossa nova casa, que era antiga e graciosa, situada no alto da região de encostas da montanha, com cômodos grandes e vistas panorâmicas das montanhas San Bernardino. O dia estava ensolarado; Bruce Cost veio de San Francisco para cozinhar e a comida estava tão boa, que Danny disse que, pelo menos por aquele dia, nossa casa era o melhor restaurante de L.A.

Nancy Silverton fez o bolo e Alice o cortou, junto com Marion Cunningham e Cecilia Chiang. Observando-as servir as fatias, tive um momento de felicidade absoluta. Nick e Jules estavam presentes, elegantes, vestidos com as mesmas roupas que tinham comprado logo que eu havia me tornado crítica de gastronomia e que tínhamos começado a ir a restaurantes chiques. Colman estava lá com sua mulher, parado em um canto, conversando com Wolfgang e Barbara. Minha mãe estava lá flanando de um lado para outro, orgulhosa e bonita e, por um momento, senti tanta saudade de meu pai que foi uma penetrante dor física. Me descobri procurando por Doug, mas é claro que ele não estava lá. Eu quase o havia convidado e desconfio que ele teria vindo se eu tivesse feito o convite. Do mesmo modo que eu teria ido ao seu casamento, alguns meses depois, se ele me convidasse. Era confortador saber que ainda éramos uma família, um para o outro, e que sempre seríamos.

Depois do casamento, a vida se acalmou. Eu gostava de trabalhar no jornal, Michael adorava seu emprego, e nós dois gostávamos de viver em Los Angeles. Tínhamos apenas um problema: três anos haviam se passado e eu não tinha engravidado.

— Você está velha — disse o médico especialista em fertilidade que finalmente consultamos. — Por que esperou tanto tempo? Teremos que começar com alguns exames.

— Eles vão doer?

— Ah, de jeito nenhum — declarou. E depois admitiu: — É possível que uns dois deles sejam um pouco desconfortáveis. — O seu tom de voz sugeria que qualquer pessoa que realmente estivesse empenhada em ter filhos suportaria com satisfação um bocadinho de desconforto. Especialmente se ela tivesse 39 anos de idade.

Eu me lembrei daquele tom quando o técnico disse:

— A senhora poderá sentir um pouco de cólica agora — e começou a enfiar sondas misteriosas em meu corpo. Uma dor elétrica me percorreu como um raio. Rangi os dentes.

Quando nada de notável resultou desses exames, passamos para a fase dois. Isto envolvia o uso de drogas caras e consultas diárias às seis da manhã que começavam em uma sala de espera cheia de mulheres de rosto esperançoso. Ficávamos sentadas na clínica, ouvindo o ruído das folhas de jornal sendo viradas, observando o relógio avançar tiquetaqueando inexoravelmente. Quando davam nove horas, o ar na sala de espera havia se tornado uma espessa nuvem de raiva. Todas nós estávamos atrasadas para o trabalho.

— Homens nunca tolerariam uma coisa dessas — resmungávamos, levantando a cabeça com ressentimento cada vez que a enfermeira vinha chamar um outro nome.

— Eu lhe disse, beba mais água — dizia a enfermeira todas as manhãs quando encarava a massa de hematomas em meus braços. — Você não tem veias muito boas. — Ela golpeava meu braço, espetando primeiro um lugar, depois outro, tentando colher sangue. Depois ela me levava até mais adiante no corredor para tirar fotografias de meus ovários, enfiando a sonda com perversidade em minha vagina. — Agora pode se vestir — dizia a cada dia quando havia acabado. — Até amanhã.

Estava tão acostumada à aparente inutilidade da rotina que fiquei surpresa ao ouvir algo de novo sair de sua boca uma bela manhã.

— Eles estão florescendo — disse ela em voz lúgubre.

— E isso é mau? — perguntei.

— Não — respondeu ela pesarosamente —, significa que há óvulos. Talvez possamos fazer a operação. Você terá que voltar esta noite e tirar mais sangue. — Ela olhou para meus braços roxos e disse, o tom de sua voz negando suas palavras: — Espero que possamos encontrar uma veia.

As operações eram chamadas de *procedimentos*. Eram caras, indolores... e não tiveram sucesso.

— Você deveria começar a pensar em adoção — disse o médico, depois do terceiro procedimento. — Se esperar até os 40 anos, ficará em desvantagem. — Interpretei isso como uma maneira de ele me dizer que eu era estéril e que não havia esperança. De qualquer forma, eu estava mais do que pronta para dizer-lhe adeus, de modo que aceitei o papel que me ofereceu. A folha continha o endereço de um advogado especializado em adoções particulares. — Ele é o melhor — afirmou o médico. — Nunca cuidou de uma que tivesse dado errado.

— Pode me chamar de Joshua — disse o advogado, estendendo sua mão.

Era um homem elegante, bem-apessoado, para quem adoções tinham claramente sido um bom negócio. Seu enorme escritório de Beverly Hills era cheio de obras de arte moderna e grandes poltronas de couro giratórias que permitiam que se virasse para as amplas janelas com uma fabulosa vista da cidade. Ele conversou comigo sobre restaurantes durante algum tempo, depois baixou a voz para um tom mais suave, enquanto folheava os papéis sobre o tampo de uma grande mesa de ébano bem lustrada.

— O importante é parecerem ricos e simpáticos — declarou, enquanto explicava seu método. Ele nos entregou uma lista de pequenos jornais do Sul e nos mostrou um exemplo de anúncio. Nosso alvo seriam mulheres sulistas grávidas que não dispusessem de meios ou não desejassem criar seus bebês. — Vocês têm que enfatizar a vida maravilhosa que darão ao bebê. Lembrem-se: estão vendendo um sonho.

O anúncio começava assim: "Casal branco, próspero e afetuoso procura bebê. Todas as despesas médicas pagas." Joshua largou o jornal sobre a mesa e disse:

— Vocês são escritores, sabem como fazer essas coisas. Agora — prosseguiu ele —, pegue a caneta. Quero que faça algumas anotações. — Michael e eu simultaneamente puxamos nossos blocos de repórter. — Não você — disse Joshua para Michael. — Elas só querem falar com ela.

— Mas eu também estou adotando o bebê — protestou ele.

— Elas querem conversar com a mãe — disse Joshua rapidamente. Ele olhou para mim. — Está pronta? O.K. Primeiro, arranje uma linha de telefone separada só para receber estas chamadas. Segundo, faça anotações de modo que você possa se lembrar do que elas disseram e do que você disse. Você acha que não vai se esquecer, mas esquecerá.

Eu assenti e anotei.

— Regra Número Um — entoou ele. — Não faça perguntas. Não logo de início. Sua primeira tarefa é seduzi-las. Lembre-se de que você está vendendo sua imagem como pessoa. E esta será a venda mais importante que você jamais fará.

Ele olhou para nós com uma expressão calculista e acrescentou:

— Não há necessidade de serem sinceros demais. Michael está bom, mas com um nome como Ruth ninguém vai ligar. Eu sugiro que use Tammy.

— Tammy? — perguntei. — Quer que eu diga que me chamo Tammy?

Ele deu de ombros.

— A escolha é sua. Mas, em nossa experiência, poucas mulheres se mostram dispostas a dar um bebê a alguém chamada Ruth. Tivemos muito sucesso com Tammy. Dusty também funciona bem.

— Será que devo mudar meu nome para Joe-Bob? — perguntou Michael.

Joshua nem sequer sorriu.

— Isto não vai ser necessário — respondeu. Ele se levantou e estendeu a mão. — Boa sorte — desejou. — Vocês estão prestes a embarcar numa aventura maravilhosa!

— Então, como você se sente a respeito dessa maravilhosa aventura? — perguntou Michael enquanto saíamos.

— Você o detestou, não foi? — respondi.

— Admito que sim, e você também — respondeu ele. — Você acha que devemos procurar um outro advogado?

— Não teremos que passar muito tempo com ele — respondi, relutante em admitir que aquele homem, aquele mercador de sofrimento, me deixara com a pele arrepiada. — De qualquer maneira, dizem que ele é o melhor. Imagino que sejam todos iguais.

— Talvez você tenha razão — concordou Michael em tom hesitante. — Eu farei qualquer coisa que tenhamos que fazer. Mas poderíamos chegar a um acordo sobre uma coisa? Não creio que você deva dizer que se chama Tammy. Não vamos começar logo de cara com uma mentira.

A primeira chamada veio à meia-noite.

— É sobre o bebê — disse uma voz muito jovem. Então explodiu em lágrimas.

— Que idade você tem? — perguntei, esquecendo da Regra Número Um.

Treze anos. Roxane tinha 13 anos. Estava no quarto mês de gravidez, e eu fui a primeira pessoa a quem ela contou.

— Meu pai vai me matar se ele descobrir — disse ela. E então acrescentou, sonhadoramente: — Quero que meu bebê cresça cercado por estrelas de cinema. Quais são as que você conhece? — Ela nunca tinha ouvido falar de Danny Kaye e logo depois desligamos.

Joshua deveria ter me falado sobre a Regra Número Dois, pensei, enquanto tentava me lembrar do nome de todas as estrelas de cinema que havia conhecido. Elke Sommer estivera sentada ao meu lado em um jantar de Páscoa judaica no Spago: ela encabeçou a lista. Gregory Peck certa vez me ligara perguntando onde poderia comer um bom bife: ele rapidamente se transformou num amigo. Kathleen Turner, a quem eu havia conhecido numa festa de caridade, tornou-se uma amiga íntima. Eu tinha ido a uma festa na casa de Henry Winkler, e naquele momento escrevi tudo que conseguia me lembrar sobre aquela noite. Incluí Bob Dylan, que certa vez estivera sentado ao meu lado no Cirque du Soleil. Não era uma lista perfeita, mas teria que servir.

Mas a próxima pessoa que telefonou não estava interessada em astros e estrelas de cinema. Darlene vivia no interior do Texas e sua voz parecia mortalmente cansada.

— Esta é minha quinta gravidez — disse numa voz exausta. — Foi um acidente. Não podemos nos dar ao luxo de ter mais um filho.

O marido dela, Billy, era mecânico. Eles tinham tentado juntar dinheiro para comprar uma oficina. Ouvindo seu suave sotaque sulista, tentei ver o aposento onde ela estava. Seria uma pequena cozinha, atravancada, cheia de brinquedos de crianças espalhados pelo chão e pratos empilhados na pia.

— Estou fazendo hambúrguer com a massa Helper. Tem muita Helper e pouco hambúrguer. O que vocês vão comer no jantar?

Perca do mar chilena não me pareceu que fosse soar bem. Será que costeletas de carneiro pareceriam metidas a besta demais? Bife? O que ela gostaria que seu bebê comesse?

— Churrasco de galinha — decidi.

— Galinha — disse ela em tom sonhador. — Não costumamos comer muita galinha. As crianças brigam pelas coxas.

Darlene e eu conversamos durante quase uma hora. Ela me parecia uma mulher esperta, forte e profundamente entristecida pelo fato de ter que dar seu bebê a uma estranha.

— Sei que é o melhor para todos — estava comentando, quando, de repente, exclamou: — Você disse que trabalhava até tarde! — e bateu o telefone na minha cara. Será que ela contou a Billy? Será que eles ficaram com o bebê? Ou será que ela decidiu que seu filho devia ser criado à base de bife?

Com o passar do tempo, eu aprendi as respostas certas, aprendi a apresentar minha história sob medida para se encaixar nos sonhos delas. Da primeira vez que disse que era crítica de gastronomia, que escrevia sobre restaurantes, houve um silêncio mortal do outro lado da linha. No telefonema seguinte, eu havia me tornado uma editora de culinária e gastronomia. Foi uma sábia escolha.

— Você deve assar um bocado de *cookies* — comentou Ramona.

— Ah, mas é claro — respondi com fervor —, todos os dias. Às vezes duas vezes por dia. — O trabalho de Michael também não era muito apreciado, de modo que o rebaixei de diretor de noticiários para apresentador das previsões do tempo. Amy foi a primeira com quem experimentei essa história. Quando ela perguntou:

— Quer dizer aquele sujeito com os mapas na TV? — tive certeza de ter feito a coisa certa.

Eu não podia criar uma casa nova imaginária porque a mulher certa, no final, acabaria vindo vê-la. Mas aquilo não me impediu de enfeitar um pouco as coisas. Redesenhei a cozinha. Redecorei a sala de visitas. E a cada dia que se passava o quarto do bebê tornava-se maior.

Enquanto isso, comíamos a mesma refeição imaginária todas as noites: galinha frita, purê de batatas, ervilhas verdes, salada e torta de pão-de-ló com recheio de morango. Era tipicamente americana e projetada para não ofender ninguém (com a possível exceção de vegetarianos). Poderia ser meio carregada no colesterol, mas nenhuma das mulheres com quem falei mencionou isso.

Os telefonemas faziam com que me sentisse como uma adolescente conversando com rapazes que eu queria que gostassem de mim, reinventando-me uma vez após outra. Eu me sentia dominada pela falta de confiança em mim mesma e estava sempre certa de que tinha dito a coisa errada, convencida de que meu futuro estava em jogo e de que eu o havia arruinado. Embora não fumasse há anos, sentia-me louca de vontade de acender um cigarro.

Veronica, Joanne e Louella desligaram, quando descobriram que eu era judia. Rachel queria que seu bebê tivesse uma mãe loura. Sally não gostou de minhas posições políticas. E April me partiu o coração: ela foi como um amante que ficasse me seduzindo, me dando trela e falsas esperanças até eu estar confiante de que seria ela a pessoa certa. E então, de surpresa, simplesmente parou de ligar. O que eu dissera de errado?

Joshua ligava periodicamente para saber de nossos progressos.

— Vá com calma — aconselhava ele. — Nunca se pode ser cuidadoso demais. Continue procurando. Vocês encontrarão o bebê certo. Tenho certeza de que encontrarão. — E então, um dia, ele ligou para mim no trabalho e sua voz soou diferente.

— Sente-se — disse ele.

Ajeitei minha saia preta e disse:

— O.K.

— Você quer um bebê? — perguntou ele.

— É claro que quero — respondi.

— Você *realmente* quer um bebê? — repetiu em tom duro, questionador, e imediatamente me senti culpada, como se ele fosse um pregador me pedindo para dar um testemunho de fé.

— Quero — respondi, tentando soar sincera —, eu realmente quero um bebê. Estamos escrevendo um novo anúncio...

— Não, não — interrompeu ele, como se eu não o tivesse compreendido. — O que estou perguntando é: "Você quer um bebê agora, neste instante?"

— Agora? — Será que aquilo era um teste? Será que ele fazia isso com todas as suas clientes, só para se assegurar de que realmente tivessem tutano para a maternidade?

— É uma menina — disse ele. — Nascida ontem. Você quer?

— Você tem uma menininha? — perguntei estupidamente. — Aqui em Los Angeles? — Ouvi papéis farfalharem.

— Nascida ontem no Cedars-Sinai — leu ele. — Às três e vinte da tarde. Teve uma avaliação de cinco no escore Apgar. Ela é perfeita.

— E não tem mãe?

— É uma longa história — respondeu ele com impaciência, como se eu o estivesse fazendo perder tempo com perguntas tolas. — Terei prazer em lhe contar a história inteira. Mas preciso saber se você quer a menina. Porque, se não quiser, terei que encontrar outro casal.

— Mas você tem que me dar alguns detalhes — insisti.

Joshua suspirou, como se eu estivesse exagerando, fazendo exigências absurdas.

— Uma de minhas clientes — respondeu lentamente —, e não posso lhe dizer o nome dela, me contratou para adotar este bebê há quatro meses. — A voz dele indicava seu ressentimento por ser obrigado a entrar naqueles detalhes banais quando tinha nas mãos um bebê sem lar. — Ontem ela acompanhou a mãe durante o parto. Tudo correu maravilhosamente.

— Deve haver algum problema — comentei. — Caso contrário não estaria me telefonando.

— Estou chegando lá — declarou ele. — Hoje de manhã, minha cliente levou o bebê para casa. Quando chegou lá, o marido dela tinha saído de casa. Deixou um bilhete dizendo que não queria o bebê, que para ele o casamento estava acabado.

— Ah — murmurei, começando a entender. — Mas e a mãe verdadeira?

— Acabei de falar com ela — respondeu. — Também não quer o bebê. Esta gravidez foi resultado de um estupro e tudo o que ela quer é voltar para o México e esquecer que isto aconteceu. Não se importa com quem vai ficar a criança. Não quer nem conhecer os novos pais.

Eu descobri que não conseguia falar. Estava acontecendo depressa demais. Depois de um momento, Joshua perguntou:

— Ruth, você ainda está aí?

— Estou — respondi.

— Esta é a situação mais perfeita que você poderia encontrar — disse ele. — Mencionei o fato de que a mãe de nascimento é bonita?

— Não — respondi. — Tudo que você disse foi que ela havia sido estuprada. Que idade ela tem?

— Não se preocupe — respondeu ele. — Ela tem 26 anos. É adulta. Quer deixar tudo isso para trás.

— Não sei... — comecei.

— Ligue para Michael — disse ele. — Pense no assunto. Tudo que vocês têm que fazer é pagar as contas do hospital. Darei a vocês meia hora para pensar. Mas pode acreditar em mim, se vocês não quiserem este bebê, existem muitas pessoas que vão querer.

Michael ficou desconfiado.

— É bom demais para ser verdade — comentou. — Alguma coisa não me parece muito certa.

Andei nervosamente de um lado para o outro em meu escritório, arrastando o fio do telefone atrás de mim.

— Não vamos mais precisar de anúncios — supliquei. — Não vou mais precisar me chamar Tammy. Nem sequer temos que conhecer esta mulher. É uma dádiva do céu, como abrir a porta de manhã e encontrar o bebê com que você sonhou na entrada da casa. Sem espera. Sem coisa nenhuma. Nós apenas temos que ir lá e apanhá-la na casa da mãe adotiva. Por favor, diga sim.

— Nós não temos berço — ele tentou se esquivar. — Não temos mamadeiras. Não temos roupinhas de bebê. — Ele estava se agarrando aos detalhes. Ia ceder.

— Vocês tomaram a decisão correta — disse Joshua quando liguei de volta. Ele me deu o endereço. — Não vão se arrepender. E não se esqueça de comprar uma cadeirinha de bebê para o carro no caminho. Na Califórnia é ilegal dirigir um carro com uma criança sem a cadeirinha.

Nós nem sequer entramos na casa. Quando tocamos a campainha, uma empregada veio abrir já trazendo a criança embrulhada numa manta azul. Ela a entregou e fechou a porta. Fiquei parada ali, aterrorizada.

— E se eu a deixar cair? — choraminguei. — Nunca segurei um bebê antes.

— Passe-a para mim — disse Michael, tirando o bebê dos meus braços. Ele afastou um canto do cobertor e baixou a cabeça para olhar. — Que bonita você é — cantarolou para o bebê. — Veja só, ela já tem cabelo.

Ela estava deitada de olhos fechados, o rostinho em formato de coração emoldurado por cabelos negros lisos. Respirando serenamente, ela nem se dava conta de que nas 20 horas que havia passado na terra seu destino já tinha mudado. Duas vezes.

— Ah, Ruthie — disse minha mãe. — As pessoas não vão apanhar bebês em portas de casas. Isso tudo é muito estranho.

— Foi muita sorte, isso sim! — argumentei. — Ainda não consigo acreditar que seja verdade. E ela é um bebê tão maravilhoso!

— Não me diga que ela dorme a noite inteira — retrucou minha mãe.

— Não exatamente — admiti. — Mas eu não pareço me importar. Gosto de estar com ela no meio da noite, só nós duas, sozinhas. Adoro o cheirinho dela. Adoro os barulhinhos que ela faz. Não consigo acreditar que seja minha.

— E ela é realmente sua? — mamãe quis saber. — Os documentos estão assinados?

— Não — respondi. — Temos que passar pela avaliação dos assistentes sociais. E o estado da Califórnia dá à mãe natural seis meses para mudar de idéia. Mas isso não vai ser problema: ela já voltou para o México. Joshua diz que a questão está encerrada.

— Bem, eu acho que é muito estranho — repetiu minha mãe. — Nesse meio-tempo, gostaria que você reconsiderasse o nome. Gabriella é um nome tão esquisito.

— Nós a chamamos de Gavi, que é mais curto — respondi. — O apelido lhe parece melhor?

— Não — respondeu minha mãe.

Desejei que minha mãe demonstrasse mais entusiasmo, mas nada seria capaz de esvaziar meu casulo de felicidade. Gavi era engraçada, portátil e fácil de amar. Michael estava encantado; por vezes eu acordava no meio da noite e o encontrava no quarto do bebê, parado, apenas olhando para o berço. Não demorou muito e desistimos de qualquer encenação de levá-la para seu próprio quarto e a deixamos dormir conosco; não queríamos que estivesse longe de nossos olhos.

Da noite para o dia, nós nos tornamos aquele casal detestável no restaurante com o bebê na mesa, as pessoas que saem do cinema quando o bebê começa a chorar, aquelas que aparecem em uma festa com um bebê no moisés. Éramos de um lugar-comum ridículo, não nos importávamos nem um pouco.

Eu tirei uma licença-maternidade, Michael levou Gavi para o trabalho. Até a assistente social, uma mulher grandalhona, sarcástica, que já tinha visto de tudo, comentou:

— Para um casal mais velho, sem filhos, vocês estão surpreendentemente à vontade com este bebê.

— Eu não compreendo — comentei com minha mãe. — Jamais gostei especialmente de bebês. Gosto deles mais tarde, depois que já sabem falar. Mas Gavi é diferente. Ela é tão interessante.

— É que os seus são sempre interessantes — disse mamãe. — Vou ficar mais satisfeita depois que tiverem assinado os papéis.

— Pare de se preocupar — retruquei. — Está na hora de conhecer a sua neta.

— Não enquanto vocês não assinarem a papelada — disse ela. — Não enquanto ela não for realmente de vocês.

— Faça suas reservas — respondi. — Está quase na hora.

Quando recebi o telefonema, estava amassando bananas. Passei a tigela para Michael e fui atender o telefone.

— Aqui é Joshua — disse uma voz sombria. — Estamos com um problema.

— Veja! — exclamou Michael, agitando a colher. — Gavi está comendo seu primeiro alimento sólido! — Gesticulei para que ele se calasse.

— A mãe natural quer o bebê de volta — prosseguiu Joshua.

— Você disse que ela ia voltar para o México! — exclamei.

— Bem, ela não voltou — respondeu ele. — Acabou de sair de meu escritório. Quer pegar o bebê amanhã.

— Não! — gritei. — Isto está absolutamente fora de questão. Ela não pode levar minha filha.

— Não creio que você esteja compreendendo muito bem, Ruth — disse Joshua com firmeza. — Vocês não têm quaisquer direitos nisso. Ela não assinou nenhum documento.

— Eu sou a mãe desse bebê — declarei. — Aquela mulher nem se importou, nem se deu ao trabalho de vir nos conhecer! Não vou entregar Gavi a ela. No que me diz respeito, aquela mulher abriu mão de todos os direitos que algum dia teve sobre esta criança.

— O estado tem uma opinião diferente — disse Joshua friamente. — É claro, você tem toda liberdade para contestar se quiser, mas eu não faço esse tipo de coisa. Eu lhe darei o nome de um advogado que faz.

— Pensei que ele nunca tinha tido problema com uma adoção — disse Michael com amargura, enquanto preparávamos uma sacola de fraldas. O sofrimento já estava gravado em seu rosto e ele parecia ter envelhecido dez anos nos últimos dez minutos. Michael já estava se preparando para a perda, como se a imensa felicidade de ter aquela criança não fosse merecida e ele tivesse sabido o tempo todo que chegaria ao fim. Minha reação foi diferente: eu esperava que de alguma maneira, embora não pudesse lhes dizer qual, tudo acabasse dando certo.

— Foi o que ele disse — respondi, acrescentando algumas latas de Similac. — Ele também disse que era uma situação perfeita. Ele mentiu a respeito de tudo. Mas não me importa o que acontecer. Não vamos devolver Gavi.

— É claro que não — disse Michael.

O escritório de Lincoln ocupava algumas salas apertadas em um minicentro comercial sem nada de mais. Quando afinal chegamos lá, já estava quase escuro e as luzes fluorescentes estavam acesas, muito claras e duras, iluminando a mobília maltratada que parecia ter sido comprada toda de uma vez em uma venda de sobras de incêndio. O cheiro de gordura da lanchonete que vendia hambúrgueres na porta ao lado pairava no ar.

Um homem baixo, de corpo atlético, entrou na sala de espera de mão estendida. Seus cabelos eram grisalhos, finos, e tão ralos que se podia ver o couro cabeludo brilhando abaixo deles. A perna direita do terno de poliéster estava presa na boca do cano decorado da bota de caubói. Fiquei olhando fixamente para ela, hipnotizada, enquanto ele nos conduzia a um escritório sem janelas.

Mas embora Lincoln não tivesse o charme elegante de Joshua, ele oferecia esperança. O tempo, disse ele, estava a nosso favor. A mãe de Gavi teria que nos levar ao tribunal para ter Gavi de volta.

— Mostrem a ela que estão falando sério — disse ele — e ela vai se esgueirar de volta para o México e esquecer de toda essa história. Aposto que ela nem sequer vai aparecer. — Ele nos agraciou com um grande sorriso. Seus dentes eram manchados de nicotina e seu hálito era horroroso. — Um dia — previu ele. — Tudo que vai demorar vai ser um dia no tribunal. O bebê será de vocês.

Os pais apareciam esparsos nos corredores da Vara de Família do Tribunal de Los Angeles com suas proles maltrapilhas a reboque. Crianças corriam pelos corredores, enquanto os meirinhos gritavam "Silêncio, silêncio, isto é um tribunal", e pais desesperados argumentavam, ameaçavam e davam palmadas numa tentativa de manter a ordem. Homens praguejavam. Crianças choravam e maridos e mulheres se encaravam sentados em bancos duros, brigando por causa de dinheiro. Campainhas tocavam e defensores públicos juntavam e agarravam papéis enquanto seguiam aos tropeções de uma sala de audiência para outra.

— Parece o terceiro círculo do inferno — comentou Michael.

Gabriella dormia em seu cesto, sem se incomodar com a barulheira, enquanto nós conferenciávamos com Lincoln. Passaram-se anos. Finalmente nosso nome foi chamado e nos levantamos de um salto e entramos numa sala de audiência pequena e quente.

— A mãe não parece estar aqui — observou Lincoln alegremente. Ele girou nos calcanhares para examinar a sala. — Estão vendo? Eu não disse. Ela provavelmente já voltou para o México!

— Anna Delgardo — chamou um escrevente. — Anna Delgardo, por favor apresente-se ao tribunal. — Ninguém se moveu. Ele chamou novamente.

— Estão vendo? — disse o advogado. — Eu disse que não precisavam se preocupar!

Michael sorriu radiante, sem se conter.

— Acabou! — disse ele. — Ela é nossa! — Passou as pontas dos dedos delicadamente sobre o rosto de Gavi.

— Fica anotado — disse a juíza — que a autora da ação não compareceu. Diante das circunstâncias...

Enquanto ela falava, um zunzum de murmúrios começou no fundo da sala. Uma mulher pequenina, vestida de calça *jeans* azul e camiseta preta veio andando apressadamente pelo corredor. A cabeça estava baixa, de modo que só podíamos ver os cabelos negros brilhantes, mas à medida que ela se aproximou levantou a cabeça. Eu prendi a respiração: o seu rosto tinha formato de coração.

— Você é Anna Delgardo? — perguntou a juíza.

A mulher pareceu não entender.

— *Eres Anna Delgrdo?* — perguntou o escrevente em espanhol.

— *Sí* — respondeu a mulher.

A juíza começou a falar em espanhol e eu ouvi enquanto a mãe de minha filha se explicava numa voz distante e desapaixonada. Ela trabalhava em um banco na Cidade do México. Seu patrão a havia estuprado. Ela não contou a ninguém, mas, quando descobriu que estava grávida, atravessara a fronteira para fazer um aborto. Tinha tão pouco dinheiro, que logo tornara-se tarde demais... Então decidiu dar o bebê para adoção.

— Mas alguma coisa mudou? — perguntou a juíza.

— *Sí* — respondeu a mulher. — Deus me mostrou que aquilo estava errado.

— E como vai criar a criança? — perguntou a juíza. — Você tem família? Tem visto de trabalho nos Estados Unidos? Um apartamento? Um emprego?

— Não — respondeu ela a cada uma das perguntas.

— Eu vou adiar esta audiência — disse a juíza. — Quero que você volte a este tribunal dentro de um mês com um plano para sustentar seu bebê. Quero ter certeza de que você não vai mudar de idéia novamente. — Ela levantou e bateu o martelo e pronto, estava encerrado.

— Ela em nenhum momento nem sequer olhou para Gavi! — indignou-se Michael furioso, enquanto saíamos do tribunal. — De jeito nenhum vou entregar minha filha para aquela mulher.

— É claro que não — concordei. — Como a juíza poderia considerar seriamente a possibilidade de entregar Gavi a uma mulher que permite que estranhos levem seu bebê recém-nascido? Uma mulher que nunca se importou o suficiente para querer conhecer os pais de sua filha? Ela deve ser louca.

Michael olhou para Gavi, depois para Lincoln.

— Existe alguma possibilidade de que possamos perder?

Lincoln abriu e espalmou as mãos, com as palmas viradas para baixo, como um juiz sinalizando para um jogador para esperar.

— Vocês não vão perder este bebê — respondeu ele. — Depois do que aconteceu hoje, é improvável que a mãe natural sequer volte ao tribunal. Mas, por via das dúvidas, nós vamos preparar a fundamentação do caso.

— Eu nunca entregarei Gavi àquela mulher! — gritei chorando. — Nunca. Nunca. Farei qualquer coisa, o que for preciso para ficar com minha filha. — Eu estava falando sério.

Tive um pesadelo. Era de madrugada. Gavi estava chorando, me chamando, pedindo para pegá-la no colo. Eu podia ouvi-la, mas meus pés não se moviam. Enquanto eu olhava, Anna se debruçava sobre a cama. E então, de alguma forma, era eu quem estava no berço, chamando por minha mãe. Mas a minha mãe tinha ido embora. Eu chorava e chorava, desconsolada. Aquele era um dos maiores sentimentos de solidão do mundo.

No dia seguinte, recebi um telefonema misterioso.

— Você não deve deixar que Anna leve o bebê — disse uma mulher em um inglês de sotaque carregado. — Ela é uma mulher ruim.

— Quem está falando? — exclamei.

— Eu quero ajudá-la a ficar com o bebê — disse a voz. — Sou sua amiga. Ela é uma mulher ruim. Vou dizer à juíza.

— Quem está falando? — perguntei novamente. Não houve resposta. Ela tinha desligado.

— Você tem que conseguir descobrir o nome dela — disse Lincoln quando lhe relatei a chamada. — Isto poderia ser muito útil quando voltarmos ao tribunal.

— Mas você me disse que Anna não voltaria! — recordei.

— Ela não vai voltar. Não se preocupe. Isso vai ser desnecessário.

Mas agora eu não estava mais disposta a acreditar em nada que um advogado dissesse. Joshua havia nos abandonado completamente. Lincoln estivera enganado.

A voz misteriosa finalmente revelou ser Lourdes, que havia acolhido Anna durante a gravidez. Lourdes estava disposta a contar à juíza, ao tribunal e ao mundo que Anna estivera traficando drogas.

— Bom, muito bom — disse Lincoln. — Isto será útil.

— Não se nós perdermos Gavi — disse Michael. — Isto só vai tornar as coisas piores. Sabíamos que Anna era uma idiota irresponsável, agora nós sabemos que também é uma traficante de drogas. Como poderíamos permitir que ela ficasse com nossa filha?

— Não terão que fazê-lo — prometeu ele, encaminhando-nos para uma consulta com um psiquiatra que atestaria que Gavi estava tão profundamente ligada a nós que seria prejudicada e traumatizada se fosse afastada de nós. Os serviços do Departamento de Assistência às Crianças avaliaram nossa perfeição como pais. Lourdes assinou um depoimento. — Excelente — Lincoln vivia repetindo enquanto nos assegurava de que todas as indicações eram muito boas sinalizando que tínhamos visto Anna pela última vez.

Ele estava novamente enganado. Com o cabelo penteado em um coque, um vestido preto simples e de saltos altos, a mãe natural de Gavi estava quase irreconhecível como a jovem desalinhada que se apresentara humildemente diante da juíza um mês antes. E dessa vez ela não estava sozinha. De cabeça erguida, altaneira, ouviu seu advogado ler sua petição para que o bebê fosse devolvido a seus pais de direito.

— Pais? — perguntou a juíza.

Um homem se apresentou. Alto e magro, vestia um terno cinza.

— Eu sou o pai do bebê — anunciou com dignidade natural.

— Devo presumir que o senhor admite ter estuprado esta mulher? — perguntou a juíza.

O rapaz se empertigou orgulhosamente e começou a falar. O advogado pôs a mão em seu braço.

— Meritíssima — disse o advogado —, a senhorita Delgardo... — Ele se deteve e se corrigiu. — Quero dizer, a ex-senhorita Delgardo agora admite que nunca foi estuprada. Ela estava apenas confusa. No mês passado, depois de sair deste tribunal, ela telefonou para o senhor Rodriguez no

México e contou-lhe sobre a existência da filha deles. Imediatamente, ele embarcou para Los Angeles, eles casaram-se naquela noite. Rogo que devolva a criança a seus pais de direito.

Em estado de choque, abracei-me a Gavi e olhei para Michael. Ele cerrou os punhos, depois me tomou em seus braços e me confortou enquanto eu chorava. O resto se passou num borrão: fiquei sentada na sala de audiência, de cabeça baixa, com minha filha no colo, enquanto uma torrente de palavras decidia seu destino.

— O que aconteceu? — perguntei depois. Estávamos de volta ao escritório do advogado, Gavi ainda estava em meus braços.

— A juíza determinou que se fizesse um teste de paternidade — disse Michael. — Os exames levam seis semanas para ficar prontos e nesse meio-tempo, eles têm direito de visita. A juíza disse que podem vir visitar Gavi às quartas-feiras e aos sábados. Finalmente, se o homem de fato for o pai de Gavi, teremos que entregá-la a eles.

— Eu não vou devolvê-la — declarei. — Nunca. Isto é tudo o que tenho a dizer.

Lincoln cerrou o punho.

— Nós podemos contestar isso — gritou, como um guerreiro. — Gabriella é cidadã americana. Ela tem direitos. Poderíamos manter essas pessoas no tribunal durante anos!

Michael o ignorou e olhou para mim. O seu rosto agora estava arrasado, profundamente marcado. Ele pôs a mão sobre o meu braço.

— Querida — disse com delicadeza —, Lincoln pode saber a respeito de que está falando. Provavelmente ele sabe. Neste país, o dinheiro fala mais alto. Mas isto não faz com que seja correto. Nós somos americanos ricos. Eles são mexicanos pobres. Não quero desistir de Gavi tanto quanto você, mas não quero ficar com ela somente porque temos mais dinheiro.

— Do lado de quem você está? — questionei, abraçando Gavi. — Você está falando sério, me dizendo que seria capaz, de consciência tranqüila, de deixar Gavi com eles?

Michael baixou o olhar para Gavi.

— Não — disse em voz baixa. — Isso está me matando. Mas é possível que não tenhamos outra escolha. As coisas mudaram. Isto agora envolve mais do que você, eu e Gavi. Você precisa ser realista.

— Você quer entregar nossa filha a uma mulher qualquer que permitiu que estranhos, gente que ela nunca nem sequer conheceu, a levassem embora? — gritei. — Você está maluco? — Eu estava dominada por uma fúria que não me era habitual. — Uma mulher que agiu como se ela fosse uma coisa em vez de uma pessoa?

Lincoln acariciou meu braço e disse em tom conciliador:

— Vocês não terão que fazer isso. Nós recorreremos, iremos até a Suprema Corte. Poderia levar anos.

Quando chegamos em casa, levamos Gavi para um passeio pelo parque Griffith.

— Você não percebeu, querida — disse Michael —, os advogados estão manipulando você. Eles querem usar nosso caso como um teste. Mas pense no que isso vai significar para Gavi.

— Nós podemos ganhar — respondi teimosamente.

— Mas, e se ele realmente for o pai dela? E se nós não ganharmos? — insistiu ele. — Suponhamos que levemos a batalha adiante durante seis ou sete anos e saiamos perdendo. Imagine como será para Gavi ter que deixar os únicos pais que ela conhece para ir viver com estranhos em um outro país. Não seria melhor para ela se desistíssemos agora?

Eu não tinha resposta para aquilo. E assim tirei Gavi do carrinho e a abracei contra meu corpo, enquanto gritava para ele, uma vez depois da outra:

— Eu odeio você, eu odeio você, eu odeio você. — Não sabia o que mais poderia fazer.

O casal chegou na quarta-feira, vestindo as mesmas roupas que tinham usado no tribunal. Fui recebê-los à porta tão educadamente quanto me foi possível e os levei ao quarto de Gavi. A menina estendeu os braços, pedindo-me para botá-la no colo, mas dei-lhe as costas e saí, fechando a porta para não ouvi-la chorar. Fui para a sala de visitas e fiquei sentada ali, roendo as unhas, ouvindo-a chorar.

A juíza lhes havia concedido duas horas, mas eles saíram do quarto depois de 45 minutos. O homem estava com Gavi no colo, e ela ainda chorava. Ele me passou o bebê cansado e de rosto vermelho, e ela imediatamente se acalmou: em três segundos ela adormeceu em meus braços.

— *Adiós* — disse ele, dirigindo-se para a porta. A mulher não disse nada. Um táxi estava esperando e fiquei parada na janela observando-o se afastar.

— Ela se parece com ele — comentou Michael.

— Não parece nada — insisti. — Como você pode dizer uma coisa dessas? Ela não se parece nada com ele. Ele não é pai dela.

— Talvez você devesse deixar que eu cuide deles no sábado — sugeriu ele.

— Tente me manter longe — retruquei.

— Boas notícias — anunciou Lincoln no dia seguinte. — Lourdes tem uma amiga que também está disposta a assinar um depoimento. Ela quer que a juíza saiba que o bebê ficará melhor com vocês. Não acha que Anna tenha condições de ser uma boa mãe.

— Eu não acho isso confortador — disse Michael. — Se perdermos Gavi, quero poder pensar que ela ficará bem.

— Nós *não vamos* perdê-la — declarei.

— Talvez o pai possa ser um bom pai — observou Michael.

— Se ele *for* o pai — comentou Lincoln. — Algo que duvido.

— Ele *não é* o pai — declarei fervorosamente.

— Ele evidentemente tem motivos para acreditar que é — argumentou Michael.

— Por que ela sequer quereria ficar com o bebê? — perguntei. — Pensei que durante meses tudo o que quisesse fosse fazer um aborto.

— Dar à luz uma criança muda a pessoa — disse Michael, lançando-me um olhar expressivo. — Você deveria saber disso melhor do que ninguém.

— Nós lutaremos! — declarou Lincoln. — Gabriella é cidadã americana. Ambos estão aqui ilegalmente. Ela deve ser protegida. Podemos levar este caso até Washington!

— É isto realmente o que você quer que nossa vida seja? — perguntou Michael, enquanto seguíamos de volta para casa depois de mais uma reunião no escritório de Lincoln. — Você quer passar os próximos dez anos vivendo e respirando uma batalha nos tribunais?

— Se for preciso — respondi.

— E se forem precisos dez anos e nós perdermos? — perguntou ele. — Por favor, pense no que isto significará para Gavi. Se aquele homem for o pai dela, nós temos que desistir e entregá-la. Pelo bem dela, temos que fazer isso.

— Eu nunca vou desistir e entregá-la — berrei para ele. — Nunca. Eu deixarei o país com ela. Irei sem você, se precisar.

— Eu pensei que conhecesse você — disse Michael. — Mas estava enganado. Não conheço mais você.

Como poderia ele? Nem eu me reconhecia.

O nome do homem era Juan. Eu não conseguia olhar para Anna sem ódio e repulsa, mas ele me parecia bastante decente. Sempre que saíam do quarto, era ele quem estava com Gavi no colo. E todas as vezes em que eu a pegava no colo e nós observávamos os soluços dela se acalmarem, era ele quem dizia:

— Obrigado por cuidar tão bem de minha filha.

— Ele será um bom pai para ela — declarou Michael, que ainda estava se preparando para a perda.

— Ele não terá esta oportunidade — retruquei, ainda me recusando a encarar a possibilidade de uma vida sem Gavi.

— Quero dizer, se tivermos que entregá-la.

— Não vamos entregá-la — respondi. Ele mordeu o lábio e não disse nada.

O exame de sangue foi horrível. Gavi berrou e esperneou enquanto a enfermeira lutava para inserir uma agulha em sua veia. Então acabou e não havia mais nada a fazer senão esperar.

— Vou lhe propor um acordo — disse Michael, enquanto saíamos do hospital. — Se Juan não for o pai de Gavi, lutarei ao seu lado pelo tempo que for necessário. Mas se os exames de sangue comprovarem que ele é, você tem que concordar em devolvê-la assim que tivermos os resultados.

— Fechado — respondi, apertando a sua mão. Em meu coração, sabia que Juan não era o pai de Gavi. E ainda havia três semanas antes que tivéssemos que voltar ao tribunal.

Lincoln telefonou uma semana depois.

— Agora, quero que você se lembre — disse ele — que os exames de sangue têm apenas 90% de acerto.

— Os resultados já chegaram? — perguntei. — Já?

Michael atravessou a sala correndo.

— Chegaram antes do previsto — comentou Michael, segurando minha mão.

— Eles indicam — disse Lincoln — uma probabilidade de que Juan Rodriguez seja o pai.

— Chegaram tão antes da hora — gemi.

— E poderiam estar errados — recordou-me Lincoln.

Desliguei o telefone e peguei Gavi no colo. Levei-a para o andar de baixo para trocar suas fraldas, fazendo cócegas nela, para que risse e se remexesse toda satisfeita. Enquanto prendia a fralda limpa, fechando-a com a fita, tentei imaginar como seria a vida de Gavi, morando no México com Anna. Eu a vi, robusta, já aprendendo a andar, brincando ao ar livre na terra batida. Vi Anna saindo de uma casa de estuque pintado de rosa, puxando-a pelo braço e batendo nela.

Michael entrou e se debruçou sobre ela, passando o nariz na pele macia do pescoço de Gavi. Ela arrulhou.

— Vou telefonar e fazer os acertos para entregá-la — disse. Ele estava chorando.

— Não — respondi. — Eu não vou devolvê-la. Nem agora, nem nunca.

— Mas você prometeu que se ele fosse o pai...

— Eu mudei de idéia — respondeu a criatura feroz e desconhecida que eu havia me tornado. Eu sabia exatamente o que tinha que fazer. — Não vou devolvê-la. Lincoln disse que podemos lutar em juízo durante anos. Devemos isso a Gavi.

Michael ficou olhando fixamente para mim durante um longo tempo, como se perguntando a si mesmo de onde eu teria vindo. Ele passou a mão de leve na face de Gavi. Sem dizer uma palavra, saiu do quarto. Eu ouvi a porta bater. O motor do seu carro deu partida. E então Gavi e eu ficamos sozinhas.

Vivíamos em um ruidoso silêncio, igualmente infelizes, mas lidando com isso de maneiras diferentes. Michael trabalhava até tarde e ia para a cama assim que chegava em casa. Eu sentia o movimento da cama quando ele se levantava no meio da noite para se postar silenciosamente ao lado da cama de nossa filha. Eu passava meu tempo com Lincoln, arquitetando planos para ficar com Gabriella. Eu fazia promessas e negociava com Deus, via sinais por toda parte. Tinha certeza de que o destino dela era ficar conosco.

Juan e Anna apareciam pontualmente. A despeito de mim mesma, não conseguia não gostar dele. Juan tinha dignidade e doçura, e parecia angustiado pelo fato de que Gavi não parava de chorar quando ele a pegava no colo.

— *Duerme, duerme, mi amor* — sussurrava para ela.

— Ela não quer você — eu dizia baixinho.

Mas reservava meu ódio para Anna, a princesa que nunca parecia pegar o bebê no colo. Por que ela sequer queria a menininha, perguntava-me, essa mulher que queria abortar minha filha? Ela iria ser uma mãe horrorosa. Será que se levantaria e cantaria uma canção de ninar para Gavi no meio da noite? Iria lhe fazer cócegas e beijá-la? É claro que não. Seria monstruoso entregar Gabriella para aquela mulher que tinha ido embora, deixando-a, sem sequer olhar para trás. Estava fora de questão.

— *Señora?* — Juan estava parado ao meu lado, pigarreando.

— Sim — respondi.

— Minha mãe gostaria de ver sua neta...

— Ah, não — declarei —, chega de visitantes.

— Não é isso, eu não soube me fazer entender — disse ele. — Ela gostaria de uma fotografia. Eu não tenho uma câmera. A senhora tem uma fotografia que eu pudesse enviar?

Aliviada, dei a ele uma pilha inteira. Michael e eu estávamos na maioria delas: eu queria que a avó soubesse que Gavi tinha família.

Gavi havia evoluído para ervilhas e cenouras. Eu estava lhe dando de comer, rindo enquanto ela lambuzava o rosto todo com purê. Quando o telefone tocou, atendi ainda segurando a colher. Era Michael.

— Ligue a televisão — disse ele. — No canal de língua espanhola, KMEX. Depressa.

Peguei Gavi no colo e a levei comigo para a sala. Quando liguei a televisão, o rosto dela, o meu e o de Michael saltaram na tela. Era uma das fotografias que eu tinha dado a Juan. O espanhol era falado muito depressa, mas não foi difícil compreender a essência do que o âncora estava dizendo. Dois jornalistas americanos tinham roubado um bebê mexicano. Juan e Anna estavam no estúdio, Anna estava muito bonita. Ela estava chorando enquanto dizia: "*Yo quiero mi niña.*" Juan, parecendo forte e cheio de dignidade, disse alguma coisa que não consegui compreender. A fotografia comigo e Michael abraçando Gavi voltou a aparecer na tela, seguida pelos logotipos do *Los Angeles Times* e da CBS.

— Você agora entendeu? — disse a voz de Michael no telefone. Sua voz estava rouca, ele estivera chorando. — Você agora finalmente entendeu? Acabou. Nós temos que devolvê-la. Agora não somos apenas nós os envolvidos. Tornou-se algo maior. Agora, tornou-se uma questão de raça, de classe social. Amanhã haverá piquetes diante do jornal e da emissora.

— Podemos continuar a luta — declarei.

Quando a assistente social veio no dia seguinte, nós lhe entregamos as roupas, os brinquedos e as mamadeiras de Gavi. E então só restou Gavi. Ela olhava para mim confiante quando a entreguei à mulher. Ela não chorou quando a porta do carro se fechou. O carro foi embora e fiquei olhando até perdê-lo de vista, e então fiquei olhando para o último lugar onde estivera até não conseguir ver mais nada. Cegamente, virei-me e entrei em casa.

Michael e eu ficamos como os sobreviventes de um naufrágio em uma ilha deserta. Andávamos atordoados, aos trancos, surpresos de estarmos vivos, surpresos ao descobrirmos outros seres vivos no mundo. Nós dois tínhamos pesadelos. Nenhum de nós conseguia comer nem dormir. Nossa fragilidade nos tornou inesperadamente delicados um com o outro.

Os amigos nos evitavam e, quando apareci no trabalho, Bob perguntou furioso:

— O que você está fazendo aqui? — Ele me acompanhou até a porta e me empurrou para fora. — Depois do que você passou, não quero vê-la por aqui durante pelo menos duas semanas.

Sem fraldas, mamadeiras, carrinhos e cadeirinha de bebê, parecia não haver mais quase nada para pôr no carro. Em poucos minutos, estávamos passando por Ventura, passando por Santa Bárbara e depois subindo pela espinha dorsal da Califórnia.

— Não quero falar a respeito do assunto — declarei. — Quero me deitar ao sol e beber vinho e tentar não pensar sobre onde Gavi está e o que ela está fazendo. Quero esvaziar minha cabeça de modo a não ouvi-la chorar por nós, noite e dia, se perguntando por que nunca aparecemos.

No vale do Napa, o céu estava muito azul. Éramos as únicas pessoas na piscina. Lemos, comemos e bebemos muito. Até fizemos amor. Nós praticamente não conversávamos.

No carro, no caminho de volta para casa, Michael quebrou o silêncio.

— Eu tenho que lhe dizer uma coisa — disse ele. — Não tenho condições de fazer aquilo de novo. Não agora. E nunca mais. Se você quiser adotar uma criança, vai ter que fazê-lo com algum outro homem. Não vou arriscar meu coração daquela maneira novamente.

— Eu compreendo — respondi.

Estávamos no vale quente e seco entre as montanhas e a costa. O sol castigava a terra ressecada. A estrada se estendia diante de nós, infinita e reta. Parecia não conduzir a lugar nenhum.

14

Barcelona

Meu relógio dizia quatro da manhã. Em Los Angeles, estava escuro. Mesmo as vias expressas estariam desertas, com apenas um ocasional par de faróis iluminando os contornos da estrada. Mas em Barcelona o sol ainda estava alto, e eu tinha que passar mais uma noite sem Gavi. Atirei minha mala sobre a cama e passei água no rosto. Na outra metade do mundo esta viagem me parecera como uma fuga perfeita. Agora, a idéia de passar uma semana em Barcelona com cinco famosos *chefs* americanos parecia apenas acrescentar o cansaço da viagem, da diferença de fuso horário, à infelicidade.

— Olá, estou com fome — disse Alice, espiando pela porta. Depois de anos como a mais famosa *chef* americana, a mulher que era chamada de "a mãe da *cuisine* da Califórnia" ainda continuava bonita e *mignon*. — Você acabou de chegar? Eu também. Comi toda a comida que serviram no avião, até aquele terrível espinafre murcho, mas não foi muita coisa. Faltam três horas até nos encontrarmos com os outros para jantar, e não posso esperar. Vamos sair e ver o que conseguimos encontrar.

Era abril e o ar estava frio e seco quando saímos do hotel, a cidade era deliciosa demais para resistir. Prédios rococós empilhavam-se ao longo das calçadas como doces em uma travessa. Fomos descendo pela Rambla

Catalunya, caminhando em meio a aléias de limoeiros e passando por barraquinhas vendendo lilases, lírios, violetas e rosas.

— Não é bonito? — disse Alice, que preenchia meu silêncio com comentários ininterruptos. — E sinta o perfume.

A contragosto, franzi o nariz e inalei o cheiro da cidade. Caminhamos sob os bonitos postes de iluminação de ferro forjado do Passeig de Gràcia e viramos para circular pelas tortuosas ruas menores onde cada quarteirão tinha um perfume diferente. Um tinha o cheiro de peixe salgado, o seguinte de massa sendo frita, e um pouquinho mais adiante descobrimos o aroma efervescente de queijo. E então, na metade de um quarteirão, o cheiro caloroso de nozes assando veio nos apanhar de surpresa.

— Veja! — exclamou Alice, apontando para uma pequena loja de temperos mais abaixo, do outro lado da rua. Na vitrine estava uma mulher com uma concha cheia de amêndoas tostadas. Ela sorriu, e Alice me puxou para atravessar a rua.

Dentro da loja, o aroma de açafrão, canela e menta se mesclavam com o aroma de nozes. A mulher fez um gesto, convidando a nos aproximarmos, enquanto arrumava as amêndoas em uma enorme pilha. Alice e eu mergulhamos as mãos no monte quente até estarem cobertas até os punhos. Fechei minha mão, puxei para fora e pus uma amêndoa na boca, a fragrância se avolumou até tomar conta da minha cabeça.

Fomos comendo amêndoas enquanto andávamos, e então Alice descobriu novos petiscos: azeitonas, anchovas, sorvete.

— Estou realmente preocupada com este jantar — confessou ela. — Devemos cozinhar uma refeição para absolutamente todo mundo que é importante no mundo culinário de Barcelona para mostrar como a cozinha americana amadureceu. Mas esses jantares preparados em grupo são sempre difíceis. Fazer um, em uma cidade estrangeira, com pessoas com quem você nunca trabalhou, com produtos que não conhece, e sem tempo para experimentar, é loucura. Não consigo acreditar que nós tenhamos concordado em fazer isso!

— Sei — respondi distraidamente. Bem na nossa frente, na rua, estava uma garotinha aprendendo a andar com a mãe, e meus pensamentos estavam no México, com Gavi.

Nós caminhamos e nos preocupamos. Quando afinal chegamos ao restaurante no velho porto da cidade, eu estava cansada demais e tinha comido demais para continuar.

— Vou deixar para encontrar com vocês amanhã de manhã — disse, virando-me para voltar para o hotel. Alice agarrou o meu braço.

— Você vai acordar quando a comida chegar — prometeu ela, puxando-me inexoravelmente pela porta. — Não vai querer perder isso.

— Vou querer perder sim — resmunguei, mas já estava dentro do salão de paredes gastas, revestidas de madeira. Ali, ao que parecia, nada mudava durante séculos. *Chefs* vestindo brancos paletós engomados cuidavam de um forno a lenha, separados dos clientes por um longo bar guarnecido de zinco. Três enormes tonéis de vinho alojavam-se debaixo dele. Em cima, um bloco de gelo gotejava lentamente no assoalho de madeira.

Nossos companheiros de viagem estavam sentados a uma mesa comprida coberta de pratos de frutos do mar. Mark Miller e Jonathan Waxman pareciam elegantes, cosmopolitas e ligeiramente entediados, como se tivessem estado sentados naquele restaurante durante a vida inteira esperando que o resto de nós chegasse. Bradley Ogden, por outro lado, tinha a expressão ávida e curiosa do turista americano; era sua primeira viagem à Europa, e seus olhos dardejavam de um lado para outro como se estivesse temeroso de que alguma coisa importante acontecesse enquanto ele não estivesse olhando. Lydia Shire, uma mulher de aparência descontraída, com um rosto franco, aberto, apontou alguma coisa para ele. Seu queixo caiu de espanto.

Colman também estava lá e, por um momento, fiquei surpreendida ao vê-lo. Trancada em minha tristeza, havia esquecido que ele era o organizador daquela excursão a Barcelona. Havia se tornado uma autoridade em cozinha típica da Catalunha, e parecia estar satisfeito por nos ver reunidos em seu território. Recordei-me, com um sobressalto, que da última vez que estivemos juntos naquele continente, estávamos apaixonados. Parecia ter sido há muito tempo.

— Experimentem isso — disse ele, mal parando para dizer alô. Alice e eu nos sentamos e ele passou para cada uma de nós um garfo de madeira e uma pequena caçarola de terracota.

— O que é? — perguntou Alice. O aroma de alho era tão intenso, que começou a me despertar. Sacudi a cabeça, tentando clareá-la, e olhei para baixo, para dentro da caçarola cheia de azeite dourado contendo dentes de alho inteiros e o que parecia ser uma porção de alfinetes retos.

— Provem — ordenou ele.

Alice e eu obedientemente enfiamos nossos garfos de madeira no azeite e pescamos um alfinete. Eu o enfiei na boca: estava fervendo de quente e era surpreendentemente macio, com uma doçura suave tingida de sal. Eu não tinha absolutamente nenhuma idéia do que estava comendo, mas era tão delicioso que comecei a caçar os alfinetes fugidios no fundo do prato até não restar mais nenhum. Olhei com uma expressão de interrogação para Colman.

— *Angulas* — disse ele. — Filhotes de enguias.

— Elas foram uma surpresa — comentou Bradley.

— Haverá uma porção de surpresas nesta viagem — prometeu Colman.

— Espero que nosso jantar não seja uma dessas — murmurou Bradley, mas Colman não estava mais ouvindo. Estava apontando para as travessas sobre a mesa, dizendo:

— Os frutos do mar aqui são realmente muito bons — com uma expressão de tamanho orgulho que se poderia pensar que ele tivesse pessoalmente pescado aqueles no oceano. A comida sobre a mesa, na verdade, parecia mais vegetal do que animal, como se tivesse sido colhida em um jardim e não pescada no mar. As minúsculas lulas eram do tamanho de mirtilos, estavam tingidas de negro e, quando estiquei um dedo para tocá-las, pareceram macias como pêssegos. Sardinhas grelhadas empilhavam-se inteiras da cabeça ao rabo, como uma porção de achas de lenha arrumadas em um monte na travessa. Pequenos polvos, com os tentáculos bem enroscados, pareciam botões de rosas com espinhos aquecendo-se ao sol e chocos misturavam-se em um molho *sofrito* de tomates e cebolas, parecendo doce-amargas crescendo numa campina.

Colman pegou a travessa mais próxima e apontou para um pequeno filé, macio, quase transparente, com sulcos acastanhados riscando a carne.

— Alguém sabe o que é isso? — perguntou.

— É *espardenya* — respondeu Mark.

— Exato — disse Colman. — Mas você sabe o que é?

— Eu me arriscaria a presumir que é um peixe — respondeu.

Pela expressão no rosto de Colman, soube que Mark estava enganado, mas não consegui imaginar o que mais o filé pudesse ser. De modo que provei um pedaço. Era macio e ligeiramente doce.

— É muito gostoso — comentei. Bradley esticou a mão para a travessa.

— É lesma — disse Colman.

Bradley rapidamente redirecionou a mão para os camarões grelhados.

— É lesma! — exclamou Mark. — Tenho que provar isso. — Enfiou o garfo em um filé e comeu um pedaço. Mastigou por um momento e anunciou: — Eu gosto.

Agora, completamente desperta, bebi um pouco mais de vinho. Era meia-noite em Barcelona e eu estava comendo lesmas. E então um pensamento indesejado flutuou em minha direção: que horas seriam agora no México? Uma sombra passou sobre meu coração.

Era tarde quando finalmente deixamos o restaurante. Enquanto saíamos pela porta, parei olhando para a rua calçada de pedras redondas, pensando em como estava cansada. Parecia que havia semanas desde que eu estivera na cama pela última vez.

— Acho que vou me deitar — anunciei.

Alice me lançou um olhar penetrante. Será que foi minha imaginação ou ela deu um cutucão em Mark? Talvez. Mas não foi minha imaginação quando Mark disse com firmeza:

— Na primeira noite de Bradley na Europa? Impossível! Isto é a Espanha. Ainda é cedo. Os bares estarão abertos durante horas.

E certamente não foi minha imaginação o pesadelo da excursão que fizemos pela cidade, passando por infindáveis bares, onde belos *bartenders* sacudiam bebidas exóticas preparando fabulosas poções. Experimentamos coquetéis com nomes como *pampa*, *americano* e *sidecar*. E então, de alguma forma, estávamos com fome novamente.

— Conheço o lugar perfeito — declarou Colman, recorrendo a seus inesgotáveis conhecimentos da cidade. Ele nos conduziu dobrando uma esquina e descendo um lance de escadas até um porão escuro, medieval, onde grossas vigas de madeira maciça envolviam pequenas mesas baixas.

Pedimos champanhe e as especialidades locais: fatias de pão aquecidas no forno nas quais se havia passado tomates e salpicado azeite de oliva, presunto feito com peito de pato, azeitonas e anchovas.

— Prove isto — disse Colman, oferecendo-me uma travessa de carne frita.

— O que é? — perguntou Mark.

— Experimente — insistiu Colman. Hesitante Mark comeu um pedacinho.

— Testículos de touro — declarou Colman.

Mark lançou um olhar furioso para a travessa.

— Tem que haver *alguma coisa* que eu me recuse a comer — declarou ele, tomando um grande gole de vinho. Depois de bochechar para limpar a boca, ele o cuspiu.

— É ruim assim? — perguntou Jonathan.

— Não — respondeu Mark —, mas não é o Menino Jesus descendo pela sua garganta com sapatinhos de veludo.

Colman deu uma gargalhada.

— Será que agora podemos ir para a cama? — perguntei.

— Não — responderam eles em uníssono —, vamos dar uma olhada na catedral. Fica toda iluminada durante a noite. É linda.

— Mas vocês nunca dormem? — gemi. — Como vão conseguir preparar esse jantar se ficarem até altas horas toda noite?

— Estamos habituados a isso — respondeu Jonathan. — Além disso — acrescentou ele, como se estivesse pronto para apresentar um caso de defesa clássica contra o sono —, estamos na Espanha.

Estava claro quando eles finalmente me levaram de volta para o hotel. Caí na cama tão bêbada, tão cansada que, pela primeira vez em semanas, dormi sem sonhar. Não me ocorreu, senão muito mais tarde, que me manter de pé tinha sido um ato de uma extraordinária gentileza.

— Vamos nos encontrar para tomar coquetéis às dez. — Era Alice no telefone.

— Coquetéis? — perguntei. — De manhã?

— Ande depressa — recomendou ela. — Se você se levantar agora, chegará a tempo.

Barcelona é uma cidade rica em bares e começávamos cada dia em um diferente.

— Por que estamos bebendo *sidecars* às dez horas da manhã? — perguntei certo dia.

— Para tentar esquecer — respondeu Jonathan — que temos esse jantar horroroso pairando sobre nossa cabeça. — Ele estava brincando, é claro, mas quando pensei a respeito daquilo, mais tarde, pareceu uma premonição. Na ocasião, pensei apenas que eu também estava tentando esquecer e que o álcool ajudava.

Colman havia organizado aquela viagem com a firme determinação de mostrar tudo que Barcelona tinha a oferecer: nossa agenda diária era muito cheia. Visitamos padarias, casas de vinho e mercados. Vivíamos eternamente comendo. Meu corpo doía por falta de sono. Mas os *chefs* pareciam intocados pela fadiga e eu me recordei de Wolfgang dizer que trabalhava melhor quando não dormia.

Wolf agora tornara-se tão famoso que no ano anterior, quando eu havia passado uma semana acompanhando-o pelo país para escrever uma matéria sobre a vida de um *chef* que se tornara uma celebridade, as mulheres no balcão da locadora Hertz em Cleveland tinham dado gritinhos ao vê-lo e o trataram como um grande astro de cinema. Aquilo parecia não fazer nenhuma diferença para ele: ainda continuava a trabalhar como se estivesse sendo perseguido por demônios. A cada dia estava em uma outra cidade, preparando refeições para festas de caridade, criando jantares especiais para clientes ricos e procurando novos locais para construir restaurantes. Mas, embora ele vivesse entrando e saindo de hotéis, raramente desarrumava as camas. Dormia aos bocadinhos, sentado em aviões, acordando depois de um par de horas, parecendo renovado de uma maneira deprimente.

E por causa disso, quando Jonathan declarou "Se o jantar for um desastre, não será porque estamos cansados", acreditei nele.

Os *chefs* queriam ver todos os locais e provar todos os sabores. Passamos horas em uma loja de azeitonas onde o dono oferecia suas mercadorias sobre o balcão. Primeiro as grandes *obregòns*, que são curtidas em laranjas; depois as pequeninas pretas, púrpuras e verdes *extremañas*; e então, triunfalmente, as pequenas acinzentadas *arbequines*, que são o orgulho da Catalunha. Colman nos levou para visitar casas de champanhe, de vinagre e a Casa do Bacalhau Salgado.

— Escreva isto — disse Lydia —, acabei de comer bacalhau salgado com molho de Roquefort. Se algum dia você me dissesse que eu faria coisa semelhante, teria respondido que era impossível.

— Escreva isto também — disse Mark. — Bacalhau salgado frito com mel. Não consigo acreditar que sequer tenha provado.

— E isto — acrescentou Alice. — Estava bom.

— Mas não assim tão bom — observou Jonathan.

Cercada pelo barulho e pela tagarelice deles, saciada por um excesso de comida e bebida, gradualmente fui saindo de meu estado de choque e entorpecimento. Por vezes, passavam-se duas ou três horas sem que eu pensasse em Gavi e, na maioria das noites, quando eles finalmente me permitiam cair dura na cama, eu dormia sem sonhar. Lentamente eu estava retornando à vida: sabia que levaria muito tempo para que pudesse me sentir feliz, mas estava começando a compreender que um dia esse momento poderia chegar.

Durante anos Barcelona havia sido obrigada a falar espanhol. Agora, libertada da tirania da língua, a cidade se esbaldava em seu próprio idioma catalão. Se você parasse alguém para pedir informações sobre como chegar ao Mercado San José, ele olharia para você com incompreensão, como se não tivesse nenhuma idéia a respeito de que você pudesse estar falando. Por outro lado, se você perguntasse pelo La Boqueria, receberia não só instruções sobre como chegar ao mercado como também informações sobre as calçadas das vizinhanças desenhadas por Miró.

Um telhado ornamentado em estilo Art Nouveau cobre o mercado. Ele é do século XIX, mas se você olhar para os detalhes nos cantos descobrirá antigas colunas de mármore, ruínas de mercados anteriores de tempos muito mais antigos. La Boqueria é tão rica em história, que parece um grandioso templo dedicado à comida, e todos nós nos vimos reduzidos ao silêncio quando passamos por suas portas.

Lá dentro, a luz filtrava-se obscura do teto alto e piscamos, procurando habituar os olhos.

— Não se esqueçam de fazer uma lista do que encontrarem e de onde encontraram — gritou Alice, enquanto nos separávamos, saindo em leque, passando por bem-arrumadas pirâmides de frutas, espirais de cogumelos e buquês fofos de ervas.

Nos balcões de carne, os pequeninos cabritos estavam todos enfeitados com flores, o que fazia com que parecessem oferendas de sacrifício em vez de comida. Os animais eram tão jovens, que as facas dos açougueiros se moviam sem fazer ruído ao cortar os ossos macios. As entranhas também eram bonitas: as tripas eram tão limpas e brancas que pareciam ter sido tecidas por aranhas, e os grandes blocos escuros de sangue congelado eram dispostos como se fossem blocos de mármore. Miolos de bezerros, espirais complexas e delicadas, pareciam algum tipo de fungo exótico disposto sobre o balcão.

— Como são bonitos! — exclamou Lydia, admirando as voltas em laçadas. — Quero fazer alguma coisa com esses miolos para o jantar.

Mark parou diante das barracas de peixe, examinando vermelhos reluzentes, cavalas azuis cintilantes e sardinhas prateadas.

— Peixe cru — murmurou ele —, deveríamos fazer alguma coisa com peixe cru. Isto os surpreenderia, uma vez que os catalães sempre cozinham o peixe.

Do outro lado do corredor, Alice estava ronronando diante de finos aspargos verde-escuros.

— Vamos comprar montes e montes desses aspargos para cozinhar — exclamou ela. — São selvagens! — Ela seguiu para a pilha seguinte, de um outro tipo de gordo aspargo branco, que acariciou ternamente. — Adoro as pontinhas cor de lavanda — explicou, debruçando-se para quebrar uma e enfiá-la na boca. O barraqueiro ficou olhando, espantado.

Jonathan estava enfeitiçado pelos mariscos com conchas de cores alegres e fortes.

— São chamados de romeus — disse ele, olhando fixamente para os mariscos. — Não são maravilhosos? Quero usá-los no jantar.

A mulher da peixaria flertou com ele, dando palmadinhas nas conchas de modo que todos os mariscos pareceram botar para fora pequeninas línguas vermelhas. Jonathan deu uma grande gargalhada e a peixeira, deliciada, repetiu o gesto. Depois ela foi para trás do balcão e pegou um bebê no colo.

— *Mi niñiña* — ronronou a mulher, levantando-a na direção de Jonathan para mostrá-la.

Jonathan apertou meu ombro. Em algum lugar no México, pensei, neste exato momento, alguém está com Gavi no colo. Eu esperava, de todo coração, que quando ela dissesse "*Mi niñiña*", acariciasse as palavras com a mesma entonação. Meus olhos encheram-se de lágrimas.

A cozinha que a cidade de Barcelona havia selecionado para os *chefs* era pequeníssima. Continha um fogão de duas bocas, nenhum equipamento e uma minúscula pia que se rebelava a cada vez que se pedia que engolisse mais que uma xícara de água. No entanto, mais três dias se passariam antes que os *chefs* descobrissem isso e, a essa altura, seria tarde demais. Quando saíram do mercado, eles estavam pensando grande.

— Colman fez um grande alarde a nosso respeito por toda Barcelona — comentou Alice. — Todos os donos de casas de vinhos e *chefs* da região virão ao jantar. A Julia Child* da Espanha estará lá. Quantos pratos acha que devemos servir?

---

* Cânone da *cuisine* americana que revolucionou o meio culinário dos EUA na década de 1960, popularizando a culinária francesa, por meio de livros e programas de tevê. [N. do E.]

A cada dia o número crescia.

— Lembrem-se que não temos muito tempo — advertiu Alice... pouco antes de acrescentar um prato de codorna ao cardápio.

— Não sejamos malucos — aconselhou Jonathan. E então incluiu mariscos *casino* como o segundo prato.

— Queremos fazer isto da maneira mais segura possível — sugeriu Mark, ampliando o número de pratos com um *pesto poblano*. Ainda por vir: o prato de peixe, o prato de carne, o prato de salada, a sobremesa.

O *menu* mudava quase que a cada hora, à medida que eles descobriam novos ingredientes. Mas, à medida que os dias se passavam, uma coisa se mantinha constante: a sobremesa, os *chefs* haviam concordado desde o início, seria um *sorbet* de laranja de polpa vermelha.

— Eles vão ficar embasbacados — comentou Alice. — A única coisa que eles fazem com laranja de polpa vermelha é suco.

Mas na véspera do jantar, subitamente, ocorreu um pensamento terrível a Jonathan.

— E se não houver uma sorveteira? — perguntou.

— Ah, deve haver uma — retrucou Mark.

— Se não houver — declarou Bradley —, eu farei à mão. — Todos eles se viraram para encará-lo espantados. — Com uma espátula de borracha — explicou ele — e uma tigela de aço inoxidável sobre sal em pedra e gelo.

Não havia sorveteira. Mal havia uma tigela. Enquanto os *chefs* entravam carregando suas compras na cozinha, eles se entreolhavam com um horror crescente. Não seria possível que cinco pessoas trabalhassem naquela cozinha ao mesmo tempo: cinco pessoas mal conseguiam respirar ali dentro ao mesmo tempo. O jantar, evidentemente, estava condenado ao fracasso.

— Como vamos cozinhar seis pratos para 40 pessoas em dois bicos de gás? — perguntou Alice, olhando fixamente para o fogão.

— Vamos grelhar — respondeu Jonathan.

— Mas em que você vai grelhar? — perguntou ela.

— Vamos construir uma grelha — respondeu Mark. — Usarei blocos de pedra se for preciso.

— Mas está começando a chover — observou Alice.

— Não se preocupe — disse Jonathan —, posso grelhar debaixo de qualquer tempo.

Eles haviam deixado cozinhas repletas dos mais modernos equipamentos e dispondo de assistentes entusiasmados. Em casa eles tinham subalternos que preparavam os alimentos, que limpavam, picavam e desfiavam. Nem um deles havia lavado uma panela há anos. Agora estavam do outro lado do oceano, diante de um fogão de duas bocas, uma pequena pia ligeiramente entupida, duas caçarolas, uma única panela, e nem de longe espaço suficiente. Estavam encarando de frente um desastre. Os mais famosos *chefs* da América, coletivamente respiraram fundo, vestiram seus uniformes brancos e puseram mãos à obra.

Bradley tomou posse de um canto da cozinha. Com a faca relampeando, começou a desossar as codornas. Em poucos minutos, estava coberto de sangue. À medida que ele acabava com uma ave, Jonathan varria o esqueleto para dentro de uma das panelas para fazer o caldo. Lydia usou a outra caçarola para escaldar os miolos. Mark avaliou a situação, chegou à conclusão de que não havia espaço para ele e saiu para construir a grelha.

— Encontrei os mais lindos brotos de espinafre — comentou Alice em tom irritado, enquanto inspecionava suas compras —, mas, quando fomos comprá-los, a mulher pegou essa coisa velha do fundo da barraca. Tentamos convencê-la a nos vender as verduras frescas, mas ela disse que eram apenas para o mostruário. — Alice juntou a pilha inteira, jogou no lixo e se virou para as outras verduras. — Os aspargos estão amargos — lamentou-se. — As favas não estão muito boas. Lá se vai um prato. Não teremos o bastante.

— Alice, Alice — cantarolou Jonathan baixinho. Ele agora estava salpicando alho numa panela. O aroma subiu e encheu a minúscula cozinha. — Está tudo bem.

— Onde vou fritar os miolos? — perguntou Lydia.

Em um movimento rápido e fluido, Jonathan retirou o alho e passou a panela para Lydia.

— Vou botar o alho no forno — declarou ele. Enquanto ela pegava a panela com uma das mãos, a outra já estava estendida para pegar o azeite. Eles estavam começando a se mover na mesma cadência.

— Atenção mestres da grelha — disse Mark, postado no vão da porta com uma poça começando a se formar debaixo de seus pés. — Já temos uma grelha. — Ele sacudiu o cabelo molhado. — Esta é a boa notícia. A má notícia é que está chovendo a cântaros.

Alice empalideceu.

— Lá se vai outro prato — disse ela.

— Não se preocupe — comentou Jonathan, dando-lhe um rápido aperto no ombro. — Eu lhe disse que posso grelhar sob qualquer tempo.

— Neste também? — questionou ela, apontando para Mark, que havia se espremido até se aproximar do balcão, onde estava pingando água em cima de Bradley.

— Reze — disse ele.

Mark retirou sua faca do estojo e mudou o ritmo do trabalho na cozinha. Ele e Bradley ficaram postados ombro a ombro, as facas saltando em cadências diferentes. A de Mark era um rufar em *staccato* que transformou um sólido e grande pedaço de atum em uma montanha de carne cortada. Ele picou pimentões e coentro e os misturou ao peixe. Enquanto espremia limão sobre a mistura, o aroma na cozinha se modificou, tornando-se picante, quase tropical.

— Foi bom que tivéssemos decidido fazer o *tartar* de peixe — comentou. — Pelo menos temos *alguma coisa* que não precisa cozinhar.

— Mas temos que tostar o pão para servi-lo — disse Alice — e temos que tratar de andar depressa, os convidados estão começando a chegar. — Ela abriu a porta do forno e a cozinha se encheu de fumaça.

— Esquecemos do alho! — ela tossiu, apertando os olhos em meio à nuvem de fumaça que agora envolvia todo mundo. — Será que nada pode sair certo?

— Alice, Alice — cantarolou Jonathan, retomando o refrão —, está tudo bem.

Ele tirou o alho do forno e começou a catá-lo enquanto Alice se ajoelhava embaixo dele, tostando o pão. Ela passou o pão para Mark, que tinha que pegá-lo por trás, ao redor de Jonathan, ao mesmo tempo em que evitava Lydia, que ainda estava fritando os miolos. Os quatro estavam parados em meio à fumaça, ocupando um espaço que não era maior que um chuveiro, mas o primeiro prato tinha saído para ser servido aos convidados e eles podiam ouvir os aplausos dos presentes. Uma atmosfera de palpável alívio encheu o aposento. E então Lydia deixou escapar um gemido.

— Estamos quase sem azeite de oliva! — exclamou em voz alta.

— Ah, não — retrucou Alice, levantando-se depressa demais e quase derrubando a panela. — Não posso acreditar que não compramos a quantidade necessária.

— Os grandes *chefs* da América! — exclamou Jonathan. Ele caiu na gargalhada e à medida que todos os outros também desatavam a rir, houve um momento de quase histeria. Em seguida passou. Lydia salpicou alcaparras no azeite quente: elas explodiram em botões, transformando-se em pequeninas flores crocantes.

— Dois pratos já saíram — exclamou Alice exultante, o alívio evidente em sua voz enquanto os miolos seguiam para o salão. Ela apanhou um balde de camarões e gritou: — Alguém por favor descasque isso — e o atirou voando no ar. A confiança de seu gesto me atordoou: quem ela achava que o apanharia?

Foi Lydia quem estendeu a mão e agarrou o balde. Com um movimento ágil ela esvaziou o balde sobre o balcão e começou a arrancar as cabeças dos camarões. Os *chefs* agora tinham todos entrado no mesmo ritmo, movendo-se numa espécie de balé de cozinha que não desperdiçava um único gesto. Eles haviam se transformado numa única criatura de dez braços, com vida própria e um objetivo comum: sobreviver àquela noite.

O azeite de oliva deu para tudo, a chuva parou. A criatura trabalhou silenciosamente, empilhando verduras, favas, pimentões e mariscos nos pratos de salada, temperando-os e levando-os até a porta.

— Ficou bem colorido — comentou Jonathan. — É exótico.

— E já se foi — disse Alice, vendo o último prato desaparecer no salão. Sem uma palavra, Mark e Lydia saíram para grelhar as codornas. Na cozinha, Jonathan reduziu o caldo numa das bocas do fogão para fazer um molho enquanto Alice se mantinha ao lado dele, remexendo alcachofras e batatas na outra.

— Poderíamos ter usado aquele espinafre — comentou Alice, inspecionando insatisfeita a apresentação final. — Ficou marrom demais.

Os pratos não estavam bonitos, mas isso era um detalhe sem importância. Os *chefs* estavam lançando mão de toda a determinação e coragem, tentando acabar de preparar comida e pôr um fim àquela noite. Não havia carne de codorna em quantidade suficiente para servir todos os pratos — o pior pesadelo de todo *chef* — mas eles simplesmente mudaram a arrumação dos pratos e deram um jeito. A provação havia quase acabado.

Agora Bradley era quem estava impondo o ritmo, sua espátula batendo nos lados da tigela de aço com um *tuaque, tuaque, tuaque* incessante, uma vibração reverberando por toda a cozinha. A cadência era forte e tão contagiante que, quando ele parava, tudo mais também parava.

No repentino silêncio ressonante, Alice enfiou um dedo no *sorbet*. Nós observamos com atenção seu rosto.

— Nada está dando certo esta noite — declarou ela.

Jonathan também deu uma provada.

— Terrível — concordou ele. E então, em um instante, eles se reuniram, desesperadamente tentando transformar o prato em alguma coisa que pudessem servir. Maceraram morangos em vinho moscatel e arrumaram nos pratos.

— Poderíamos fazer rodelas de laranjas de polpa vermelha e colocá-las em volta da beiras dos pratos — sugeriu Lydia. Enquanto falava, já estava fatiando as laranjas.

Os convidados aplaudiram. Eles foram educados.

— É tão interessante — comentou a Julia Child da Espanha — ver nossos produtos típicos serem usados de maneiras tão diferentes.

— Esta foi uma refeição horrorosa — comentou Alice baixinho, por entre os dentes. Ela fez uma profunda mesura.

— Poderia ter sido pior — sussurrei de volta —, diante das circunstâncias.

— Não — murmurou Jonathan — , foi realmente muito ruim. Aceite o fato. Aquilo não foi divertido.

Lydia, a eterna otimista, nem baixou a voz.

— Eu me diverti muito — declarou. — Gostei de trabalharmos juntos. Lutamos para conseguir. — Ela olhou ao redor para o grupo e acrescentou: — Fizemos o melhor que podíamos. Às vezes isso é tudo o que se pode fazer. E depois a gente tem que seguir adiante.

A chuva tinha parado e uma névoa suave estava subindo das ruas quando saímos. Enquanto caminhávamos em meio à neblina, podíamos ver que dividíamos as calçadas com prostitutas que não vestiam nada, senão meias-calças e sapatos de salto alto. Em qualquer outra cidade do mundo, isso teria parecido surreal, mas, emolduradas pela arquitetura fantástica de Barcelona, as mulheres pareciam vestidas de maneira apropriada.

Estávamos mortos de fome: tínhamos trabalhado a noite inteira e não comemos nada. Mas era tão tarde que até os bares tinham parado de servir comida, e tudo que conseguimos encontrar foram batatas fritas flácidas e *pizzas* descoradas em um botequim que funcionava 24 horas. Era nossa última noite em Barcelona, havíamos preparado uma refeição tenebrosa e estávamos comendo uma outra pior ainda. Mas, de alguma forma, estávamos felizes. Tínhamos lutado para conseguir. Tínhamos dado o melhor de nossos esforços.

— Quero fazer uma pergunta — disse Colman. O sol estava nascendo e todos nós olhamos para ele, bêbados, de olhos remelentos. — Por que vocês vieram?

Bradley respondeu que pela aventura e Jonathan, pela pura loucura da coisa inteira. Lydia tinha querido trabalhar com Alice, e Alice gostara do grupo.

Mark, é claro, tivera um objetivo mais ambicioso.

— Eu vim — respondeu ele — porque precisamos provar aos europeus que a cozinha americana chegou. — Ele se calou por um momento e depois acrescentou: — E porque o que dá força à cozinha americana é nossa capacidade de trocar idéias e trabalhar juntos. — Nós ficamos olhando para ele cheios de expectativa e, finalmente, Mark confessou: — Está bem, e também porque achei que seria divertido.

Colman se virou para mim. Eu sabia que ele estivera na esperança de que disséssemos que tínhamos vindo para conhecer melhor a cozinha catalã, e não queria desapontá-lo. Mas aquilo não era verdade e era cedo demais ou tarde demais para mentir.

— Quando entrei no avião — respondi lentamente — não sabia realmente por que estava vindo. Mas agora eu sei. Eu precisava descobrir que às vezes mesmo quando você dá o melhor de si isso não é bom o suficiente. E que nessas ocasiões você tem que dar tudo o que tem. E depois tem que seguir adiante.

Tinha sido uma breve viagem. Tinha durado uma eternidade. Quando cheguei em casa, ela parecia menos vazia e Michael menos um estranho. Eu estava cheia de uma estranha serenidade.

— Você está louca — disse minha mãe quando contei a ela o que achava que estava por trás desse extraordinário sentimento. — Tudo o que aconteceu foi demais para você. Já foi ao médico?

— Não — respondi. — Não preciso ir. Eu tenho certeza.

— Quanto tempo você está atrasada? — perguntou ela.

— Um dia — respondi.

— Ruth, minha filha — lamentou-se ela —, pare com isso. Quando você teria engravidado?

— Quando Michael e eu estávamos no vale do Napa — respondi, segura de que fosse verdade.

— Isto é apenas um desejo seu, com pouca chance de se realizar — insistiu minha mãe.

— Acho que vou comprar um desses testes de gravidez que se faz em casa — retruquei sonhadoramente.

— Isso mesmo — respondeu ela —, por favor compre. Acabe com isso rapidamente. Quanto mais cedo você descobrir a verdade, menos decepcionada vai ficar.

Minha médica disse mais ou menos a mesma coisa quando telefonei para ela.

— Esses testes de gravidez vendidos em farmácias são muito pouco dignos de confiança. — Ela suspirou, como se desejasse poder sumir com todos eles do mercado. — Já que é assim, você poderia vir para uma consulta e deixar que façamos um exame de verdade.

Este também deu resultado positivo, mas ela continuou a não fazer muita fé, manteve a desconfiança.

— Não alimente muito as suas esperanças — advertiu ela. — Você está com 41 anos. As suas probabilidades de levar esta gravidez a termo são muito pequenas. Você já passou por muita coisa, sofreu muito. Se eu fosse você, não contaria a ninguém a respeito disso. Nem a Michael.

— É claro que não — respondi. Então entrei no carro e fui direto para o trabalho de Michael.

— O que você está fazendo aqui? — perguntou ele quando me viu. — Há alguma coisa errada?

— Não — respondi. — Pela primeira vez em muito tempo, nada está errado.

— Então por que está aqui?

— Para lhe contar que nós vamos ter um filho.

— Você tem certeza? — perguntou ele.

Dessa vez eu não tinha absolutamente nenhuma dúvida.

Alcaparras e miolos de bezerro fritos com molho de xerez amanteigado

Vivo dizendo a meu filho Nick que ele realmente deveria provar este prato, que esses miolos com alcaparras de alguma forma estão mesclados com o seu destino. Até agora não consegui convencê-lo deste fato. Mas tudo bem, ele tem apenas 11 anos.

Os miolos são quase que inteiramente textura — como saborosos marshmallows *com uma crosta crocante. Misturados com as alcaparras salgadas e borrifados com um molho doce, de xerez e manteiga, eles fazem truques de magia em sua boca. Eu faço o prato sempre que as coisas não estão correndo bem. Os miolos dão um bocado de trabalho, mas valem a pena. Eles me fazem recordar que a vida é cheia de surpresas — e que há sempre esperança.*

INGREDIENTES

450 gramas de miolos de bezerro
6 xícaras de água, mais água salgada adicional para deixar de molho
1 ½ colher de sopa de vinagre de vinho branco
1 cebola pequena, cortada em quatro
1 cenoura de tamanho médio cortada em pedaços de 1,5 centímetro
½ talo de aipo, picadinho em pedaços de 2,5 centímetros
2 ramos de salsa fresca
½ folha de louro pequena
1/8 de colher de chá de tomilho seco
1 ½ colher de chá de sal marinho
5 grãos de pimenta preta
1 ovo grande
½ colher de chá de sal
2 xícaras de migalhas de pão fresco
3/4 de xícara de azeite de oliva
2 colheres de sopa de alcaparras grandes em conserva, escorridas
sal e pimenta para temperar

1/3 de xícara de xerez meio seco
3 colheres de sopa de manteiga sem sal
1 colher de chá de suco de limão fresco ou a gosto

Acompanhamento: limão cortado em rodelas

Lave bem os miolos com água corrente em um escorredor e transfira-os para uma tigela funda com água salgada gelada de modo a cobri-los em dois centímetros e meio. Deixe os miolos ficarem de molho por 30 minutos, depois escorra-os num escorredor e cuidadosamente retire com os dedos a membrana fina e transparente que os envolve e os vasos sangüíneos externos.

Enquanto os miolos estiverem de molho, ponha em uma panela com capacidade para seis litros, em fogo baixo, as seis xícaras de água restantes com o vinagre, e cozinhe a cebola, o aipo, a salsa, a folha de louro, o tomilho, o sal marinho e os grãos de pimenta por 15 minutos. Aumente o fogo e deixe levantar a fervura, acrescente os miolos, baixe o fogo e deixe cozinhar lentamente, em fervura branda, mantendo a tampa, por 20 minutos. Use uma escumadeira para transferir os miolos para um escorredor limpo. Deixe-os esfriar completamente.

Ponha um lobo dos miolos no meio de um pedaço de filme de plástico e junte as pontas do filme até formar uma trouxinha bem apertada. Torça as pontas do filme de modo que ele fique bem justo ao redor dos miolos, dobrando a ponta da trouxinha por baixo para impedir que se desmanche. Embrulhe os lobos restantes da mesma maneira e ponha na geladeira por uma hora, ou até estarem mais firmes.

Em uma tigela funda, bata o ovo e o sal. Ponha as migalhas de pão em uma tigela rasa. Desembrulhe os miolos e corte-os na transversal em tiras de um centímetro e meio de espessura. Mergulhe duas tiras de cada vez no ovo batido, deixando escorrer o excesso, então polvilhe-as com as migalhas de pão até cobri-las com uma camada, batendo de leve para que as migalhas possam aderir aos miolos. Transfira as tiras polvilhadas para uma travessa.

Aqueça o azeite em uma frigideira grande de 25 centímetros de diâmetro em fogo moderado até estar quente, mas sem levantar fumaça, e frite as alcaparras, mexendo de vez em quando até elas se abrirem como flores e estarem crocantes, de dois a três minutos. Use uma escumadeira para transferir as alcaparras para toalhas de papel absorvente para escorrer. Imediatamente frite os miolos, em porções, sem encher a frigideira, até ficarem marrom-dourados dos dois lados, de um a dois minutos. Use uma escumadeira para transferir os miolos para toalhas de papel absorvente para secar o azeite. Tempere os miolos com sal e pimenta e mantenha-os quentes no forno aceso, em fogo baixo.

Escorra o azeite da frigideira e limpe-a com uma toalha de papel absorvente. Acrescente o xerez e deixe ferver em fogo brando até reduzir pela metade. Batendo, acrescente a manteiga e deixe cozinhar em fogo moderado até estar incorporada. Retire a frigideira do fogo e, batendo, acrescente o suco de limão. Acrescente sal e pimenta a gosto.

Sirva os miolos salpicados com as alcaparras fritas e borrifados com o molho.

Rende de seis a oito porções.

Agradecimentos

Você tem que ser meio maluca para escrever um livro enquanto edita uma revista. É preciso que também se seja abençoada com uma família muito indulgente, amigos que aceitem nunca estar com você e, sobretudo, colegas que possam substituí-la e fazer o trabalho que você nunca consegue fazer.

Eu nunca teria conseguido escrever este livro se Laurie Ochoa, Larry Karol e Diana La Guardia não tivessem sido tão competentes, prestativos e dispostos a me substituírem na revista *Gourmet*. Eles chegaram até a me deixar tirar três semanas de folga durante nossa principal edição — e nunca se queixaram disso. Pelo menos não comigo.

Michael e Nick também foram incríveis, permitindo que eu desaparecesse em meu livro toda noite, toda manhã, e ao longo de fins de semanas inteiros. Só muito de vez em quando queixaram-se de que eu não era uma companhia muito divertida.

Minha editora, Ann Godoff, e minha agente, Kathy Robbins, foram ambas imensamente solidárias enquanto corríamos para a data-limite de entrega para publicação, fazendo alterações até o último segundo. Minha assistente, Robin Pellici, nunca, nem uma única vez, reclamou, quando eu lhe entreguei mais uma outra página para copiar. E Lori Powell fez mais do que testar as receitas — ela as aprimorou.

Muito obrigada também à MacDowell Colony por me proporcionar algumas semanas de paraíso: tempo para escrever, uma tranqüilidade infinita e uma comunidade criativa extraordinária.

Também quero agradecer a todas as pessoas que desempenharam um papel tão importante nos anos conturbados a respeito dos quais escrevi na presente obra. Susan Subtle, que praticamente me obrigou a escrever quando eu insistia que era apenas uma cozinheira. Rosalie Wright, minha primeira editora na *New West* (e ainda a melhor chefe que eu já tive na vida). Bill Broyles, que assumiu o comando quando a revista se tornou *California* e que me estimulou a ir mais longe. E Donna Warner, que trabalhou comigo na *Metropolitan Home*, e que não só me ensinou o que compõe uma boa fotografia, mas também me deixou dormir no chão de seu quarto de hotel em todas as conferências de gastronomia quando eu não tinha dinheiro para pagar o hotel.

Pat Oleszko, Marion Cunningham, Sherry Virbila e Elena Fontanari conversaram comigo e me ouviram durante o doloroso processo de separação de Doug. Teria sido muitíssimo mais difícil sem elas.

Bruce Henstell foi, durante muitos anos, a minha casa em L.A. Foi ele quem me apresentou às delícias de comer um *sushi* e quem veio me buscar na noite em que fui assaltada. Quando me mudei para L. A., a generosidade infinita de Mark Peel e Nancy Silverton fizeram com que viver lá fosse divertido. Henry Weinstein, Mary Louise Oates, David Shear, Bill Steigerwald e Kathie Jenkins, meus primeiros amigos no *Times*, ensinaram-me a diferença entre ser uma escritora e ser uma profissional de jornalismo. David Shaw e Lucy Stille foram as maravilhosas fontes de boa comida e amizade. E Steve Wallace mudou minha vida ao me apresentar a Danny Kaye.

Shelby Coffey me deu a Seção de Gastronomia e me deixou moldá-la até se tornar algo de que todos podíamos nos orgulhar. Laurie Ochoa e Jonathan Gold fizeram mais do que me ajudar: eles me mostraram como um trabalho de colaboração pode ser inebriante.

Escrever a respeito de Gavi foi difícil, viver aquela experiência foi mais difícil ainda. Ainda não se passa um dia em que eu não pense nela, mas com o passar do tempo cheguei à conclusão de que nós havíamos desempenhado um papel importante em sua vida: se não tivéssemos lutado tão duramente para ficar com ela, ela não teria pai. Isso me conforta. Na época, contudo, o único conforto veio de amigos. Stacey Winkler e Howard Weitzman estiveram ao nosso lado o tempo todo, e Sonia Hernandez foi de uma força inabalável. E eu nunca, jamais, esquecerei Margy Rochlin, Robin Green e Chris Jonic aparecendo lá em casa às quartas-feiras e aos sábados para nos ajudar a enfrentar as visitas, nem a gentileza de Bruce e Barbara Neyers quando nos emprestaram a casa deles no vale do Napa.

Tentei ser tão honesta quanto me foi possível ao longo deste livro. Em alguns casos mudei os nomes e de vez em quando alterei os cenários ou o momento em que determinada história aconteceu. Mas todos os meus amigos sabem de uma coisa a meu respeito: eu sempre posso comer e sempre posso exagerar.

Mais uma coisa. Eu tirei o título deste livro dos Cantares de Salomão, que tem muito a dizer tanto sobre comida quanto sobre amor.

SOBRE A AUTORA

RUTH REICHL foi crítica de gastronomia das revistas *New West* e *California*, do *Los Angeles Times* e do *New York Times*, atualmente é editora-chefe da revista *Gourmet*. Ela mora em Manhattan com seu marido, seu filho e dois gatos.

Este livro foi impresso na
LIS GRÁFICA E EDITORA LTDA.
Rua Felício Antonio Alves, 370 – Jd. Triunfo – Bonsucesso
CEP 07175-450 – Guarulhos – SP – Fone: (011) 6436-1000
Fax.: (011) 6436-1538 – E-Mail: lisgraf@uninet.com.br